TRENTINO-ALTO ADIGE
TRENTO
FRIULI VENEZIA GIULIA
TRIESTE
AOSTA
VALLE d'AOSTA
LOMBARDIA
MILANO
VENETO
VENEZIA
Italia settentrionale
PIEMONTE
TORINO
EMILIA-ROMAGNA
BOLOGNA
LIGURIA
GENOVA
FIRENZE
TOSCANA
MAR LIGURE
MARCHE
ANCONA
MAR ADRIATICO
PERUGIA
UMBRIA
L'AQUILA
Italia centrale
ROMA
LAZIO
ABRUZZO
MOLISE
CAMPOBASSO
PUGLIA
BARI
NAPOLI
CAMPANIA
POTENZA
BASILICATA
MAR TIRRENO
SARDEGNA
CAGLIARI
Italia meridionale e insulare
CALABRIA
CATANZARO
MAR IONIO
PALERMO
SICILIA
MAR MEDITERRANEO

War das ein cooles letztes Jahr in Rom! Die italienische Hauptstadt ist einfach der Hammer! Meine Klassenkameraden haben mich mit Fragen regelrecht gelöchert. Ich hoffe, ihr habt noch nicht alles wieder vergessen ... ;) Meine Lehrerin hatte eine Idee. Auf unseren Austausch in diesem Jahr bereiten wir uns dieses Mal auf ganz besondere Weise vor, lasst euch überraschen. ... und schaut in *Scambio 2*!

Das Schülerbuch ist so aufgebaut, wie ihr es schon von Band 1 kennt. Es enthält sechs Lektionen, die systematisch jeweils in einen A- und einen B-Teil eingeteilt sind und durch weitere Untergliederungen (A1, A2, …B1, B2 …) abgeschlossene Sinneinheiten ergeben. Auf das neue Thema jeder Lektion stimmt ein doppelseitiger *Ingresso* ein.

Passend zu jeder Lektion findet sich eine Lernstrategie (z. B. zur Bildbeschreibung), und nach jeweils zwei Lektionen bietet euch eine komplexe Kompetenzaufgabe die Möglichkeit, eure neu erworbenen Kompetenzen selbstständig aktiv anzuwenden und diese zu vertiefen.

Die neuen Lernvokabeln zu jeder Lektion findet ihr im Vokabelteil, der neben Synonymen und Antonymen auch Verweise auf Parallelen in anderen Fremdsprachen wie Englisch, Französisch und Latein enthält, die euch das Lernen erleichtern sollen.

Unbekannte Vokabeln, die nicht zum Lernwortschatz gehören und nur zum Verständnis dienen, werden auf der betreffenden Seite als Fußnote angegeben.

Die folgenden Symbole werden euch in den einzelnen Lektionen begegnen:

Kompetenzen

Leseverstehen

Schriftliche Produktion

Mündliche Produktion

Mediation (= Sprachmittlung, Übertragung eines Textes ohne Übersetzung)

G Sprachreflexion, Bewusstmachung der neuen Grammatik

1 2 Hörverstehen (Verweis auf CD mit Track-Nr.)

Übungsformen

Partnerarbeit

Gruppenarbeit

Verweise

G 1.4 Grammatisches Beiheft (mit Angabe des Paragrafen)

E3 Arbeitsheft (mit Angabe der passenden Übung[en])

+ p. 154 Binnendifferenzierung (Verweis auf Aufgabe mit mehr Angaben im Anhang)

Fakultative Zusatzaufgaben

Und jetzt geht's los! Italien hat so viel zu bieten! Viel mehr als auf den *pagine facoltative* jemals Platz hätte ;-)

Viel Spaß und viel Erfolg beim Lernen wünscht euch

Euer Max

Inhaltsverzeichnis

1 Sono finite le vacanze

dormire …
in un albergo / in un agriturismo / all'ostello / in una tenda / in una casa di vacanza

passare le vacanze …
in città / in campagna / in montagna / al mare

andare …
in cima alla montagna / in spiaggia / in barca / in bici / in canoa / a cavallo

nuotare …
nel fiume / nel lago / nel mare / in piscina

mangiare …
piatti tipici / specialità locali / pesce fresco / un gelato

F

G

giocare …
a tennis / a pallavolo / a calcio / a ping pong / a toukball / alla playstation

fare …
campeggio / trekking / kite surf / una visita guidata / fotografie

H

godersi …
la cucina tipica / la natura / il panorama / la vita notturna

I

visitare …
il centro / monumenti / musei / un parco nazionale / degli scavi

E 1 Parliamo delle vacanze!

E1

Scambia idee con tre dei tuoi compagni di classe: dove avete passato le vacanze? Con chi siete stati? Che cosa avete fatto? Vi siete divertiti?

! Am Ende dieser Lektion kannst du
- offizielle und persönliche E-Mails verfassen.
- über Ferien- und Freizeitaktivitäten sprechen.
- von gegenwärtigen und vergangenen Erlebnissen und Zuständen berichten.
- Wünsche und Möglichkeiten ausdrücken.

A Di nuovo in classe

2–3 A 1 È cominciata la scuola

Senden | Drucken | Anhang

An: Giuliano@libero.it

Betreff: Ciao

Caro Giuliano,

oggi piove ed è cominciata la scuola … che noia! E dopo l'anno scolastico vissuto da voi mi chiedo: questa scuola è veramente mia?! Uffa! ☹

E tu, come stai? E i tuoi genitori? I miei sono sempre di fretta! Che fa tua sorella … scusa: la tua sorellina?

Sai che ho una nuova prof d'italiano? Sembra simpatica. Era tutta entusiasta di conoscermi e mi ha chiesto di parlare in classe delle mie esperienze durante lo scambio. Allora ho spiegato ai compagni di classe come facevo quando non conoscevo una parola. Gli ho detto che tu e gli amici mi aiutavate quando avevo problemi – quando eravamo a scuola, per esempio. Poi gli ho raccontato della tua famiglia e della vostra casa a Testaccio. Ho parlato di tanti temi: della colazione diversa da quella tedesca, dei miei panini preferiti e dei piatti buonissimi che cucinava tua madre. Ho descritto la città con tutti i suoi monumenti famosi, le gelaterie mitiche e i posti più segreti ed interessanti per noi giovani. Ho anche parlato della scuola, dei professori che vi interrogavano senza pietà, di Simone che spesso dormiva durante le lezioni e del bar dove compravamo i cornetti.

Mentre raccontavo, alcuni ragazzi hanno fatto strane domande, tipo: quanti gradi c'erano di preciso in aprile e quanti in maggio. Boh??! Uno ha chiesto persino se ho incontrato il Papa, ma gli ho spiegato che il Papa mica gira per strada! Ho capito che in realtà sanno ben poco dell'Italia!

Allora la prof ha detto che le è venuta un'idea. Sai quale? Ecco, ci siamo messi d'accordo che …

2–3 E 1 Max racconta

1. Di quali temi parla Max? Decidi e indica la riga (r. ■).

gli amici italiani (r. 9, 14–16) | il cibo italiano (r. ■) | i professori (r. ■) | i turisti a Roma (r. ■) | la casa di Giuliano (r. ■) | la città di Roma (r. ■) | la famiglia Schiatti (r. ■) | la moda italiana (r. ■) | la scuola (r. ■) | le ragazze italiane (r. ■) | le vacanze (r. ■) | lo sport (r. ■)

2. Quali parole usa Max? Cerca nella sua e-mail i contrari delle seguenti parole:

antipatico, -a | chiedere | uguale | noioso, -a | vendere | la risposta | molto

Modello: vecchio, -a: nuovo, -a (r. ■)

3. Scegli un tema: di quali esperienze può parlare Max, secondo te?
Prepara una mappa concettuale con tutte le parole utili per parlare di questo tema.

G

E2 L'imperfetto

Nella sua e-mail Max usa due tempi per parlare del passato: il passato prossimo e l'imperfetto.

1. Trova le forme dell'imperfetto nell'e-mail di Max e aggiungi i pronomi personali.

2. Trova una regola per la formazione dell'imperfetto dei verbi in **-are**, **-ere** e **-ire** e completa la coniugazione di aiutare, avere e dormire.

3. Alcuni verbi sono irregolari, per esempio *beveva, dicevi, eravamo, facevo, proponevano, traevamo, traducevate.* Abbina le forme con l'infinito (essere, fare, trarre, dire, proporre, bere, tradurre). Trova una regola per questi verbi e completa la loro coniugazione.

• trarre: *ziehen, entnehmen*

4. Controlla le tue idee con l'aiuto della grammatica. G *1.1.1, 1.1.2*

+ *p. 154*

E2

E3 Anche la prof si ricorda

Mentre Max racconta di Roma, la prof si ricorda delle sue prime esperienze in Italia. Completa i suoi pensieri con i verbi all'imperfetto.

aveva | entravo | era | eravamo | erano (2x) | facevamo | fotografavo | insegnava | mangiavamo | piaceva | potevamo | prendevamo | salivo | si chiamava | volevano

Quando sono stata in Italia per la prima volta, io e la mia amica Melanie abbiamo fatto un corso di lingua a Pisa. Il ragazzo che la mattina ci ■ l'italiano ■ simpaticissimo, ■ Luca e ■ un sorriso bellissimo. Il pomeriggio noi ■ libere e ■ visitare tutta la città, io spesso ■ sulla torre pendente, ■ in ogni chiesa e ■ ogni monumento. A me e a Melanie ■ tanto la vita all'italiana: la mattina ■ la colazione al bar e la sera ■ l'aperitivo in piazza. ■ ogni giorno una specialità diversa. Dopo una settimana, tutti gli studenti ■ innamorati di Pisa e di Luca, ■ restare in Italia e ■ tristi di dover tornare a casa – soprattutto io!

• la torre pendente di Pisa: *Schiefer Turm von Pisa*

E4 L'imperfetto e il passato prossimo

- la categoria: *Kategorie*
- compiere: *vollenden*
- lo stato: *Zustand; Staat*
- la durata: *Dauer*

Attenzione alla differenza tra passato prossimo e imperfetto!

1. Abbina le frasi sulla sinistra alla spiegazione sulla destra e trova altri esempi per le tre categorie nell'e-mail di Max.

Era tutta entusiasta (…) Mentra raccontavo (…)

(…) come facevo quando non conoscevo una parola (…)
(…) tu e gli amici mi aiutavate quando avevo problemi (…)

(…) oggi è cominciata la scuola (…)
(…) mi ha chiesto di parlare in classe dello scambio (…)

A Parla di azioni fatte e compiute al passato.

B Descrive stati e azioni di una certa durata (per esempio emozioni).

C Descrive ripetizioni e abitudini.

2. Quando usiamo il passato prossimo e quando usiamo l'imperfetto? Controlla le tue idee con l'aiuto della grammatica. G 1.1.3

+ p. 154

E5 Le esperienze di Max

E3

Ecco quello che dice Max in classe quando parla della scuola a Roma. Completa con le forme dell'imperfetto e del passato prossimo.

Ogni giorno io e Giuliano (andare) a scuola in autobus. (Avere) l'abbonamento che (fare) il primo giorno dopo le vacanze. La scuola non (essere) lontana da casa nostra. Quando (vedere, io) che (esserci) anche un bar a scuola, (essere) molto sorpreso, ma dopo alcuni giorni mi (sembrare) la cosa più normale del mondo. (Sapere) che i ragazzi in Italia non studiano le stesse materie che studiamo noi, p. es. non (conoscere) storia dell'arte.
I primi giorni non (capire) tanto, ma Giuliano e anche Simone mi (aiutare) molto e dopo un po' (potere) seguire le lezioni. Da dicembre (partecipare) come tutti alla lezione, (prendere) appunti e mi (sentire) parte della classe.

E6 Le esperienze dei compagni di classe

E4

La nuova prof d'italiano non vuole solo sapere come Max ha passato i mesi scorsi, ma chiede anche agli altri ragazzi di parlare in classe delle loro esperienze durante le vacanze.

1. Raccontate per loro che cosa hanno fatto.

Maike:	Ogni giorno …/ Tutti i giorni …	
	Un giorno …	

• mordere: *beißen*

Evelyn:	Ogni giorno …/ Tutti i giorni …	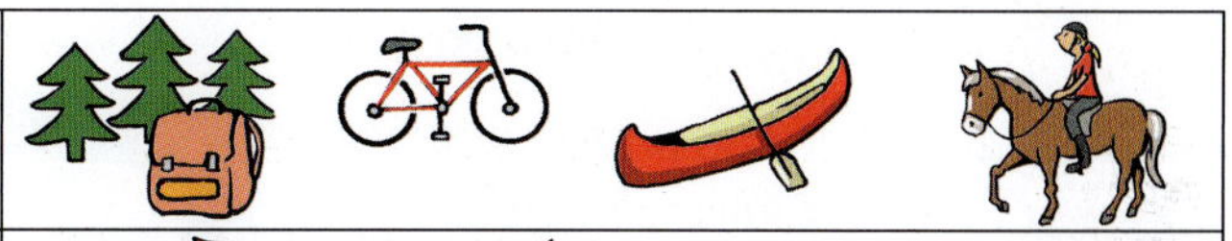
	Un giorno …	

Berkan:	Ogni giorno …/ Tutti i giorni …	
	Un giorno …	

2. Che cosa racconta Max di come si trovava in famiglia, come passava le giornate con gli amici e come si divertiva i fine settimana o durante le feste? Di quali differenze tra l'Italia e la Germania parla?
Ricordati e racconta tu per Max! Puoi usare le espressioni di E1, 3. e raccontare al passato (imperfetto e passato prossimo).

3. E voi? Parlate delle vostre esperienze durante le scorse settimane. Che cosa avete fatto? Siete stati in vacanza? Avete notato delle particolarità?

E7 I pronomi personali atoni oggetto indiretto

Nell'e-mail Max ha usato i pronomi personali oggetto indiretto per sostituire gli oggetti indiretti.

1. Rileggi l'e-mail e abbina le frasi alle domande e alle risposte corrette.

Mi ha chiesto di parlare in classe dello scambio (r. 7).	*A chi ha spiegato che il Papa non gira per strada?*	*Alla prof!*
Gli ho detto che tu eri simpaticissimo (r. ■).	*A chi è venuta un'idea?*	*A Max!*
Gli ho spiegato che normalmente non gira per strada (r. ■).	*A chi ha chiesto la prof di parlare dello scambio?*	*Ai compagni di classe di Max!*
Le è venuta un'idea (r. ■).	*A chi ha detto che sono simpaticissimo?*	*A un compagno di classe!*

2. Molte forme sono identiche a quelle dei pronomi diretti, ma quali tre forme sono differenti?

G 1.2

E8 Ciao Max!

Dopo pranzo, Giuliano manda un messaggio a Max. Completa il testo con i pronomi personali oggetto indiretto.

Ciao Max! ■ scrivo solo poche frasi perché vado di fretta. Il nostro prof di matematica ■ ha dato tantissimi compiti già il primo giorno … ■ abbiamo detto che non è giusto, ma lo conosci, non ■ interessa. ■ salutano i miei genitori, a pranzo ■ ho detto che hai mandato un'e-mail. E poi Carlotta … ■ ho promesso di mandar■ non solo i suoi saluti, ma anche un bacio da parte di Cinzia. Vogliamo dir■ tutti che ■ manchi! Appena ho un po' di tempo, mi faccio di nuovo vivo. Tvb, G.

E9 Chiacchiere tra ragazze …

E5 Carlotta invece telefona a Cinzia. Le due amiche amano parlare di amici e di novità. Lavorate in due e chiedete se l'altro/a sa già l'ultima novità. Usate il passato e i pronomi personali oggetto indiretto per la vostra risposta.

Modello: Fabrizio: mandare una sua foto a Francesca!
A: Sai che Fabrizio ha mandato una sua foto a Francesca?
B: Veramente? Le ha mandato una sua foto?
A: Sì, le ha mandato una sua foto!

E 10 Gli aggettivi possessivi ed i pronomi possessivi senza articolo

E6

Con i possessivi normalmente si usa l'articolo, per esempio nella frase "E i tuoi genitori? I miei sono sempre di fretta!" Ma attenzione! Cosa scrive Max?

1. Max scrive "tua sorella" e "tua madre", ma "la tua sorellina" e "i tuoi genitori". G 1.4

Raggruppa queste espressioni e trova una regola per spiegare quando non mettiamo l'articolo.

mia madre | la mia sorellina | i tuoi genitori | la loro sorella | i miei fratelli | la sua cara sorella | il loro padre | tua sorella | la tua sorella minore | suo padre | la loro madre

2. Con quali delle seguenti espressioni Max usa l'articolo? Formula frasi con **questo/questa/questi/queste** e un aggettivo possessivo**.**

Modello: Questa è la mia famiglia.

famiglia | zio | zia Rita | nonni | miglior amico | sorelle | parenti | zie | cara madre | fratello gemello | nonna

3. Che cosa racconta Max della famiglia di Giuliano? Inventate un dialogo: uno vuole sapere tutto, l'altro risponde.

4. "E dopo l'anno vissuto da voi mi chiedo: questa scuola è veramente mia?!"
Che cosa succede se mettiamo un pronome possessivo dopo il verbo **essere**?

5. Ricordate ancora il libro *Scambio 1*? Fate delle domande trappola: uno fa una domanda e presenta una risposta, l'altro deve dire se è vero o falso.

Modello:
A: Di chi è il film al cinema "Maestoso"? È di Alice Rohrwacher?
B: Sì, è suo. – Di chi sono i giochi nuovi nuovi sotto la scrivania di Giuliano? Sono di Carlotta?
A: No, non sono suoi. Sono di Giuliano. – Di chi …?

01 4–5

A2 Uno scambio tra le classi: eTwinning

Senden | Drucken | Anhang

An: Prof.Ghilliardi@alice.it

Betreff: Progetto

Egregio Professor Ghilliardi,

prima di parlarLe del motivo della mia e-mail, vorrei presentarmi. Mi chiamo Ann-Katrin Wagner, sono una Sua collega tedesca e da un po' l'insegnante di Max Lindner. Si ricorda di lui? L'ha conosciuto l'anno scorso, quando il ragazzo era ospite di Giuliano Schiatti.

L'altro ieri mentre parlava in classe dello scambio, Max era proprio entusiasta! Ha detto che le persone che ha incontrato a Roma erano simpaticissime. I pochi problemi che aveva all'inizio, p. es. di lingua, li ha superati subito con l'aiuto dell'amico italiano.
Così mi è venuta un'idea e l'ho proposta ai ragazzi. L'idea era di fare un progetto con Lei, uno scambio tra le nostre classi. Ha mai sentito parlare del programma eTwinning della Commissione Europea? È un programma molto bello, una piattaforma in internet per scuole e professori. All'inizio del progetto i ragazzi comunicano per conoscersi un po', poi lavorano insieme su diverse tematiche e alla fine possono anche partecipare ad un concorso.

Dopo che ho presentato l'idea alla classe, alcuni dei miei studenti hanno subito scritto piccole lettere per i Suoi studenti. Le ho allegate all'e-mail. Che cosa ne pensa di questa mia idea?

Le invio i miei migliori saluti,

Ann-Katrin Wagner

01 4–5

E 11 L'e-mail tedesca

Il professore legge l'e-mail della professoressa Wagner a sua moglie. Purtroppo la moglie non ascolta bene e gli fa tante domande. Che cosa risponde il professore secondo te?

- Come si chiama la professoressa tedesca?
- Di che cosa ha parlato il ragazzo in classe?
- Che tipo di progetto vuole realizzare insieme con te?
- Che cosa ha allegato all'e-mail?
- Che cosa pensi del progetto?

E 12 I pronomi personali oggetto diretto al passato

1. Di che cosa parla la prof? Cerca nel testo gli oggetti diretti che la prof ha sostituito con i pronomi diretti.

   L'ha conosciut**o** l'anno scorso.
   Li ha superat**i** con l'aiuto dell'amico.
   L'ho propost**a** ai ragazzi.
   Le ho allegat**e** all'e-mail.

2. Trova una regola per spiegare l'uso dei pronomi diretti al passato e controlla le tue idee con l'aiuto della grammatica. G 1.3

E 13 Hai visto …?

La signora Ghilliardi non ascolta bene perché ha da fare: mette in ordine la casa. Nel caos che c'è non trova più niente. Il marito non è di grande aiuto – non ha visto niente! Completa le domande della signora e scegli la risposta corretta del marito.

Modello: Hai visto … la mia penna? – No, non l'ho vista!

il giornale | le scarpe rosa | l'acqua | il telefono
le fotografie | i biglietti del cinema | la lista della spesa
la borsa | il cellulare | i francobolli | i DVD
la cartolina di zia Franca | lo scontrino | la sciarpa blu

No, non l'ho visto!	No, non l'ho vista!	No, non li ho visti!	No, non le ho viste!

E 14 La risposta del prof

Il Prof. Ghilliardi invece prepara la risposta all'e-mail della sig.ra Wagner. Ha fatto un elenco di cose che non vuole dimenticare.

1. Quando ha finito, sua moglie lo aiuta a controllare l'e-mail e gli fa delle domande.

   Modello: Hai scritto bene il nome della prof tedesca? – Sì, l'ho scritto bene.

   Continua!

2. Quali sono secondo te le domande che il professore vuole fare alla professoressa tedesca?

non dimenticare!

- ringraziare la collega
- spiegare l'importanza del progetto
- chiedere il suo numero di telefono
- fare tutte le domande
- dare alcune informazioni sulla nostra scuola
- aggiungere la fotografia della classe
- allegare i nomi dei miei studenti
- mandare il saluto da parte di tutti

E 15 Dare del Lei – è una questione di stile!

E7

Nella sua e-mail, la Prof.ssa Wagner ha usato uno stile ufficiale, mentre Max e Giuliano si scrivono in stile amichevole.

- la questione: *Frage, Angelegenheit*
- amichevole: *freundschaftlich, hier: informell*

1. Rileggi le tre e-mail (A1, E8 e A2) e trova formule di saluto iniziali o finali che usiamo per scrivere a. un'e-mail a un amico, b. un'e-mail ufficiale.
2. Come capiamo che la Prof.ssa Wagner dà del Lei al Prof. Ghilliardi?
3. E che cosa ha risposto il Prof. Ghilliardi secondo te? Scrivi l'e-mail al suo posto.

E 16 Allora … come vogliamo cominciare?

La Prof.ssa Wagner è molto contenta della risposta positiva del Prof. Ghilliardi e decide di chiamare il collega al telefono per chiarire le ultime cose. Preparate il dialogo e presentatelo in classe. Attenzione, i due prof si danno del Lei!

- chiarire: *klären*

Ecco le cose che la Prof.ssa Wagner vorrebbe chiarire con questa telefonata:

- numero di ragazzi che frequentano la classe/partecipano al progetto
- accesso internet a scuola
- possibili tematiche per lo scambio
- volontà di partecipare anche al concorso
- possibilità di realizzare uno scambio "reale" alla fine del progetto

E 17 Espressioni temporali

1. Cerca nei testi A1 e A2 le quattro frasi con **durante** e **mentre** e copiale nel tuo quaderno.
2. Trova una regola per spiegare l'uso diverso di **durante** e **mentre**.
   Pensa all'inglese: funziona come *while* e *during*!
3. Controlla le tue idee con l'aiuto della grammatica.

G 1.5.1

E 18 Parliamo un po' del progetto?

Durante la lezione d'italiano i ragazzi vogliono parlare insieme del progetto.

1. Completa con **durante** e **mentre**.

Evelyn:	Frau Wagner, können wir heute über das eTwinning-Programm sprechen?
Prof.ssa Wagner:	Va bene. Però se ne parliamo ■ la lezione, dovete parlare in italiano – è ovvio!
Evelyn:	Sa se la classe del partner di Max vuole partecipare al progetto?
Prof.ssa Wagner:	Sì! Ieri ho telefonato al professore dei ragazzi italiani. ■ la telefonata abbiamo chiarito tante cose!
Leon:	È vero che noi dobbiamo scrivere in italiano agli italiani ■ loro ci scrivono in tedesco?

Prof.ssa Wagner: No, gli italiani non studiano il tedesco. Loro vi rispondono in italiano.
Quindi tutta la comunicazione ■ questo progetto è in italiano!

Laura: Io vorrei dire qualcosa. Ieri ■ il compito d'inglese mi è venuta un'ottima idea per una presentazione! ■ volevo rispondere alle domande sulla storia degli Stati Uniti, ho pensato che …

Yannik: Dai, ma no! Io non voglio parlare della storia tedesca ■ gli italiani ci presentano le loro canzoni o parlano di moda e design!

Laura: Mica ho detto questo? Tu hai cominciato a parlare, ■ io volevo dire tutta un'altra cosa!

Prof.ssa Wagner: Tante tematiche sono possibili! Le presentazioni devono aiutare a conoscere un po' il paese del partner. Partite dai vostri interessi!

2. Completa con **all'inizio, alla fine, dopo che**, e **prima di**. G *1.5.3*

Adrian: Ma, secondo me, ■ decidere che cosa vogliamo preparare, dobbiamo conoscere un po' i ragazzi italiani!

Melina: Hai ragione. La cosa più importante ■ è questa: trovare un partner con gli stessi interessi!

Evelyn: È vero. Solo ■ tutti hanno trovato un partner possiamo decidere … insieme al partner italiano. E io non voglio parlare di storia o di sport …

Melina: Prof, possiamo fare anche uno scambio reale ■ il progetto è finito?

Leon: Che bella idea! Sì, prof, è possibile?

Prof.ssa Wagner: Sì, forse ■ dell'anno scolastico possiamo veramente fare un viaggio a Roma! Però non ha senso parlare della fine ■ aver cominciato … no?

1 *6–8*

E 19 Dopo scuola a casa degli Schiatti

E8 **1.** Ascolta il dialogo e rispondi alle seguenti domande:
1. Chi parla?
2. Di quali due tematiche parlano le persone?

2. Ascolta di nuovo il dialogo e decidi se è vero o falso. Se è falso, correggi.
1. Giuliano vuole raccontare qualcosa.
2. Il prof di Giuliano ha telefonato alla prof di Max.
3. Giuliano spiega il progetto.
4. Le classi devono comunicare in inglese.
5. Carlotta vuole visitare Max in Germania.
6. Ci vuole andare in estate.
7. La mamma vuole decidere subito.

3. Dopo cena Giuliano parla con suo padre e lui è d'accordo. Giuliano è molto contento e vuole subito informare Max. Scrivi per lui il messaggio per l'amico.

B Vacanze, sport e tempo libero

9–10

B1 L'eTwinning comincia …

Ecco la presentazione di Fabrizio.

inviare | stampare | allegare

A: AK@wagner.de

Oggetto: R: Progetto

Ciao ragazzi!

Mi chiamo Fabrizio. Ho 15 anni. I miei interessi? La mia vita è sport: vado in palestra tre volte la settimana e poi gioco a basket con i ragazzi della mia classe. Senza scuola giocheremmo tutto il giorno! Mi piace l'idea dell'eTwinning perché in realtà so poco della Germania. A proposito, è vero che da voi la scuola d'estate chiude solo per sei settimane? Per me sarebbe tremendo. Qui d'estate fa un bel caldo e non vorrei perdermi un solo giorno di mare … Ci sono stato troppo bene quest'anno. Vi racconterei delle mie vacanze ma ora devo andare a basket … Mi farebbe piacere conoscere tramite questo programma un ragazzo attivo, indipendente e interessato allo sport! Se andiamo d'accordo potresti pure venire a trovarmi! Io lascerei tutto e partirei senz'altro per la Germania, farei la valigia anche subito e prenderei l'aereo già domani …

Forse alla fine del progetto potremmo incontrarci tutti. Potreste chiedere alla vostra prof. Così tutti avrebbero la possibilità di conoscersi – e renderemmo felicissimi i nostri prof ;-)

Forza ragazzi, chi avrebbe voglia di rispondermi?

A presto,
Fabrizio

9–10 E1, E2

E1 L'e-mail di Fabrizio – Che tipo è?

A Yannik, un ragazzo della classe di Max, piace molto l'e-mail di Fabrizio così si mette a fare un identikit di Fabrizio. Completa con le info dell'e-mail.

nome:	■
età:	■
interessi:	■
dell'eTwinning pensa:	■

E2 Il condizionale presente

Nella sua e-mail Fabrizio usa le forme del condizionale presente.

1. Trova tutte le forme del condizionale e scrivile nel tuo quaderno. Aggiungi i pronomi personali e i seguenti infiniti: avere, essere, fare, giocare, lasciare, partire, prendere, potere, raccontare, rendere, volere.

2. Sottolinea le desinenze del condizionale e paragona le forme: quali differenze ci sono tra i verbi in **-are**, **-ere** e **-ire**? Quali verbi sono irregolari?

3. Attenzione ai verbi in **-care**, **-gare**, **-ciare** e **-giare**! Che cosa noti? Scrivi la coniugazione completa dei verbi raccontare, prendere, partire, giocare e lasciare.

4. Quando usa il condizionale Fabrizio? Come esprimi il condizionale in tedesco? Trova una regola e controlla le tue idee con l'aiuto della grammatica. G 1.6

+ p. 154 E3

E3 E sabato, che cosa facciamo?

Tutti i ragazzi della 2ªC hanno mandato le loro e-mail in Germania e adesso stanno discutendo su che cosa gli piacerebbe fare questo fine settimana. Scegli il verbo e completa le frasi con la forma adatta del condizionale.

1. Solo verbi regolari.

dormire – giocare – guardare – mangiare – passare (2x) – piacere – prendere – scegliere – visitare

Fabrizio: A me ■ andare a tutte le partite di basket.
Franca: Ma che! Sport, sport, sport. Senza sport ■ tutta la domenica, no?! E senza scuola ■ con la palla dalla mattina alla sera. Paola e io invece ■ volentieri il nuovo film con Raoul Bova! Quanto è bello lui! In Puglia ■ naturalmente la domenica in spiaggia, ma qua …
Paola: Anch'io ■ qui la domenica in spiaggia, ■ un bel gelato e ■ il sole, ma domani fa brutto tempo. Franca, che dici, (io) ■ prima la mostra di quel regista … ah Pasolini, che ne pensi?
Franca: Come no! Ma come arriviamo al museo? In autobus o in metropolitana?
Fabrizio: (Io) ■ l'autobus … Oh, scusate! … Matteo? Pronto? Ehi, Matteo, ascolta …

2. Verbi regolari e irregolari.

accompagneremmo | andrei | avresti | direi | dovrei | farebbe | piacerebbe | potrei | rimarrei | sarebbe | vedresti | verresti | vorrei

Matteo: Pronto! Eh, Fabrizio, che cosa c'è?
Fabrizio: Senti, cosa fai domani? ■ andare a vedere la partita. ■ con me?
Matteo: Buona idea! Devo uscire dopo e ■ subito comprare i biglietti.
Fabrizio: Bene! Dopo la partita che cosa ti ■ fare?
Matteo: Non lo so. ■ in centro a fare un giro e ■ fuori per altre due, tre ore. Poi ■ tornare a casa a fare compiti.
Fabrizio: Eh, non ■ male. Paola e Franca vanno al cinema, ■ voglia di incontrare le ragazze?
Matteo: Come no! Mi ■ piacere soprattutto incontrare Franca, che bella ragazza!
Fabrizio: Eh, ho capito ... ■ che facciamo così: parlo con Paola e le dico che tu ■ volentieri la bella Franca e che allora le (noi) ■ dopo il cinema a mangiare un gelato.
Matteo: Perfetto. Ci vediamo domani!

3. Scrivi anche la coniugazione completa dei verbi **dare** e **stare** (pensa al verbo **fare**) e dei verbi **venire** e **bere** (pensa al verbo **volere**).

E 4 E tu, che cosa vorresti fare?

E4

Anche gli altri ragazzi fanno progetti per il fine settimana. Lavorate in due e chiedete se l'altro/a avrebbe voglia di fare qualcosa con voi il fine settimana. Usate le seguenti espressioni e il condizionale.

Modello: **A:** Vorresti .../Avresti voglia di .../Verresti con me a ... giocare a basket con me il fine settimana?
B: Sì, .../Forse .../No, non ... vorrei .../avrei voglia di .../verrei con te a ... giocare a basket.

- il flauto: *Flöte*
- il sassofono: *Saxophon*

visitare una mostra/un museo
giocare a basket/a calcio/a pallavolo
suonare il pianoforte/il flauto/il sassofono
fare un corso di danza/una passeggiata/shopping
navigare in internet
chattare al computer
mettere in ordine la stanza
ascoltare la musica
uscire con gli amici
allenarsi in palestra
andare a cavallo/al cinema/in bici

E 5 Una risposta per Fabrizio – il primo contatto

Yannik vuole subito rispondere all'e-mail di Fabrizio. Anche tu? Come risponderesti tu?

1. Parleresti di tutte le cose che ti piacciono, certo! E chiederesti anche che cosa piace fare al tuo partner. Ma quale verbo usare per il tedesco "machen"? Sempre **fare**? No! Fai una mappa concettuale.

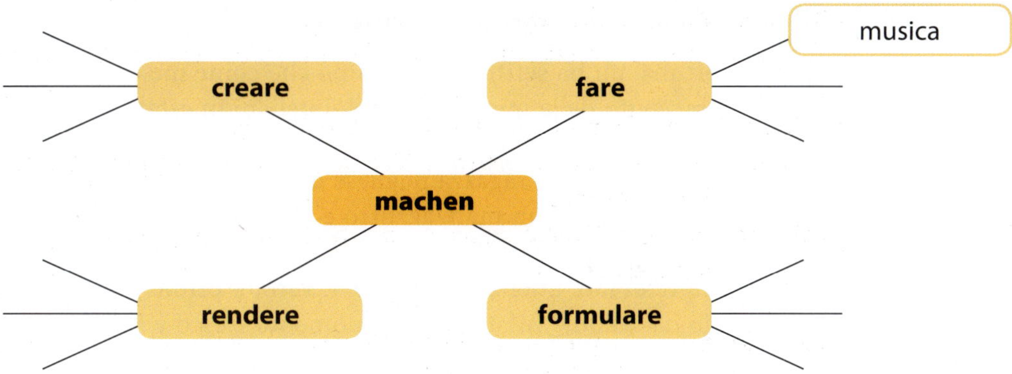

2. Scrivi la risposta. Pensa alla tua famiglia, ai tuoi interessi e desideri per il progetto dell'eTwinning. Usa il condizionale per esprimerti meglio.

1 *11–13*

E 6 Dialoghi tra amici

Sabato! Tutti fuori a divertirsi!

1. Ascolta i dialoghi e rispondi alle seguenti domande: chi parla in quale delle tre scene? Dove si trovano le persone?

2. Ascolta di nuovo i dialoghi e completa le seguenti frasi:

1. Lo sport preferito di Matteo …
2. Fabrizio dopo la partita …
3. Paola e Franca sono andate …
4. L'hobby preferito di Paola …
5. A Franca piace …
6. Secondo lei Raoul Bova …
7. Matteo vuole un gelato …
8. La squadra di Fabrizio …

L'attore Raoul Bova

14–15

B2 Mare, monumenti o parco naturale – i gusti sono gusti

inviare stampare allegare

A: yannikS@gmx.de

Oggetto: R: Ciao

Caro Yannik,

grazie della tua risposta! Che bello, il nostro progetto sta prendendo subito forma e che fortuna, mi ha scritto proprio uno che come me ama lo sport. Oggi ti racconto delle mie vacanze. Noi italiani in estate passiamo molto tempo al mare. Da giugno a settembre sono stato la prima volta al Gargano, una zona in Puglia. Franca, una ragazza pugliese della mia classe, mi ha detto prima di partire che lì ci sono un mare azzurro e spiagge bellissime – è vero! Entravo in casa solo nelle ore più calde, cioè tra mezzogiorno e le tre, perché mia madre mi dice sempre di fare attenzione al sole. È vero, il primo giorno ho pensato: "Sto morendo dal caldo!" Infatti l'unico momento fresco è stato durante la visita alle Grotte di Castellana. Sono grotte grandissime e meravigliose. Ho cominciato a fare il kite surf. Sembra difficile e sono caduto parecchie volte, ma dopo tre giorni ero già abbastanza bravo – dicono che ognuno lo può imparare entro poco tempo. A proposito … ti ho già chiesto se è difficile per te scrivere in una lingua straniera? Come sta andando il tuo italiano con tutte le e-mail che stai scrivendo ☺? Ora ti saluto, sto per uscire, fra un po' devo andare a basket e l'allenatore (purtroppo un po' anziano!) si è stancato delle mie scuse.

A presto,
Fabrizio

- il Gargano: *Vorgebirge im Norden Apuliens*
- pugliese: *apulisch, aus Apulien*

14–15

E7 La risposta di Fabrizio – vacanze tra mare e sport

1. Yannik è fortunato perché Fabrizio gli ha risposto subito. Ma ha capito tutto? Scegli l'affermazione giusta.

1. A Yannik piace a. poco lo sport. b. solo il calcio. c. tantissimo lo sport.	2. Fabrizio è stato in Puglia a. con Franca, una ragazza pugliese. b. già tante volte in estate. c. la prima volta quest'anno.
3. Secondo lui la Puglia è a. bellissima. b. freddissima. c. piccolissima.	4. Le Grotte di Castellana a. sono molto grandi. b. sono un posto caldo. c. sono un ristorante tradizionale.
5. Fabrizio fa il kite surf a. da quest'anno. b. da tanti anni. c. non più perché è difficile.	6. Fabrizio vuole sapere se a. a Yannik piace l'italiano. b. per Yannik è difficile scrivere in italiano. c. Yannik vuole uscire invece di scrivere in italiano.

2. Yannik vuole riassumere l'e-mail per parlarne in classe. Aiutalo e rispondi alle seguenti domande.

1. Dov'è stato in vacanza Fabrizio?
2. Quali sono le caratteristiche della zona?
3. Come ha passato le giornate?
4. Perché gli è piaciuta la vacanza?

3. Riassumi l'e-mail in 4–5 frasi.

16–17

E8 Le Grotte di Castellana

Yannik s'interessa delle grotte e fa una ricerca in internet. Ecco che cosa c'è scritto sul sito:

La visita alle Grotte di Castellana – aperte tutto l'anno – è possibile con guide turistiche. Ci sono due itinerari: l'itinerario parziale della lunghezza di un chilometro e della durata di 50 minuti, l'itinerario completo della lunghezza di tre chilometri e della durata di quasi due ore. La temperatura, costante tutto l'anno, è di circa 18 °C, mentre il tasso di umidità è superiore al 90 %.
La Grave, prima e più grande caverna del sistema sotterraneo, è l'unico ambiente naturalmente collegato con l'esterno: 100 metri di lunghezza, per 50 di larghezza, per 60 di profondità.
La parte delle grotte aperta al pubblico è costituita da ambienti molto vari per forma e dimensioni. Stalattiti, stalagmiti, colonne, preziosi cristalli occhieggiano ovunque. I nomi di ambienti attraversati sono frutto della fantasia dei primi esploratori, per esempio la Lupa, i Monumenti, la Madonnina, l'Altare, la Colonna rovesciata, il Corridoio Rosso, la Cupola. Infine, l'ultima e più bella caverna del sistema sotterraneo, la Grotta Bianca, definita per la ricchezza e il biancore dell'alabastro, è la più splendente del mondo.

http://www.grottedicastellana.it/grotte-di-castellana-roccia-di-storia-viva/ (leggermente adattato)

1. Quante parole difficili! Yannik riesce a capire tante parole perché conosce già altre parole della stessa famiglia e le mette tutte in un elenco. Completa l'elenco di Yannik e indica anche la riga.

(v.) visitare – (sost.) ■ (r. ■), (v.) aprire – (agg.) ■ (r. ■), (agg.) profondo, -a – (sost.) ■ (r. ■), (agg.) largo, -a – (sost.) ■ (r. ■), (agg.) umido, -a – (sost.) ■ (r. ■), (prep.) durante – (sost.) ■ (r. ■), (agg.) parziale – (sost.) ■ (r. ■)

2. Per capire il significato di alcune parole che non conosce, pensa ad altre lingue. Aiutalo a tradurre i seguenti vocaboli:

italiano	**latino**	**inglese**	**francese**	**tedesco**
la grotta	*caverna*	*cave*	la grotte	■
il percorso	verbo: percurrere	*route*	le parcours	■
l'itinerario	iter	itinerary	l'itinéraire	■
l'esterno	externus	exterior, *outside*	l'extérieur	■
la caverna	caverna	cave	la caverne	■
la colonna	columna	column	la colonne	■
l'esploratore	explorator	explorer	l'explorateur	■

3. Adesso riesce a capire le informazioni più importanti. Spiega per Yannik il significato di tutti i numeri.

90	minuti ore metri chilometri gradi il … per cento	è lungo l'itinerario parziale
18		è lungo l'itinerario completo
1		dura la visita se fai il primo itinerario
3		dura la visita se fai il secondo itinerario
50 (2x)		è la temperatura nella grotta
100		è l'umidità nella grotta
2		è lunga la più grande caverna della grotta
90		è larga la più grande caverna della grotta
60		è profonda la più grande caverna della grotta

G

E9 Stare + gerundio e stare per + infinito

E5, E6

Nell'e-mail di Fabrizio ci sono due forme grammaticali che formiamo con il verbo **stare: stare + gerundio** e **stare per + infinito.** G 1.7

1. Trova le frasi nel testo e spiega come formiamo il gerundio per le coniugazioni in -are, -ere e -ire.

2. Guarda il contesto delle frasi trovate: quando succedono le azioni? Che cosa esprime **stare + gerundio**? Che cosa esprime invece **stare per + infinito**?

3. E voi? Che cosa state facendo al momento? E che cosa state per fare invece? Scambiate quattro idee.

E 10 Quante attività a casa di Fabrizio!

Fabrizio non è solo in casa: sua sorella ha invitato degli amici.

1. Guarda quest'immagine: che cosa stanno facendo le persone? E secondo te: che cosa stanno dicendo? Cosa sta per succedere? Fantasia, ragazzi!

   Modello: I ragazzi stanno prendendo il sole.

2. Adesso guarda le foto all'ingresso della lezione. Che cosa **stanno facendo** le persone? E che cosa **sta per succedere**, secondo te?

+ p. 155

E 11 In questo momento o tra poco?

Fabrizio ha appena finito la sua e-mail per Yannik quando lo chiama sua madre. Completa il loro dialogo con **stare per + infinito** o **stare + gerundio**.

Mamma: Fabrizio, cosa ■ (fare)?
Fabrizio: ■ (andare) a basket.
Mamma: ■ (andare) adesso? Comincia solo tra un'ora. ■ (preparare) qualcosa da mangiare per te! Il toast è pronto, ■ (tu, uscire)?
Fabrizio: Mamma, che cosa ■ (dire)? Sai benissimo che non mangio prima dell'allenamento.
Mamma: Va bene. Ma a cena mangi!

E 12 Il discorso indiretto del presente

Yannik ha notato come si esprime Fabrizio quando parla di cose che dicono o chiedono altre persone.

1. Trova nel testo tutte le frasi al discorso indiretto.
2. Quale congiunzione usa per l'affermazione? Quale congiunzione usa invece per la domanda? Come esprime un imperativo al discorso indiretto?

3. Controlla le tue idee con l'aiuto della grammatica. G 1.8

4. Secondo te, quali complementi di tempo dobbiamo usare al discorso indiretto? Abbina!

• quel: *jener*

discorso diretto	discorso indiretto
ieri	il giorno prima
oggi	due giorni/settimane/anni dopo
domani	due giorni/settimane/anni prima
ieri sera	quel giorno
fra due giorni/settimane/anni	il giorno dopo
un giorno/una settimana/un anno fa	la sera prima

E 13 Raccontiamo un po'!

1. Lunedì la signora Wagner chiede ai suoi studenti che cosa hanno scritto gli italiani. Yannik racconta che cosa ha scritto Fabrizio. Aiuta Yannik a trasformare il discorso diretto dell'e-mail di Fabrizio nel discorso indiretto per la professoressa.

2. Provateci anche voi! Uno studente dice una frase, un altro studente trasforma questa frase al discorso indiretto e ne aggiunge un'altra. Ancora un altro studente trasforma le prime due frasi al discorso indiretto e ne aggiunge un'altra. Quante frasi riuscite a memorizzare?

Modello: A: "Ho fame!"
B: A dice che ha fame, io ho sete.
C: A dice che ha fame, B dice che ha sete, qualcuno ha una mela per me?
D: A dice che ha fame, B dice che ha sete, C chiede se qualcuno ha una mela per lui, io …

E 14 Le preposizioni temporali

E7, E8

1. Quali delle seguenti preposizioni usa Fabrizio nell'e-mail? Trova le frasi e scrivile nel tuo quaderno.

da … a | entro | fa | fra … e | tra | verso | in

2. Spiega il significato delle preposizioni e formula una frase nuova con ogni preposizione. G 1.5.2

E 15 La risposta di Yannik – il sogno delle vacanze ideali

Yannik risponde a Fabrizio in un'e-mail.

1. Prima racconta delle ultime vacanze.

2. Poi parla delle sue idee per una vacanza ideale. Pensa alla località, le persone, l'alloggio, le attività.
Scrivi l'e-mail e usa le preposizioni temporali di E14 e per 1. il passato prossimo/l'imperfetto, per 2. il condizionale.

• la località: *Ort, Örtlichkeit*
• l'alloggio: *Unterkunft*

E 16 In vacanza in Italia? Certo, ma … attenzione!

Sul giornale Yannik ha trovato consigli per turisti che vanno in vacanza in Italia. Vuole sapere da Fabrizio se è veramente così per spiegarlo ai suoi genitori. Aiutalo a riassumere in italiano le informazioni più importanti con l'aiuto di un dizionario bilingue e a scrivere un'e-mail a Fabrizio.

Reise-Knigge: So geht Italien

In der Bar und im Restaurant: Wie Sie südlich des Brenners „Bella Figura" machen.

Machen Sie es wie die Italiener und trinken Sie Ihren Kaffee im Stehen an der Bar. Das freut auch die Urlaubskasse, am Tisch kann das gleiche Getränk nämlich um ein Vielfaches teurer sein. Übrigens: Jeder Kaffee hat in Italien seine Tageszeit. Nach dem Aufstehen trinkt man erst mal einen Espresso, zum Frühstück einen Cappuccino oder Latte Macchiato – und ab mittags nur noch Espresso.
Die Nahrungsaufnahme im Lokal ist für den Italiener nicht nur ein körperlich notwendiger Akt, sondern ein kleines Fest. Setzen Sie sich nicht einfach unaufgefordert hin, der Chef des Restaurants wird Ihnen gerne einen Tisch zuweisen. Ein ordentliches italienisches Essen umfasst mehrere Gänge, bestellen Sie also nicht nur Pizza oder Pasta. Bei mangelndem Appetit oder schlecht gefüllter Urlaubskasse fragen Sie einfach nach einer kleineren Portion, in der Regel wird dem gerne entsprochen. Sollten Sie mit mehreren Personen essen gehen, legen Sie zusammen und bezahlen „il conto", die Rechnung, gemeinsam. Trinkgeld, „la mancia", ist in der italienischen Gastronomie eigentlich nicht üblich. Oft taucht auf der Rechnung ein „coperto", eine Art Grundgebühr für das Gedeck und das Brot auf. Wer besonders zufrieden war, kann ein paar Münzen liegenlassen. In Espresso-Bars gibt es dafür Tellerchen oder Sparschweine. Im Hotel erhält das Zimmermädchen fünf Euro pro Woche. Im Taxi wird Trinkgeld nicht erwartet, aufrunden ist aber in Ordnung.

http://www.sueddeutsche.de/reise/reise-knigge-italien-so-geht-italien-1.580649, Daniela Dau 8.02.2011

E 17 Consigli per turisti: nord ≠ sud

Non ci sono solo differenze tra la Germania e l'Italia, ma persino tra il nord e il sud d'Italia. Ecco tre consigli interessanti che Fabrizio dà a Yannik:

Volete fare shopping e comprare ■ vestiti o ■ scarpe? O forse ■ souvenir? Attenzione: di solito al nord i negozi sono chiusi tra le 12 e le 15:30 e al sud tra le 13 e le 16:30!

Volete visitare ■ parchi nazionali o ■ scavi? Vi interessate a ■ monumenti archeologici? Attenzione: spesso chiudono al tramonto, l'orario tra nord e sud quindi può variare di circa 45 minuti!

Volete cenare al ristorante e godervi ■ pasti tipici e ■ specialità locali fatte con ■ ricette tradizionali? Attenzione: al nord le persone cenano a partire dalle 19:30, al centro non prima delle 20:00 e al sud verso le 21:00!

1. Fabrizio non usa l'articolo partitivo – aggiungilo.
2. Sai dire con le tue parole di quale differenza principale parla Fabrizio? Hai un'idea perché c'è questa differenza? Scambia delle idee con il tuo partner.

2 Chi vorrei essere

4
Parli con questa persona quando vuoi fare un bonifico bancario, quando hai perso la tua carta bancomat oppure – da grande – quando ti serve un credito, magari per comprare casa.

C

3
Scrive articoli di cronaca o di sport, lavora per un giornale oppure per la TV.

g
il/la giardiniere/a

6
È bellissima, a volte troppo magra. La vedi spesso in TV. È il sogno di tante ragazze fare questo mestiere.

e
il medico

G

b
l'architetto/a

5
Quando vuoi costruire una casa, ti progetta la costruzione.

B

d
l'impiegato/a di banca

F

8
Ama la storia, soprattutto l'architettura di tanti, tanti anni fa.

H

D

2
Tutti lo conoscono. Quello di matematica lo ami o lo odi. Insegna normalmente una o due materie in una scuola.

c
il/la giornalista

a
l'archeologo/a

h
la velina

1
Lavora in ospedale o in uno studio e aiuta la gente malata.

A

7
La sua passione è la natura. Gli piacciono i fiori, gli alberi – tutto il verde. Vende tante piante diverse a persone che hanno un giardino o un balcone.

E

f
il professore / la professoressa

E1 Quanti mestieri! – Chi fa che cosa?

Per il progetto eTwinning i ragazzi vogliono anche presentare professionisti e professioni interessanti. Aiutali a trovare come si spiegano i mestieri. Abbina la professione alla descrizione del lavoro e all'immagine adatta!

- il/la professionista: *Freiberufler/in*
- il bonifico bancario: *Überweisung*
- il credito: *Kredit*
- la cronaca: *Nachricht, Reportage*

! Am Ende dieser Lektion kannst du

- Berufsbilder vergleichen und über zukünftige Berufswünsche sprechen.
- das italienische Schulsystem mit deinem vergleichen.
- dich über bekannte italienische Persönlichkeiten unterhalten.
- Bedingungen formulieren und Vermutungen für die Zukunft ausdrücken.

A Chi sono? Chi sarò?

01 18–19

A 1 Chi sono? – Italiani famosi

Mentre i suoi compagni stanno ancora discutendo che presentare nel progetto, Dario ha già pronta la sua presentazione. Ecco un ritratto che Dario ha mandato ai ragazzi tedeschi.

Roberto Saviano è nato il 22 settembre 1979. Nei suoi articoli e libri racconta di solito della criminalità organizzata, soprattutto della Camorra. È famoso per il suo libro *Gomorra* (2006). Il libro parla della Camorra in Campania perché l'autore è cresciuto in quella zona. Per questo conosce bene i problemi che ci sono. La pubblicazione di *Gomorra* ha cambiato improvvisamente la sua vita. Oggi non può vivere senza scorta, cioè senza poliziotti che stanno sempre vicino a lui. Se vuole andare al cinema, lo accompagna la scorta. Se si sente male, è la scorta che lo accompagna dal dottore. E naturalmente deve chiedere ai suoi "ragazzi" se vuole prendere velocemente un caffè al bar. Tutto sommato è una vita difficile. Saviano però non solo non si arrende, ma fa in continuazione nuove indagini: nel 2013 è uscito il suo nuovo libro *Zero zero zero* che parla apertamente del traffico mondiale della cocaina.
Oggi scrive anche degli articoli su altri problemi attuali dell'Italia.

01 18–19

E 1 Che persona straordinaria!

1. La signora Wagner porta il ritratto in classe e chiede ai ragazzi di fare un identikit di Roberto Saviano. Ascolta e poi completa l'identikit con le informazioni del testo.

2. Informatevi in internet su Roberto Saviano. Con le informazioni che avete trovato, inscenate un'intervista con lui in TV.

nome: ■
età: ■
regione d'origine: ■
professione: ■
È famoso perché ... ■
particolarità: ■

G

E 2 Gli avverbi

1. Trova nel testo A1 gli avverbi che corrispondono ai seguenti aggettivi: improvviso, naturale, veloce, aperto.

2. Come formiamo gli avverbi degli aggettivi in -o/-a e in -e? E come invece quelli in -le? Controlla la tua teoria con l'aiuto della grammatica. G 2.5

3. Trova nel testo A1 gli avverbi che corrispondono ai seguenti aggettivi e indica la riga dove li hai trovati:
   buono (agg.): ■ (avv., r. ■), cattivo (agg.): ■ (avv., r. ■)

+ p. 156

E1, E2

E3 E-mail tra colleghi

Il prof italiano è contento dei ritratti che hanno preparato i suoi studenti. Completa l'e-mail: trasforma i seguenti aggettivi in avverbi e mettili al posto giusto.

sicuro | normale | finale | fortunato
completo | naturale | cordiale | speciale

Cara collega,
■ Le posso mandare i ritratti di personaggi famosi preparati dalla classe. ■ ci hanno messo molto tempo ma il risultato ■ non è male. ■ il ritratto di Roberto Saviano mi piace. ■ in Italia abbiamo anche persone così particolari. Questa volta sono ■ contento per il lavoro dei ragazzi. ■ non si impegnano molto – questa volta invece sì!

La saluto ■,
Enrico Ghilliardi

E4 Il periodo ipotetico I

Cerca in A1 delle frasi con **se** e rispondi alle seguenti domande. Poi controlla se hai ragione con l'aiuto della grammatica. G 2.2

1. Quali sono i tempi usati?
2. Quando usiamo questo tipo di frase?

E5 Saviano deve chiamare la scorta se …

I ragazzi tedeschi cominciano subito a immaginarsi che cosa significa vivere con la scorta.

1. Che fantasia! Usa frasi con **se** per descrivere le situazioni che i ragazzi immaginano. Poi immagina anche tu cinque situazioni e descrivile.

Modello: Saviano deve chiamare la scorta se vuole andare a prendere un caffè al bar.

2. La scorta – ma quale? Informati in internet sui **Carabinieri** e sulla **Polizia di Stato** e decidi chi vorresti chiamare come scorta.

20–21

A 2 Altro lavoro – altra vita

Dario non vorrebbe vivere con la scorta e non gli piace neanche il lavoro da giornalista. Però gli interessa molto il lavoro di Elena, un'amica di sua madre. Vuole sapere di più sul suo lavoro e la intervista.

Dario: Buongiorno, Elena. Ti posso fare qualche domanda sul tuo lavoro?
Elena: Figurati. Mi piace parlare del mio lavoro. È troppo bello!
Dario: Che lavoro fai esattamente?
Elena: Allora, io faccio l'archeologa e mi interessano soprattutto gli Etruschi.
Dario: Quante ore al giorno lavori?
Elena: Dipende. In genere lavoro sette o otto ore al giorno. Fortunatamente il mio lavoro è molto interessante. Non vado tutti i giorni in ufficio, anzi, preparo anche delle mostre e vado a scavare.
Dario: E quale attività ti piace di più?
Elena: Scavare! Mi affascina proprio! La prossima settimana per esempio andrò a Volterra. Mi fermerò per circa due settimane … così purtroppo mancherò alla festa del compleanno di mio figlio. Ma lui capirà. Cominceremo a scavare per un progetto nuovo.
Dario: Interessante. Hai già un'idea su cosa troverete lì?
Elena: Tante cose! Anche noi siamo curiosi su che cosa scopriremo e se saranno cose preziose, come gli oggetti trovati a Cerveteri, Arezzo o Orvieto. Sarà un'avventura! Forse avrai un fine settimana libero per venire a seguire il progetto? Sarò lì anche il sabato e la domenica.
Dario: Mi piacerebbe tanto accompagnarti! Chiederò alla mamma e poi ti chiamerò.
Elena: Perché no? Ti divertirai sicuramente!! E poi forse vorrai fare l'archeologo anche tu? Frequenti il liceo, vero? Allora stai già sulla strada giusta.

• affascinare: *faszinieren*

20–21

E 6 La presentazione del lavoro di Elena

+ *p. 156*

1. Dario ha preparato delle domande per presentare alla classe la professione di Elena e le sue caratteristiche. Ascolta il testo e rispondi alle domande.

1. Che lavoro fa?
2. Quante ore al giorno lavora?
3. Quali sono le attività? Quale le piace di più?
4. Quali sono i prossimi progetti?
5. Che cosa vuole fare Dario?

2. Elena parla di quattro città etrusche: trovale sulla cartina geografica d'Italia. Poi informati in internet sugli etruschi: quali particolarità sai raccontare alla classe?

E7 Il futuro I

E3

1. Quando Elena parla del suo progetto a Volterra, usa il futuro. Cerca le forme nel testo A2 e raggruppale (-are; -ere; -ire; avere; essere). Che cosa è simile alle forme del condizionale? Che cosa è diverso? Come formiamo le forme del futuro? Controlla i tuoi risultati con l'aiuto della grammatica. G 2.1

2. Completa la coniugazione dei seguenti verbi: chiamare, chiedere, divertire, cominciare, mancare, avere, essere.

3. Fai un elenco di tutti gli infiniti dei verbi che hanno una forma irregolare del condizionale. Nomina un infinito dell'elenco e un pronome personale al partner. Il partner poi dice la forma corretta del futuro.

E8 Anch'io farò l'archeologo!

E4, E5

Dario adesso vuole fare l'archeologo anche lui. Parla del suo sogno con Sara, la sua compagna di classe. Completa le frasi al futuro.

Sara: Allora, com'è andata con l'archeologa?
Dario: Benissimo! Sai, ho deciso che ■ (fare) l'archeologo anch'io!
Sara: Davvero? Ma non ■ (avere) bisogno di voti più alti per farlo?
Dario: Sì, certo. Da domani ■ (studiare) tutti i giorni. Così gli insegnanti mi ■ (dare) buoni voti. I miei genitori ■ (essere) contentissimi. Che dici: la mia mamma mi ■ (comprare) il libro sull'archeologia che abbiamo visto ieri? ■ (prendere) un buon voto perfino in storia dell'arte – storia dell'arte che ■ (diventare) il mio forte naturalmente! ■ (smettere) anche le chiacchiere con gli altri, anche se ■ (essere) difficile.
Sara: Così alla fine ■ (fare) un'ottima maturità.
Dario: Ma che cosa ■ (pensare) voi di quest'idea, tu e gli altri?
Sara: Boh, la ■ (accettare).
Dario: E tu? Sai già cosa ■ (fare) dopo la maturità?
Sara: Sì, ho già una mezza idea. Sai che mi piace molto la musica e proprio ieri ho sentito un'intervista …

E9 Quale scuola scegliere per fare l'archeologo?

- il grafico: *Grafik, Diagramm*

Con l'aiuto del seguente grafico Max spiega ai compagni tedeschi come funziona il sistema scolastico in Italia. Rispondi per lui alle loro domande:

1. Quale tipo di scuola corrisponde più o meno al/alla tedesco/a … a. *Grundschule,* b. *Gymnasium,* c. *Berufsschule*?

2. Quale tipo di scuola non esiste proprio in Germania e quali alunni studiano in questo tipo di scuola?

3. Ci sono altre grandi differenze tra la scuola italiana e quella tedesca? Commenta.

- l'istruzione: *(Aus-)Bildung; Anweisung*
- Istruzione e Formazione Tecnica Superiore: *Fachhochschule*
- la formazione prefessionale: *Berufs-ausbildung*
- l'istituto tecnico: *techn. Gymnasium/ Fachoberschule*
- il servizio: *Dienst; Dienst-leistung*
- l'obbligo: *Pflicht; Verpflichtung*

4. Quale tipo di scuola frequentano Dario, Giuliano e Fabrizio? Quale tipo frequenta Carlotta? Quali materie studiano? Racconta.

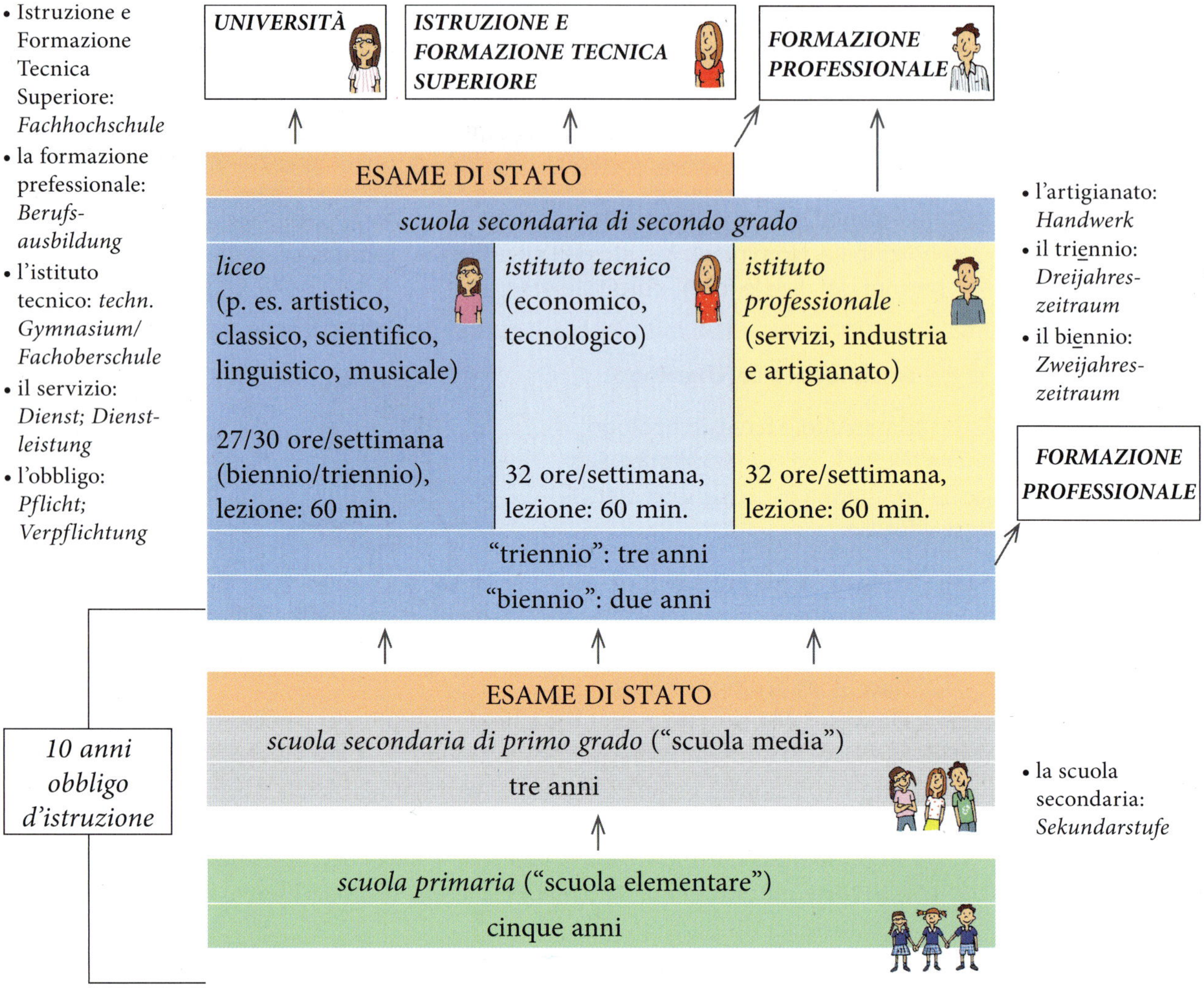

- l'artigianato: *Handwerk*
- il triennio: *Dreijahres-zeitraum*
- il biennio: *Zweijahres-zeitraum*
- la scuola secondaria: *Sekundarstufe*

Info

I voti in Italia

Ci sono i voti da 10 (ottimo) a zero. 9 corrisponde a molto buono, 8 a buono, 7 a soddisfacente, 6 a sufficiente, da 5 in giù a non sufficiente.

1 22–23

E6–E8

E 10 Malika Ayane – una nuova star della canzone italiana

Ecco l'intervista che Sara ha sentito.

1. Ascolta l'intervista e poi completa l'identikit con le informazioni del testo.

2. Informatevi in internet sul festival di Sanremo. Quali star della canzone italiana conoscete che sono diventate famose dopo aver partecipato a Sanremo?

nome: ■
città di origine: ■
professione: ■
È famosa perché ... ■
rapporto con Berlino: ■

01 24–25

A3 Robocolf

Dario non ha sempre voglia di aiutare sua madre nei lavori di casa. In internet ha trovato una pubblicità fantastica …

- la pulizia: *Reinigung; Putzen*
- disordinato, -a: *unordentlich*
- superpotente: *sehr kräftig; (über)mächtig*

Arriva la rivoluzione in casa!

Mai più pulizie noiose e faticose!

Più tempo per sé stessi!

Come? Comprate il mitico Robocolf!

Robocolf, il nuovo robot elegante e programmato a capire oltre 1200 comandi, potrebbe tornare molto utile ai disordinati che non trovano mai nulla in casa e perdono tutti i messaggi. Utilizza i suoi occhi laser (disponibili in vari colori, da celeste a verde bottiglia) e il suo naso ultrasensibile per aiutare nella ricerca di oggetti. Ha un paio di mani megaflessibili, con dita e braccia che riescono a riprodurre gran parte dei movimenti umani come per esempio lavare i piatti. Le sue gambe superpotenti gli permettono di muoversi liberamente anche in giardino per raccogliere le ciliegie. Bocca e lingua multifunzionali si trasformano sia in aspirapolvere sia in ventilatore. E anche la simpatica testa che ha sulle spalle è piena di tecnologia del futuro – le sue orecchie sentono tutto e tutti! Godetevi la tecnologia del futuro, impressionate i vostri ospiti in casa ed i vostri amici (godetevi soprattutto le facce sorprese delle vostre amiche!) e ordinate il nuovo Robocolf: Robocolf XL (per ville oltre i 120 metri quadrati) o gli ultimi modelli Robocolf "Schwarzenegger" (muscoli larghi, parla anche l'austriaco), il Robocolf "Barbie" per bambini (capelli magnifici, labbra in diversi colori) o il Robocolf "Zen" (parla piano, non va mai veloce).
Annalisa di Firenze ci dice: "La vita in famiglia è migliorata adesso! Viviamo insieme in modo tranquillo e rilassato!"

01 24–25

E 11 Che rivoluzione in casa!

1. Create un campo semantico con tutte le parole del corpo che trovate nel testo A3.
2. Fate un disegno del Robocolf e decidete che cosa manca ancora a Robocolf. Completate il vostro disegno e descrivetelo alla classe.

E 12 Il plurale dei sostantivi e aggettivi in -co/-go, -ca/-ga e -io, -ia

Per decidere come formare il plurale di questi sostantivi e aggettivi raggruppa i seguenti esempi e aggiungi esempi che trovi nel testo A3. Formula delle regole e confrontale con la grammatica, anche per vedere quali eccezioni ci sono. G 2.3.1, 2.3.2, 2.3.3

bianchi | sporchi | funghi | tedeschi | unici | biologi
turistici | albicocche | chimiche | biologiche | giacche | grigi
astucci | annunci | camicia | salsiccia | arancia

E 13 Il mitico Robocolf

Dario è entusiasta del Robocolf e manda un messaggio alla sua mamma. Completalo con le parole che mancano. G 2.4

amica (2x) | amico | bocca | valigia | fresco | lungo | luogo
magnifico | viaggio | mitico | pratico | simpatico

Mamma, guarda che pubblicità! Le tue ■ rimarranno con le ■ aperte! Adesso ci sono i ■ Robocolf che ci aiutano in casa! Sono dei veri ■! Sono ultra ■! In futuro le nostre case saranno ■ ■ e ordinati! Non ci saranno più discorsi ■ con noi altri della famiglia. Ci aspetteranno tempi ■ e tu avrai più tempo per le tue ■ ■! E non solo a casa. Quando farai dei ■ questo Robocolf ti porterà le tue ■! Io mi informerò subito sul prezzo. E tu, che ne dici? *10:11 am*

E 14 Il plurale dei sostantivi del corpo

1. Alcuni sostantivi del corpo sono maschili al singolare, ma formano un plurale al femminile. Cerca questi sostantivi nel testo di A3 e scrivili al singolare e al plurale. G 2.3.4
2. Completa il campo semantico di E11 1. con le forme al plurale e l'articolo.

E 15 Robocolf: modelli particolari

E9

1. Ecco la descrizione del modello Robocolf "Barbie". Completala con l'articolo, il sostantivo al plurale e la forma giusta dell'aggettivo.

   Il modello Robocolf "Barbie" è giusto per chi ama una colf femminile. ■ (braccio) sono ■ (snello) ma ■ (forte). Riesce a preparare contemporaneamente cinque ■ (tipo) di tè o caffè diversi. Prepara la schiuma del cappuccino con ■ (dito) ■ (lungo) e ■ (flessibile). ■ (labbro) sono ■ (mitico) e riescono a pronunciare parole anche in ■ (lingua) ■ (esotico). Si presenta con ■ (vestito) ■ (magnifico). Gli orecchini che porta a ■ (orecchio) ■ (piccolo) sono ■ (strafigo), come anche ■ (collana), ■ (cintura) e ■ (scarpa).

2. Come si presenta il tuo modello Robocolf? Che cosa sa fare? Descrivilo in sei frasi.

E 16 Che cosa ti viene in mente?

Dario ha mandato la pubblicità ai tedeschi. La Prof. Wagner prima ne ha riso molto e poi ha parlato delle parti del corpo nelle espressioni idiomatiche. Purtroppo Max non ha fatto attenzione. Adesso Carlotta aiuta Max via Skype a trovare le traduzioni corrette.

1. Abbina le frasi al significato giusto e decidi: quali espressioni sono positive?

1. Mettere il naso dappertutto	a. auf zack sein
2. Non muovere un dito	b. mit dem Rücken an der Wand stehen
3. Avere la lingua lunga	c. am Boden sein
4. Essere con le spalle al muro	d. neugierig sein
5. Avere la testa dura	e. mit beiden Füßen auf der Erde stehen
6 Avere i piedi per terra	f. faul sein
7. Essere in gamba	g. mit offenen Augen träumen
8. Sognare ad occhi aperti	h. einen Dickschädel haben
9. Essere in ginocchio	i. lästern, Lügen verbreiten

2. In gruppi da tre: presentate una scena in cui usate tre di queste espressioni.

1 26–27

E 17 Robocolf per tutti?

E10

I ragazzi tedeschi trovano una trasmissione che parla di Robocolf in internet.

1. Ascolta la trasmissione e decidi: qual è il messaggio che Rita ha mandato alla radio prima dell'intervista?

… Sono una colf da qualche anno. Per me i Robocolf sono un problema perché non trovo più lavoro. Mi piacciono però i robot e sono rimasta molto impressionata da loro. Conosco anche bene il modello "Barbie". Rita. … *10:04 am*

… Amo molto la lingua tedesca. Mi piace il modello "Schwarzenegger". La sua lingua magnetica è una caratteristica molto particolare. Capisce subito cosa bisogna fare. Rita. … *10:21 am*

… Non ho ancora visto il modello "Barbie" che piace soprattutto ai bambini. Ma anche il modello di base è fantastico. Il Robocolf è veloce e potente. Rita. … *10:43 am*

2. Nomina altri punti forti di Robocolf.

3. E i punti forti di Rita invece? Quali sono?

B Italiani famosi (reali e immaginari)

B1 A caccia di celebrità

Loredana sa esattamente che cosa vuole fare: la velina. In una rivista ha trovato un test.

"Anch'io vorrei fare la velina. Guadagnerò tanti soldi senza lavorare molto e diventerò famosissima. Sono alta e peso poco, ho le gambe lunghe, la vita stretta, i capelli lunghissimi e lisci. Insomma, sono molto carina. La mia passione sono il make-up e i vestiti supertrendy. Ballo più divinamente delle ragazze della mia classe e mi presento più professionalmente di tutte le altre."

A CACCIA DI CELEBRITÀ

E tu, hai la stoffa per diventare una celebrità?

Domanda 1
Il tuo ragazzo deve essere
a. il più bello della famiglia. (1)
b. il più intelligente di tutti. (0)
c. il più ricco degli amici. (2)

Domanda 2
Quando ti fotografano
a. ti copri la faccia con le mani. Sei definitivamente più simpatica che bella. (0)
b. ti metti in posa per essere ancora più bella. (2)
c. fai una faccia ridicolissima per sentirti superiore a tutti. (1)

Domanda 3
La moda è importante per te?
a. Porto solo quello che mi piace. (0)
b. Per me la moda è importantissima. (2)
c. Ho uno stile individuale. (1)

Domanda 4
Alle feste
a. vado solo se mi invitano. (0)
b. vado solo se ci sono i miei amici. (1)
c. sono la persona più importante di una bella festa. (2)

Domanda 5
Cosa fai nel tuo tempo libero?
a. Amo più stare in casa che andare a delle feste. (0)
b. Passo meno tempo con la famiglia che con gli amici. (1)
c. Mi piace moltissimo andare dal parrucchiere, ci vado almeno una volta a settimana! (2)

Domanda 6
Quando parli davanti allo specchio, che cosa (ti) dici?
a. "Sei bellissima!" (2)
b. "Che orrore! C'è una faccia peggiore di questa?" (0)
c. "Ho visto di peggio!" (1)

Voglio essere come te 15

E1

E1 I risultati del test

1. Guarda le quattro ragazze! Secondo te chi ha dato quale risposta? Perché?
2. Descrivete le ragazze! Usate dieci aggettivi diversi per ogni ragazza.
3. E tu, che tipo sei? Parla delle tue idee con il tuo partner.

E2 Il comparativo e il superlativo

1. Fai un elenco di tutti i comparativi e superlativi (relativi e assoluti) che trovi nel testo. Che cosa noti?

superlativo assoluto	superlativo relativo	comparativo
famosissima …	il più bello …	più simpatica che bella più bella …

2. Quali forme sono irregolari? G 2.6
3. Guarda le comparazioni nel testo A1 e decidi: quando usiamo **che**? Quando usiamo invece **di**? G 2.8

E3 Amiche per sempre, ma …

1. Loredana e Elisa sono molto amiche, ma hanno gusti molto differenti. Metti il comparativo (+) o il superlativo relativo (++). Devi usare **di** o **che**?

Loredana: Justin Timberlake canta bene ma Eros Ramazzotti canta ancora ■ (+ bene).
Elisa: Eros Ramazzotti? ■ (++ bene) è Andrea Bocelli!
Loredana: Per quanto riguarda i maschi sono d'accordo, ma per le donne? ■ (++ bello) è sicuramente Taylor Swift. No, aspetta! Katy Perry è ■ (+ bello).
Loredana: Che ne dici di Benedict Cumberbatch? Lui è ■ (++ intelligente, carismatico, sexy, elegante) di tutti.
Elisa: Sei pazza? Troppo vecchio. Conosci Ian Somerhalder? È bello ed è anche impegnato nel sociale! O Daniel Radcliff! Come attore è ■ (+ bravo) di Ian, i suoi occhi sono ■ (++ magnetico) del mondo e non parliamo del suo corpo perfetto!

- carismatico, -a: *charismatisch*
- magnetico, -a: *magnetisch, anziehend*

E2, E3

2. Parlate di tutto di più. Parla di due star che conosci e formula una frase con il comparativo (di maggioranza, di minoranza o di uguaglianza). Il tuo partner fa un commento e formula un'altra frase. Continuate.

E4 Talenti speciali

- contagioso, -a: *ansteckend*
- il modulo di iscrizione: *Anmeldeformular*
- l'edizione *f*: *Edition, Ausgabe*
- il tacco: *Absatz*

La passione di Loredana è contagiosa. Adesso tutti vogliono partecipare alla nuova edizione di "Italia's got Talent". Leggono attentamente il modulo di iscrizione.

1. Hai un talento speciale? Questa è la tua occasione: partecipa allo show! Tutti possono partecipare! Completa con i verbi al condizionale.

"Io ■ (cantare), Paola ■ (ballare) un pezzo hip-hop e Simone e Luigi ■ (raccontare) una storia divertente in inglese. In più Simone ■ (sapere) tutto su Harry Potter. Dario ■ (mangiare) dieci hamburger. Sara ■ (potere) riconoscere una canzone italiana dopo 20 secondi. Loredana ■ (giocare) a calcio con i tacchi alti. Fabrizio ■ (fare) lo yoga e Elisa ■ (riconoscere) tutte le star di Hollywood vedendole da dietro."

+ p. 156

2. Elisa chiede a Max: "Ehi, Max, c'è anche da voi un programma come 'Italia's got Talent'? Non vorreste partecipare anche voi alla nuova edizione? Quale potrebbe essere il vostro talento?"
Ecco la risposta di Max. Aggiungi gli avverbi dei seguenti aggettivi e metti anche il comparativo o il superlativo. G 2.7

- divino, -a: *göttlich*
- profondo, -a: *tief(gehend)*

divino | veloce | perfetto | particolare | professionale
facile | probabile | profondo | sempre | solo

Canto ■. Berkan va sul longboard ■.
Maike balla ■ ma Sabine ed io insieme balliamo ■ (++) di tutti.
Leon impara i vocaboli in modo ■ veloce, io invece li imparo ■ (–).
So giocare a basket ■. Melina si sveglia ■, Alina disegna ■ (+ bene) di Picasso.
Lars dorme ■.
Il fratello di Adrian grida ■ per avere ciò che vuole. Lara si veste ■ di giallo.

3. Quali sono i vostri talenti? Con l'aiuto del dizionario fate una lista dei vostri talenti particolari. Il partner poi li presenta alla classe usando il superlativo assoluto o relativo.

E5 Stessi talenti e comunque diversi!

Max riflette sulle differenze tra i giovani italiani e quelli tedeschi. Dopo fa una ricerca in internet e riassume le informazioni che trova.

Gli italiani
Il 90,4% dei giovani si connette a internet, l'84,4% tutti i giorni, il 73,9% per almeno un'ora al giorno, il 46,7% con il wifi. Per informarsi usano Facebook (il 71%), Google (65,2%) e YouTube (52,7%). Il 66,1% ha uno smartphone e il 60,9% scarica le app sul telefonino o tablet. Il 53,5% dei giovani legge almeno un libro all'anno.

- connettersi a: *verbinden mit*

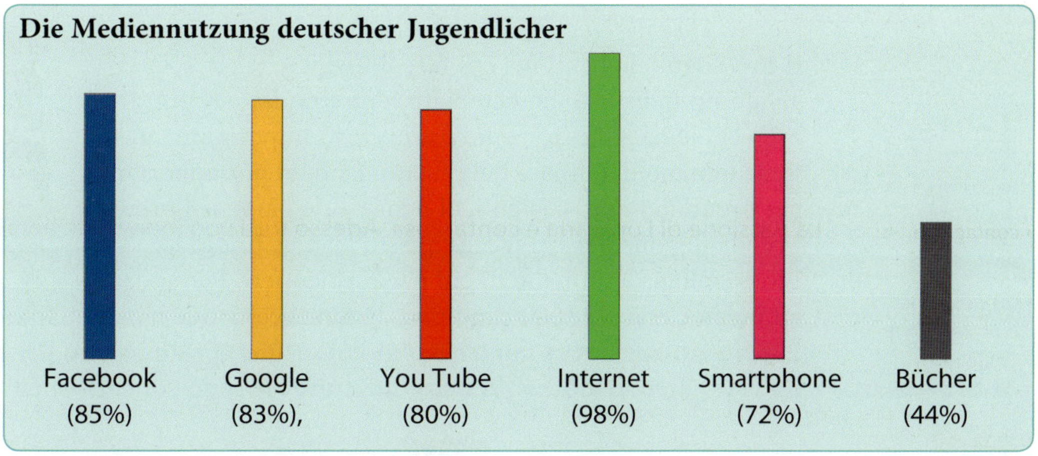

E4 **1.** Aiuta Max a scrivere un articolo sul forum comparando i dati.

> Cari azzurri, cari tedeschi,
> siamo veramente così diversi? Una domanda difficile. Sicuramente i tedeschi sono i calciatori più forti, ma in internet ho trovato informazioni molto interessanti. Sapete che …

2. Entra la mamma nella stanza di Max, vede che cosa sta facendo e dice: „Die Italiener hängen doch bestimmt auch so viel in sozialen Netzwerken ab wie ihr!" Cosa risponde Max?

1 28–30

B2 Alice e Emanuele: due potenziali Nobel italiani

Dario non è convinto delle idee delle ragazze.
"Scusate, ma quelli dei talent show o le veline non sono star vere. Secondo voi hanno un talento particolare? Non credo! Meglio mandare quest'articolo molto interessante in Germania. Questi giovani sì che sono veramente intelligenti, e magari in futuro diventeranno delle vere 'star' e famosi come Fibonacci o Rita Levi-Montalcini. Chissà se non ne sentiremo parlare! Mostriamo ai tedeschi che anche noi italiani abbiamo giovani che sono molto bravi!"

"I potenziali Nobel" – due candidati italiani si presentano a Lindau, dove 37 premi Nobel incontrano 600 giovani che sognano di vincere il premio.

Nome: Emanuele *Cognome: La Corte*
Il cervello umano mi ha sempre interessato. Studio per diventare neurochirurgo. A Lindau sono l'unico studente italiano di Medicina e anche il più giovane. Ma ci sono abituato. Un premio Nobel? Lo immaginavo con tanti capelli bianchi e geniale, non mi aspettavo questa candidatura, non ci posso ancora credere. La mia famiglia è orgogliosa di me. I miei pazienti mi danno la forza di continuare. Insomma, la Medicina è la mia passione. Dedico anima e corpo a questo lavoro e ci tengo molto. Però quando lascio l'ospedale penso ad altro: adoro la fotografia e i viaggi in altri paesi. Ci vado almeno due volte all'anno. Ne torno sempre pieno di nuova energia.

- tenerci molto: *viel Wert auf etwas legen*

Nome: Alice *Cognome: Panariti*

Il mio sogno da bambina era fare il medico. Però all'ultimo momento ho cambiato idea e ho fatto il test di Biotecnologia. Ora sto bene, è un lavoro importante, ma ti tiene lontano dal dolore del malato. La cosa più importante per me sono i miei pazienti, ci penso e ne parlo sempre. Ecco la ragione per cui faccio questo lavoro. In più la Biotecnologia è un tema di cui parlo volentieri. Per andare a Lindau c'erano 22 000 candidati. Hanno scelto due italiani. Una di loro sono io. Lindau era una cosa a cui tenevo molto. A fine agosto partirò per il Canada, dove ho vinto un post-doc. Ci resterò due anni. Ne sono contentissima!

- un post-doc: *eine befristete Stelle nach einem Doktorat*

Info

Rita Levi-Montalcini
- *1909 a Torino, medico
- specializzazione in neurologia e psichiatria
- 1947–77 prof negli Stati Uniti
- 1986 premio Nobel per la medicina
- …

Info

Leonardo Fibonacci ("Leonardo Pisano")
- *1175 a Pisa, matematico
- studia la matematica indiana e araba
- 1202 libro "Liber abbaci" => sistema decimale con numeri da 0–9 (prima in Europa: numeri latini)
- …

01 *28–30*

E 6 Chiacchierata tra ragazze

E5

Sara, Elisa e Loredana parlano dei due giovani scienziati. Completa le frasi con l'aiuto del testo.

Sara: Alice è quella che ■?
Elisa: Sì, va in ■ per ■. Che avventura!
Loredana: A me piace molto questo ragazzo. Viaggi e ■, lui è un tipo interessante.
Sara: Ma certo, sei sempre la solita. Pensi sempre ai ragazzi!
Elisa: Ragazze, non litigate! Lui è proprio bravo. La medicina è ■ e dedica ■ al suo lavoro! È un tipo interessante, hai ragione!
Sara: Va bene. Ma anche Alice è una ragazza interessante: da bambina ■, ma era ■ e adesso studia ■! Wow!
Dario: E voi? Volete veramente diventare veline?

G

E 7 Le particelle ci e ne

Che dicono nel testo B2? Quali parole sostituiscono le particelle **ci** e **ne** nelle seguenti frasi?
Trova la regola e confrontala con la grammatica.

G 2.9

"Ci resterò due anni." → Resterò due anni ■.
"Ma ci sono abituato." → Ma mi sono …
"Ne parlo sempre." …
"Ne torno sempre pieno di nuova energia."

E8 Una chiacchierata tra amici!

Un tuo amico ha letto l'articolo dei due giovani scienziati italiani. Vuole vincere il premio Nobel anche lui!

1. Completa la conversazione via Skype formulando frasi con **ci**.

Amico: Un giorno anch'io vincerò un premio Nobel!
Tu: ■ (non/credere/io)
Amico: Ma sì. Da bambino sognavo di diventare un inventore! Giocavo sempre con i Lego. ■ (giocare/io/dalla mattina alla sera/creare strane macchine).

• l'inventore: *Erfinder*

Tu: Okay, diventiamo degli inventori allora. Da oggi studio sei ore al giorno, soprattutto matematica e biologia.
Amico: ■ (riuscire/tu/veramente/diventare un inventore?) ■ (non credere/io/!). Io preferisco andare al cinema e cercare l'ispirazione.
Tu: ■ (andare/io/anche). Mi piacciono i film di fantascienza. Che ne pensi della vita extraterrestre?

• extraterrestre: *außerirdisch*

Amico: ■ (non credere/io/per niente). Esiste solo nei film! A proposito di cinema … ■ (con chi/andare?)
Tu: Ancora non lo so. ■ (dovere pensare/io) … Conosco troppe ragazze simpatiche.

2. Hai appena saputo che un vostro compagno di classe/una vostra compagna di classe vuole vincere il premio Nobel. Inventa un dialogo con il tuo partner: scambiate idee su chi vincerà il premio Nobel e in quale materia. Il dialogo è finito solo quando siete riusciti a inserire sette frasi con **ci**.

E6

3. Ecco alcuni italiani che hanno vinto il premio Nobel. Si chiamano Dario Fo (premio Nobel per la letteratura), Grazia Deledda (letteratura) e Mario Capecchi (medicina). Ma chi è chi? Abbina i nomi alle foto e informati di uno dei tre in internet. Presenta il suo identikit alla classe.

E9 E il mio futuro?

E7, E8

Dopo aver parlato con il tuo amico rifletti sul tuo futuro. Ti serve un'idea! Tua madre è preoccupata, e fa tante domande. Non rispondi e così lei ti ripete tutte le frasi! Riscrivi le frasi con **ne**.

Che buona questa torta! ■ (Volere/tu/avere una fetta), tesoro?
E ho fatto un caffè. Vuoi lo zucchero? Sì, lo so, ■ (mettere/tu/sempre/un cucchiaino).
Ho comprato le caramelle al limone che ti piacciono tanto. ■ (Volere/tu/alcune)?
Ho comprato delle nuove riviste all'edicola. ■ (Volere/tu/leggere/una)?
Guarda che bei fiori! ■ (Mettere/io/un paio/in camera tua)?
Ti ricordi delle nostre vacanze? ■ (Avere/tu/nostalgia)?
Ho due biglietti per il cinema. ■ (Volere/tu/uno)?
Adesso basta! Che cosa è successo? ■ (Potere/tu/parlare/alla tua mamma)!

• la caramella al limone: *Zitronenbonbon*

+ p. 157

E 10 Intervista con delle celebrità

E9–E11

1. Le ragazze italiane visitano regolarmente il sito internet del concorso a Lindau. Sono curiose di saperne di più. Ecco un'intervista con una celebrità molto discreta. Completa con **ci** o **ne**.

- discreto, -a: *diskret, zurückhaltend*

Giornalista: Legge molti libri?
Celebrità: Ma certo, ■ leggo almeno dieci al mese. Però vado raramente al cinema. ■ vado soltanto quando il film mi interessa veramente.
Giornalista: Le interessa molto il calcio…
Celebrità: Sì, ■ parlo sempre con i colleghi. Tifo per il Bayern Monaco!
Giornalista: Lei vive vicino al mare. ■ va spesso?
Celebrità: Stranamente non mi piace il mare, non ■ vado mai.
Giornalista: Ha molti contatti con i suoi fan?
Celebrità: Come celebrità ricevo tante e-mail, ma non ■ leggo nessuna.
Giornalista: Perché no?
Celebrità: Non ■ tengo per niente!
Giornalista: Qualche volta si sente sola?
Celebrità: Eccome! Tutta la mia famiglia è in America e ■ penso spesso.

- tifare per qn: *Fan von jdm sein*

2. E chi vorresti intervistare tu invece? Forse uno scienziato italiano più famoso come Leonardo Fibonacci, Rita Levi-Montalcini, Galileo Galilei, Niccolò Copernico o …? Cerca informazioni in internet e poi scrivi l'intervista.

31–32

E 11 La passione per le stelle

A scuola Sara e la sua classe leggono un'intervista a Margherita Hack. Sara ci pensa molto e di notte sogna perfino Margherita Hack. Ma nel sogno tutte le informazioni sono confuse. Aiutala a ricordarsi!

- l'astrofisica: *Astrophysik*

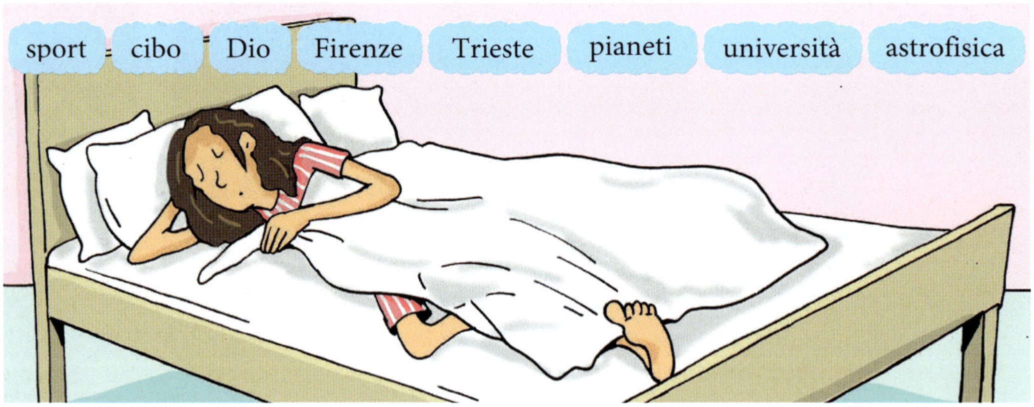

1. Guarda le nuvolette. Che cosa dice Margherita Hack a proposito di …
2. In due: fate una ricerca su di lei e presentatela in classe. Conoscete una scienziata tedesca da paragonare a Margherita Hack?
3. Che bella Trieste! Trova informazioni in internet su questa città. Che cosa potrebbe mancare a Margherita Hack?

E 12 I pronomi relativi che, cui, dove

E12 Indica a che cosa si riferiscono i pronomi relativi nelle seguenti frasi. G 4.5.1

1. “Ecco la ragione **per cui** faccio questo lavoro …”
2. “In più la Biotecnologia è un tema **di cui** parlo molto volentieri.”
3. “A fine agosto partirò per il Canada, **dove** ho vinto un post-doc.”
4. “Lindau era una cosa **a cui** tenevo molto.”
5. “Mostriamo ai tedeschi che anche noi italiani abbiamo giovani **che** sono molto bravi!”

E 13 Italiani famosi – il quiz

Gli italiani hanno preparato per i partner tedeschi un quiz su italiani famosi, si chiama “Chi sono io?”.

1. Il grande artista del Rinascimento ■ ha dipinto “La primavera”.
2. Le tre Caravelle sono le navi ■ ha scoperto l’America.
3. Michelangelo è il grande artista ■ pensiamo quando parliamo del Davide di Firenze.
4. Un altro artista famoso ■ ha dipinto “La Gioconda”.
5. Un uomo di origine italiana molto famoso in tutto il mondo. Ha fatto un discorso ■ ha detto: “Buona domenica e buon pranzo”.
6. Il grande musicista italiano ■ ha scritto “La Traviata”.
7. Garibaldi è il personaggio ■ ha riunito l’Italia.
8. È un siciliano della provincia di Agrigento. Il luogo ■ sono ambientati anche i suoi romanzi. Il suo personaggio più famoso si chiama Montalbano.

• ambientare: *spielen lassen (z. B. einen Roman)*

Giuseppe Garibaldi

Giuseppe Verdi

Cristoforo Colombo

Sandro Botticelli

Michelangelo Buonarroti

Papa Francesco

Andrea Camilleri

Leonardo da Vinci

E 14 Il quiz dei tedeschi

• rivoltare la frittata: *hier: das Blatt wenden*

"Adesso rivoltiamo la frittata!" dice Leon. "Preparatevi! Anche noi abbiamo un quiz per voi sui nostri prodotti italiani preferiti! Di che cosa parliamo?" Abbina le foto con le affermazioni e completa il testo con i pronomi relativi **che, cui** e **la preposizione giusta**.

Senden Drucken Anhang

Motorino ■ non passa mai di moda.

Dolcetti ■ cominciare bene la giornata.

Una bevanda ■ rinfresca.

Una pasta ■ mangi sempre volentieri.

Un formaggio ■ nessuno sa dire di no.

Un prodotto ■ passi momenti fantastici la mattina.

Una rossa ■ perdi la testa.

Uno snack leggero ■ calma l'appetito.

• rinfrescare: *erfrischen*

E 15 Famosi o quasi?

"Veline, scienziati, va bene. Ma le persone importanti devono essere per forza conosciute in tutto il mondo? Da noi e anche da voi, ci sono sicuramente persone che sono famose soltanto nel vostro paese o addirittura solo nel vostro quartiere!" dice Elisa. "E alcuni di loro hanno anche una vita molto interessante!"

- il gelataio: *Eisverkäufer*

1. Scegli un personaggio italiano interessante della tua città: un gelataio che crea gusti particolari, un pizzaiolo-artista, un prof ultracreativo …
2. Formula delle domande precise! Che cosa vuoi sapere di questo personaggio?
3. Su! Ora chiedi al personaggio se lo puoi intervistare!
4. Presenta le domande e le risposte alla classe.

1 *33*

E 16 Un'italiana famosa si presenta

Max ascolta la web radio italiana per allenarsi. In una trasmissione viene presentata un'italiana famosa. Sul sito internet della radio si può fare un quiz per identificarla. Ascolta per trovare le informazioni giuste.

1. Il padre è un allenatore a. di calcio. (m) b. di hockey. (p) c. di hockey su ghiaccio. (k)	2. Le piacciono a. solo gli attori italiani. (i) b. scrittori, sportivi e attori. (o) c. solo gli sportivi. (e)
3. Ama molto la cucina a. francese. (l) b. della nonna. (t) c. della mamma. (s)	4. Parla a. italiano e inglese. (r) b. solo l'italiano. (p) c. quattro lingue. (t)
5. a. A lei piace molto l'arte. (n) b. La sua vita è solo sport. (s) c. Lei vuole solo dormire. (e)	6. a. Anche un altro membro della sua famiglia è famoso. (e) b. La sua famiglia non è famosa. (i) c. I suoi fratelli sono calciatori. (o)
7. a. Lei è una sciatrice. (a) b. Lei pratica lo sport solo in estate. (b) c. Lei è una pattinatrice su ghiaccio. (r)	

- la pattinatrice (su ghiaccio): *Eiskunstläuferin*

Competenze 1

Fare domanda per un lavoretto durante le vacanze

• il lavoretto: *Aushilfsjob, Gelegenheitsarbeit*

Lavorare in un villaggio turistico per tre o quattro settimane durante le vacanze estive? Perché no? Sono disponibili i seguenti lavori:

✓ lavorare alla reception
✓ dare una mano in cucina e nel servizio
✓ fare l'animatore/l'animatrice

• richiedere: *verlangen*

La direzione richiede una **lettera di motivazione** e un **Curriculum Vitae (CV)**.

1. Lavorate in due. Decidete per quale dei lavori volete fare la richiesta e scrivete la lettera di motivazione (circa 100 parole). Create il CV (vostro o di un personaggio inventato).

Espressioni utili per la lettera di motivazione

Per iniziare:
- Gentili Signore e Signori,
- Gentile Signora Cassari,
- Gentile Signor De Valli,
- Egregio Direttore,
- Stimata Dottoressa,

Per scrivere la parte centrale:
- con la presente desidero candidarmi …
- vorrei chiedere/presentare …
- Vi prego di …

Per strutturare e collegare:
- all'inizio/per primo
- poi/più tardi …
- inoltre/in più/…
- infine/alla fine

Per finire:
- Se desidera/Se desiderate ulteriori informazioni, non esiti/non esitate a contattarmi.
- In attesa di una Vostra gentile risposta, invio cordiali saluti
- Gradirei molto ricevere presto Vostre notizie.
- RingraziandoVi anticipatamente, porgo distinti saluti.

Ecco alcune idee per strutturare un CV	
nome:	
cognome:	
luogo e data di nascita:	
indirizzo postale ed elettronico:	
numero di telefono:	
istruzione:	
lingue straniere:	
esperienze extra-scolastiche:	
interessi:	
data e firma:	

2. Formate gruppi da sei. Presentate le lettere di motivazione e i CV. Poi decidete quale lavoro sarà affidato a chi e perché. Se ci sono più candidati per lo stesso lavoro discutete chi è più qualificato e perché. Per chiarire chi è più adatto, i candidati devono rispondere in che modo risolverebbero una delle seguenti situazioni insolite.

Situazioni insolite potrebbero essere le seguenti:

per il lavoro alla reception:
Una famiglia arriva con tre cani grandissimi; nel villaggio però, gli animali non sono ammessi. Come reagisci?

per l'aiuto in cucina e nel servizio:
Ogni settimana il cuoco del centro prepara cose tipiche della regione; tu devi fare la spesa al mercato, ma non riesci a comprare tutti gli ingredienti necessari. Come spieghi la situazione al cuoco?

per il lavoro di animatore/animatrice:
Ci sono clienti che vogliono fare escursioni in gruppo, ma arrivano sempre in ritardo e fanno aspettare gli altri clienti. Che fai per integrarli nel gruppo?

3 Nord e sud

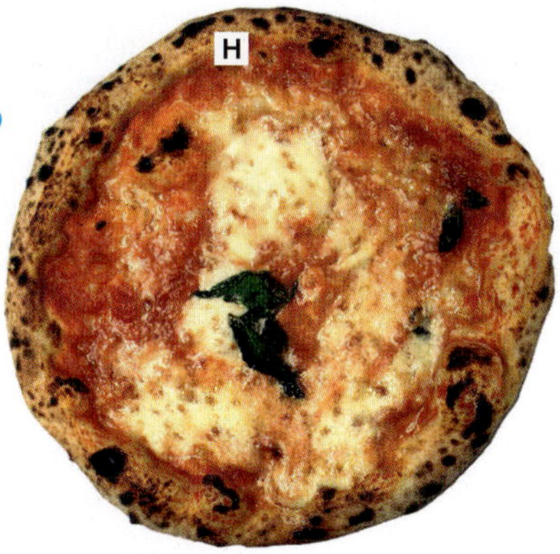

E 1 Napoli & Torino

Abbina i testi alle foto e indica a quale città si riferiscono.

1 un pizzaiolo in azione
2 la veduta della città con il Vesuvio
3 Chi ride ultimo? Luciana Littizzetto – attrice e cabarettista
4 la veduta della città con il fiume Po e le Alpi
5 Italia tra i paesi più industrializzati d'Europa: la produzione di automobili
6 la famosa "Pizza Margherita"
7 Totò – celebre attore di origine napoletana
8 i grissini – una specialità piemontese

- il/la cabarettista: *Kabarettist/in*
- le Alpi: *Alpen*
- napoletano, -a: *neapolitanisch, aus Neapel*
- piemontese: *piemontesisch, aus dem Piemont*

! Am Ende dieser Lektion kannst du
- Meinungen, Gefühle, Wünsche und Zweifel ausdrücken.
- über Attraktionen und Errungenschaften von Städten sprechen.
- dich informieren, was man wo generell macht oder machen kann.

A eTwinning: Pronti … Attenti … Via!

34–35

A 1 L'imbarazzo della scelta oppure – quale città scegliere?

Carlo: Ok, va bene, papà. … Non mi lascia mai in pace. Vuole che chieda il permesso prima di alzare il volume! Lui crede che io sia troppo ribelle e che parli con tutti in modo chiaro, tranne con lui. Ma non è vero. Ho l'impressione che il poverino veda e senta fantasmi.

Tiziana: È importante che tu spieghi che non è così! Non vuoi mica avere la guerra in casa.

Carlo: Sì, mi sembra che tu abbia ragione, come sempre. A proposito di aver ragione, che dobbiamo fare per i nostri corrispondenti tedeschi?

Tiziana: Il tema del compito è "Far conoscere il nostro paese ai nostri corrispondenti tedeschi". A noi tocca presentare una città italiana, ma non ho la minima idea su quale città scegliere.

Carlo: Sai che ho già una mezza idea … Guarda!

Tiziana: Come? Vai al concerto di Rocco Hunt?

Carlo: Eh, sì. Hai voglia di accompagnarmi? Luigi non può venire.

Tiziana: Carlo, sei grande! Vengo volentieri con te al concerto. Rocco è mega ma non mi dire che vuoi presentare Napoli ai tedeschi? È troppo caotica! Il padre di Elisa dice sempre che lì non funziona mai niente!

Carlo: Ma questo è solo un lato della città. Napoli è meravigliosa! È una città sul mare che offre anche tante attrazioni e bellezze come per esempio il centro storico, il Teatro San Carlo o il Castel Nuovo. E poi il cibo! Il gelato, la pizza … sai che ogni anno c'è una grande festa della pizza?

Tiziana: La conosci proprio bene questa città.

Carlo: Ci sono stato diverse volte e mi sono sempre divertito. E come! Mi dispiace che il padre di Elisa la pensi così. Non voglio che la gente conosca soltanto gli aspetti negativi di questa bella città.

Tiziana: Hai ragione. Perché non presentiamo Napoli attraverso Rocco Hunt? La canzone parla proprio delle due facce di Napoli. Penso che abbia una melodia che piacerà anche ai tedeschi. Inoltre Rocco mi piace un sacco. È un mito!

Carlo: L'idea è mega!

Tiziana: Bisognerebbe capire meglio il napoletano. Dubito che i nostri corrispondenti capiscano il testo. Ma tu capisci proprio tutto?

Carlo: Certo, come no? Ecco una traduzione di "Nu journo buono" per te.

Tiziana: Mi piace troppo quando parla del sole, dell'odore del caffè, che sente la mattina …

E1 Carlo: …e dell'amore per la musica! Vogliamo sentirla insieme?

01 34–35

E 1 Quante informazioni!

+ p. 157

1. Giorgia, la sorella di Carlo, ascolta la conversazione tra Tiziana e Carlo, ma non riesce a capire tutto. Completa le frasi.

2. Guarda l'ingresso di questa lezione: quali immagini corrispondono alla Napoli di cui parlano i ragazzi?

E 2 Il congiuntivo presente I

E2

1. Cerca nel testo A1 le forme al congiuntivo dei seguenti verbi. Fai una tabella a quattro colonne (verbi in -are, -ere, -ire e verbi irregolari) e inserisci le forme al posto giusto nella tabella. Poi completa la coniugazione dei verbi parlare, chiedere, sentire e capire. G 3.1.1

parlare – pensare – spiegare – chiedere – conoscere – vedere
sentire – capire – finire – essere – avere

2. Che pizza! Usiamo il congiuntivo dopo verbi che esprimono per esempio opinioni, sentimenti, desideri, dubbi e volontà. G 3.1.2.1, 3.1.2.2
Abbina le seguenti espressioni "ingredienti" alla pizza giusta (alla fine avrete una pizza calzone, una pizza regina, una pizza al salame, una pizza quattro stagioni e una pizza Napoli).

1

2

3

4

5
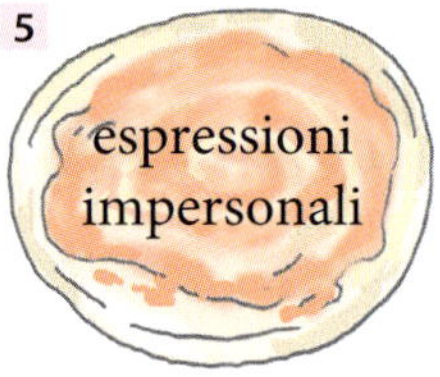

- la preferenza: *Vorzug*
- l'incertezza: *Ungewissheit, Unsicherheit*
- (im)personale: *(un)persönlich*

 temere che – 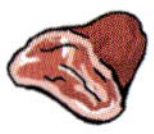 sperare che –  (non) volere che –

 augurarsi che –  è (im)possibile che –  dispiacere che –

 non essere sicuro/a che –  dubitare che –  mi sembra che –

 essere contento/a che –  essere felice –  avere paura che –

 bisogna che –  credere che – 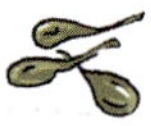 è necessario che –

 è importante che –  avere l'impressione che –  pensare che

E3 Giorgia è una grande chiacchierona

E3, E4

1. Giorgia racconta tutto a suo padre, ma non è riuscita a capire bene la conversazione tra Tiziana e Carlo. Abbina le frasi.

1. *Tu pensi che …*
2. *Carlo è convinto che …*
3. *Carlo ha l'impressione che …*
4. *Carlo non vuole che …*
5. *Tiziana non dubita che …*
6. *Tiziana dice che …*
7. *Secondo il padre di Elisa …*

a. la gente conosca soltanto gli aspetti negativi di Napoli.
b. Napoli è troppo caotica.
c. non lo capisca.
d. i tedeschi capiscano il testo con la traduzione.
e. Carlo sia troppo ribelle.
f. la melodia della canzone piacerà ai tedeschi.
g. Rocco Hunt è un cantante bravissimo.

2. Sottolinea le espressioni che usiamo con l'indicativo. Quale aspetto esprimono a differenza di quelle con il congiuntivo?

E4 Tutto sta nel cominciare

Tiziana e Carlo parlano di cosa fare per gli studenti tedeschi. Metti i verbi al congiuntivo!

Tiziana: Voglio che mi ■ (ascoltare/tu)! Bisogna che ■ (trovare/noi) un modo interessante per presentare il nostro tema. Dubito che la solita noiosa presentazione Powerpoint ■ (interessare) ai corrispondenti tedeschi.

Carlo: Mi sembra che ■ (prendere/tu) troppo sul serio questo compito. Non voglio che ■ (perdere/noi) troppo tempo.

Tiziana: Non voglio prendere un brutto voto. Perciò è necessario che ■ (impegnarsi/tu) un po' di più.

Carlo: Va bene! Ma a proposito di Rocco Hunt, non sono più sicuro che i tedeschi ■ (capire) il testo della canzone. Senti, Tiziana. Perché non facciamo una pausa?

Tiziana: Va bene! Spero che dopo la pausa ■ (essere/tu) più creativo.

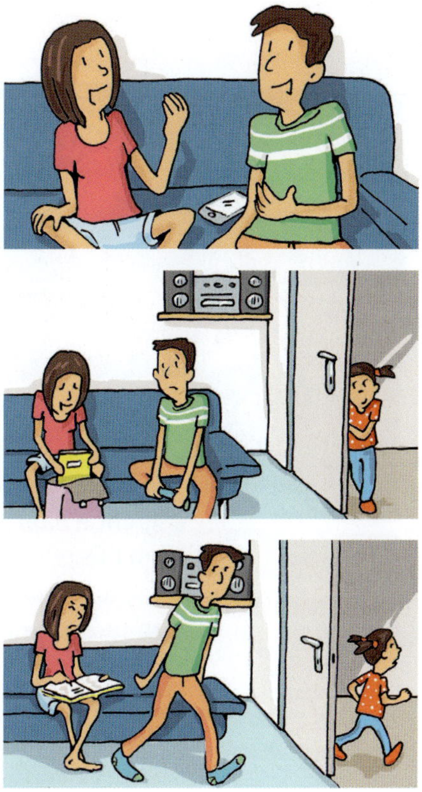

E5 Non è facile trovare un accordo!

+ p. 158

Alla fine Tiziana e Carlo hanno trovato un accordo. Immagina di avere un problema con un amico/un'amica e di discutere con lui/lei. Usate le seguenti espressioni.

- l'accordo: *Übereinkunft; Übereinstimmung*

non è possibile che | non è giusto che | è necessario che | bisogna che | credere che | non avere voglia che

A2 Le curiosità di Napoli

1 36–44

- nel corso degli anni: *im Laufe der Jahre*

Carlo ha trovato del materiale in internet e manda tutto a Tiziana. Quando Tiziana apre il file, i testi e le foto sono in disordine.

5

La canzone classica napoletana è diventata nel corso degli anni simbolo dell'Italia musicale nel mondo anche grazie a Enrico Caruso, Plácido Domingo, José Carreras, Luciano Pavarotti e tanti altri.

A

3

La Piazza del Plebiscito si trova nel centro storico di Napoli. È una delle più grandi della città e d'Italia e per questo è quella più utilizzata per le grandi manifestazioni.
http://it.wikipedia.org/wiki/Piazza_del_Plebiscito

D

- sotterraneo, -a: *unterirdisch*
- l'acquedotto: *Aquädukt*

8

Sotto il centro di Napoli esiste un'altra città: Napoli sotterranea. Ci troviamo i resti di un acquedotto romano.

- il lungomare: *Strandpromenade*

4

Napoli Pizza Village è il più grande *happening* d'Italia. È una festa di sei giorni, che ha luogo sul lungomare di Napoli. In questa grandissima pizzeria all'aperto 50 pizzerie storiche preparano oltre 100mila pizze.
http://www.pizzavillage.it

E

C

1

Pulcinella è una delle maschere più conosciute da grandi e piccoli ed il simbolo di Napoli. Indossa una camicia bianca con larghi pantaloni bianchi, una cintura nera, scarpette nere, un cappuccio bianco e una grossa maschera sul viso.
http://notizieinvetrina.it/article-pulcinella-la-maschera-napoletana-piu-simpatica-

G

6

Il portafortuna napoletano è il corno rosso che allontana la sfortuna.
http://www.napolitoday.it/cronaca/corno-portafortuna-leggenda.html

- il presepe: *Krippe*
- Gesù: *Jesus*

2

Il presepe rappresenta la nascita di Gesù. L'arte del presepe è una delle tradizioni più importanti della città. Famosa a Napoli, infatti, è la via dei presepi (via San Gregorio Armeno).
http://it.wikipedia.org/wiki/Presepe_napoletano

B

H

7

Il patrono della città è San Gennaro. Ogni anno nel mese di aprile se il suo sangue si scioglie, sarà un anno di fortuna. Se invece non si scioglie, il futuro porterà sfortuna.

F

(testi abbreviati e adattati)

36–44

E6 Giochiamo a memory

E5, E6

1. Ascolta e abbina ogni foto al testo corrispondente. Poi rispondi alle domande.

1. Che cosa indossa Pulcinella?
2. Dove si può ammirare l'arte del presepe napoletano?
3. Che cosa si nasconde sotto la città di Napoli?
4. Dove si trova la Piazza del Plebiscito e per cosa viene utilizzata?
5. Cos'è il Napoli Pizza Village?
6. Chi ha contribuito alla diffusione della canzone napoletana nel mondo?
7. Cosa avviene ogni anno nel mese di aprile?
8. Qual è un portafortuna importante dei napoletani?

Info Molti napoletani pensano che gli eventi futuri possano essere influenzati da gesti e comportamenti. Questo fenomeno viene chiamato superstizione. Per allontanare la sfortuna portano per esempio un'immagine di San Gennaro o di Padre Pio o un corno rosso in tasca.

45–48

2. Non c'è solo Napoli! Ascolta la pubblicità, fai un elenco di quali posti e attrazioni parla la pubblicità. Informati in internet su questi posti e spiega ai tuoi compagni quali vorresti vedere e perché.

E7 La smorfia napoletana

E7

Ecco un articolo sulla superstizione. Riassumi le informazioni più importanti!

Neapel träumt Lottozahlen

In Neapel hat das Lottospielen eine lange Tradition. Jedes Traumsymbol wird in eine Glückszahl umgewandelt. Doch wie funktioniert das?

Alle Traumsymbole mit ihren Zahlen stehen in der Smorfia, dem neapolitanischen Traumdeutungsbuch. Einer Zahl werden mehrere Symbole zugeordnet und auch der genaue Handlungsablauf des Traums ist entscheidend für die richtige Interpretation.
So wird etwa der Mutter (La Mamma) die Zahl 52 zugeordnet. Ist diese Mamma jedoch eine spielende Mutter, ändert sich die Zahl in 74. Träumt man allerdings von einer lachenden Mutter, so entspricht das der Zahl 9.

Bei besonderen Ereignissen wird in Neapel vermehrt Lotto gespielt. Es kommt deshalb vor, dass die Bewohner eines ganzen Stadtteils glückliche Gewinner sind, weil sie auf dieselben Zahlen gesetzt haben. Oder unglückliche Verlierer, aber natürlich liegt es in diesem Fall an Berechnungsfehlern …

In Italien gibt es neunzig Lottozahlen
Aus diesen neunzig Zahlen werden fünf Gewinnzahlen gezogen. Man gewinnt mit zwei (ambo), drei (terno), vier (quaterna) oder fünf (cinquina) richtigen Zahlen. Jeden Samstag und Mittwoch werden Ziehungen in zehn italienischen Städten durchgeführt (darunter Neapel, Rom, Mailand, Palermo und Bari). Man kann sich entscheiden, für wie viele Städte man Lotto spielen möchte.
http://www.portanapoli.de/kultur/lotto-traumdeutung-neapel, Stefanie Buommino 6.04.2016

B Dalla pizza al cioccolato

B1 In pizzeria

49–50

Tiziana e Carlo: Eccoci qua!

Enzo: Finalmente! Entriamo! Scusi, c'è un tavolo libero per noi?

Cameriere: Certo! In quanti siete? In cinque? Ecco, qui va bene? Ragazzi, cosa vi porto?

Enzo: Ci porti una pizza Margherita formato famiglia ed una bottiglia d'acqua minerale non gassata.

Cameriere: Grazie, arrivano subito!

Tiziana: La pizza è buonissima qui! Come a Napoli! A proposito, sapete che Carlo conosce proprio bene Napoli?

Carlo: Vi faccio vedere una foto buffa! Qui sono alla festa della pizza a Napoli.

Enzo: Caspita! Non ho mai visto una pizza così grande! Non credo che tu sia riuscito a mangiarla tutta.

Carlo: C'è mancato poco. Voglio che sappiate una cosa: la vera pizza Margherita è quella napoletana con una mozzarella particolare, con il fior di latte! Mhmmm delizioso!

- il fior di latte: *ital. Frischkäse*

Tiziana: Quanto sei golosone!

Carlo: Solo a condizione che siano offerte le cose giuste …

Elisa: Avete mai mangiato la pizza alla nutella?

Carlo: Non penso che qualcuno abbia già mangiato una cosa del genere.

Elisa: È buonissima, benché non sia per niente tradizionale. Guardate qui! Qui sono alla sagra del cioccolato a Torino!

Carlo: Mi sembra che ti piaccia molto il cioccolato!

Elisa: Vado matta per la nutella e per i cioccolatini ripieni! Come Max! Ieri mi ha mandato questa foto dal Museo del cioccolato a Colonia.

Carlo: Che palazzone!

Cameriere: Attenzione ragazzi! Arriva la pizza, affinché nessuno muoia di fame qui dentro! Buon appetito!

Info

La sagra è un evento sociale nelle piazze e nelle vie per gustare tipici prodotti locali (per esempio formaggi, vini). Tra le sagre più famose ci sono quelle del tartufo e dei funghi che hanno luogo quasi tutte in autunno in molti centri dell'Umbria e della Toscana.

http://www.italia.it/it/idee-di-viaggio/mangiare-e-bere/litalia-delle-sagre-culinarie.html

01 49–50

E 1 La chat

1. In pizzeria Tiziana chatta con Franca. Formula le sue domande e rispondi.

E1

2. Come dicono i ragazzi? "Vado matta per i cioccolatini ripieni!", "Che palazzone!" I ragazzi usano diminutivi (per rendere più piccolo) e accrescitivi (per rendere più grande). A quale dei due appartiene "cioccolatini"? A quale invece "palazzone"? Raggruppa anche i seguenti esempi.

lettino · signorina · bacione · pallone · bellino · pigrone · quadretto · borsetta · calcetto · tavolone · cinturina · scarpetta

3. Ti piacerebbe andare alla sagra del cioccolato? Fai una ricerca in internet e trova altri tre tipi di sagre che ti interessano.

G

E 2 Il congiuntivo presente (parte II) e passato

E2

1. Cerca nel testo B1 della lezione le forme al congiuntivo presente dei seguenti verbi irregolari. G 3.1.1.2

sapere · piacere · morire · essere · avere

2. Come si forma il congiuntivo passato? Leggi i seguenti esempi e trova una regola. G 3.2

Non credo che tu sia riuscito a mangiarla tutta.
Non penso che qualcuno abbia già mangiato una cosa del genere.

E 3 Due chiacchiere

1. Completa il dialogo con le forme al congiunivo presente o passato.

Elisa: Mi dispiace che Franca non ■ (venire) con noi.
Tiziana: Non sta bene. Penso che ■ (avere) la febbre.
Carlo: Poverina! Credi che non ■ (venire) neanche alla festa di Cinzia stasera?
Tiziana: È probabile che non ci ■ (riuscire).
Enzo: A proposito di festa. Ho l'impressione che Carlo si ■ (divertirsi) molto.
Carlo: Eccome!

2. E gli altri amici? Sono venuti alla festa? Si sono divertiti? Oppure hanno avuto dei problemi? Continuate il dialogo e usate il congiuntivo il più possibile.

51

E4 Bravi ragazzi

Come finisce la serata? Ascolta e trova le risposte alle domande.

1. Perché Carlo vuole scegliere un'altra città?
2. Quale città scelgono alla fine e perché?
3. Come vogliono presentare la città?
4. Cosa dice Carlo alla fine a Tiziana?

E5 In classe

Il giorno dopo Carlo e Tiziana vanno dal loro professore e gli parlano delle idee per il progetto.

1. Cosa gli dicono? Completa le frasi.

1. Ci siamo chiesti cosa …
2. Abbiamo scelto Torino come città da presentare perché …
3. A Colonia c'è anche …
4. Vogliamo preparare … perché …

2. Come potrebbe continuare la conversazione tra il prof e gli studenti? Inventate il dialogo.

E6 I pensieri di Carlo

1. Completa i pensieri di Carlo con le seguenti congiunzioni.

■ l'idea di Tiziana sia geniale, non ho tanta voglia di fare questo quiz. Devo cercare un modo di parlare con Tiziana ■ si offenda. Magari cerco delle foto in internet ■ lei capisca che anche io faccio qualcosa. Vorrei avere finito tutto ■ arrivi il fine settimana.

2. Cosa esprimono queste congiunzioni che rendono necessario il congiuntivo? G 3.1.2.3

E7 L'idea del quiz

E3

Al prof piace l'idea del quiz e scrive un'e-mail alla Prof.ssa Wagner per raccontarle qualcosa sul progetto. Collega le sue idee con delle congiunzioni usando anche il congiuntivo.

1. Tiziana e Carlo vogliono fare un quiz. Così i tedeschi non hanno difficoltà con la lingua.
2. Il materiale su Napoli è interessante. Tuttavia i due hanno deciso di fare un quiz su Torino.
3. Tiziana vuole lavorare con Carlo. Ma solo se Carlo fa il bravo.
4. Tiziana scrive prima le domande e le risposte. Così può dire a Carlo quali foto servono.
5. Carlo è d'accordo. Tiziana scrive le domande e le risposte. Poi Carlo cerca le foto!

E8 L'infinito come forma alternativa al congiuntivo

Una costruzione con il congiuntivo non è sempre necessaria. Leggi i seguenti esempi e trova una regola per usare l'infinito invece del congiuntivo. G 3.1.2.4

Spero che Carlo **trovi** delle belle foto in internet.	Spero che io **trovi** delle belle foto in internet. → Spero di **trovare** delle belle foto in internet.

E9 La discussione tra Tiziana e Carlo continua!

Tiziana e Carlo sono contenti della loro idea ma discutono molto sui dettagli.

1. Fai delle frasi con le seguenti espressioni. Attenzione: il congiuntivo non è sempre necessario!

Spero
Penso
Credi
Ho l'impressione
Dubitiamo

che/ di

i corrispondenti/conoscere bene/Torino
io/scrivere le domande e le risposte
un quiz/piacere/ai tedeschi
io/finire presto il compito
tu/prendere troppo sul serio questo compito

2. Quali altri problemi potrebbero nascere? Quali punti dovrebbero invece non creare problemi? Scambiate idee e formulate altre cinque frasi. Presentate i vostri dubbi, pensieri e opinioni alla classe.

52–60 **B2**

Torino – una città per tutti i gusti

Tiziana e Carlo hanno finito tutto. Ecco che cosa hanno trovato sul sito internet dell'Agenzia del Turismo di Torino per preparare il quiz per i ragazzi tedeschi.

In Piemonte si mangia bene. E a Torino (e in tutto il Piemonte) si ama il cioccolato. Infatti Torino è la città italiana del cioccolato e ogni anno si celebra il festival del cioccolato: il CioccolaTò. I cioccolatini più famosi sono i Gianduiotti – fatti con cacao, zucchero e nocciole piemontesi. Per colazione si può mangiare un altro prodotto famoso che si produce ad Alba, una città vicino a Torino: la nutella. Il primo barattolo di nutella esce dalla fabbrica nell'aprile del 1964.

A Torino si fanno anche i grissini – un pane croccante fatto a forma di bastoncino. Spesso si mangiano i grissini avvolti in una fetta di prosciutto.

A Torino si gioca anche a calcio. Ecco la maglietta della famosa squadra di calcio di Torino. La Juventus oppure la Juve. La squadra ha anche un soprannome: i torinesi la chiamano "Vecchia Signora".

In questa foto si possono vedere le Alpi e la Mole Antonelliana – il simbolo di Torino. All'interno della Mole si può visitare il Museo Nazionale del Cinema. Lì ci si può informare sulla storia del cinema.

MUSEO EGIZIO

A Torino non si devono perdere i musei! Un consiglio: se si prenota, non si deve fare la fila! Il Museo Egizio è uno dei più famosi musei di Torino. Con 30 000 pezzi è il museo egizio più importante dopo quello del Cairo. Lì si possono ammirare opere d'arte dell'Egitto antico.

A Torino si producono delle macchine. Nel corso degli anni la FIAT – fondata nel 1899 – ha prodotto tanti modelli famosi come la FIAT 500. Fino agli anni '80 la FIAT produce le sue macchine nel Lingotto. Sul tetto del Lingotto si trova la vecchia pista di collaudo della FIAT. Oggi il Lingotto è un centro polifunzionale con negozi, bar, ristoranti, cinema ed un centro congressi.

- la pista di collaudo: *Teststrecke*
- avvolto, -a: *umgeben, umwickelt, eingehüllt*
- l'Egitto: *Ägypten*
- egizio, -a: *ägyptisch*
- polifunzionale: *multifunktional*
- il centro congressi: *Kongresszentrum*

A Torino si va spesso in uno dei famosi bar storici o in una delle numerose gelaterie. Dopo una giornata piena di *sightseeing* ci si riposa al Caffè Torino, al Caffè Fiorio o al Caffè Platti o ci si gusta un bel gelato da Pepino.

La metropolitana di Torino è la prima metropolitana automatica d'Italia. È stata attivata nel 2006 in occasione dei XX Giochi Olimpici invernali. Per arrivare da Fermi a Lingotto si impiegano solo poco più di venti minuti.

1 52–60

E 10 Conoscete Torino?

E4, E5

1. Ecco il quiz che i ragazzi italiani hanno preparato per i ragazzi tedeschi.

Cari amici tedeschi, conoscete Torino? Ecco un quiz per esperti! Pronte le penne per completare le informazioni, trovare le risposte, raccogliere le lettere in grassetto e trovare la soluzione?

1. Per fare i gianduiotti si ha bisogno di …
   _____, ________ e ________ __________
2. Il CioccolaTò è il …
   ________ del __________ che si celebra a ______ ogni ____.
3. La nutella nasce a ____ nel 1964.
4. Il ____ tipico di Torino sono i ________. Gli italiani amano mangiarli ___ il __________.
5. Per bere un caffè a Torino potete andare in __ _____ _______.
6. La metropolitana torinese …
   - è velocissima. (A)
   - è una metropolitana automatica, cioè senza macchinista. (V)
   - ha tre linee. (G)
   - è una delle metropolitane più antiche dell'Europa. (H)

7. Ecco la moneta da due centesimi. Quale edificio fa vedere?
   La moneta fa _ _ _ _ _ _ la _ _ _ _
   _ _ _ _ _ _ _ _ _ _ _ _.
   Perché devi andarci se ami guardare i film?
   Perché all'_ _ _ _ _ _ _ c'è il _ _ _ _ _
   _ _ _ _ _ _ _ _ _ del _ _ _ _ _ _.

8. Il Museo Egizio è uno dei più famosi musei di Torino.
   Quali di queste opere potete ammirare lì – A, B o C?

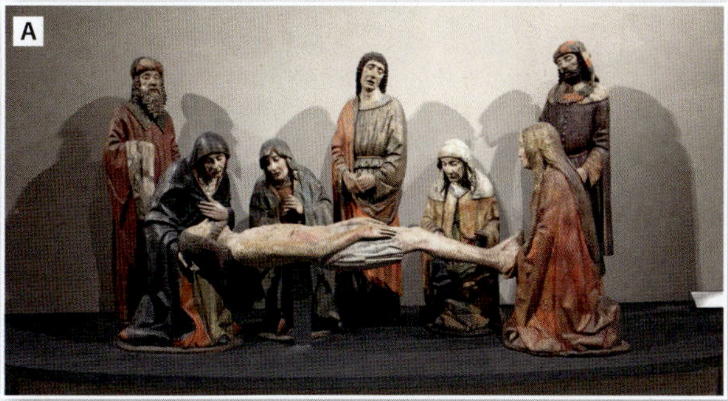

A (O)

B (U)

C (A)

9. Chi è la "Vecchia Signora"?
   - una statua nel centro di Torino (G)
   - un altro nome per la Juventus (R)
   - un caffè storico (D)
   - un modello della FIAT (F)

10. Che cosa è il Lingotto?
   - un luogo solo per congressi (È)
   - un modello della FIAT degli anni '80 (E)
   - lo stadio della Juve (O)
   - la vecchia fabbrica della FIAT (A)

SOLUZIONE: _!

2. Altre cose da scoprire …
Anche tu puoi inventare un quiz! Fai una ricerca su Torino in internet e crea un quiz. Usa le seguenti idee e aggiungi altre cinque domande da fare.

1. grissini: quali ingredienti?
2. Museo Nazionale del Cinema/Museo Egizio: prezzo dei biglietti (una persona, una famiglia con due bambini?)
3. bar storici: qual è il bar più antico? … più caro?
4. nomi dei due modelli famosissimi dalla FIAT?

E 11 Il si impersonale e il si passivante

G 3.3

1. Come dice il testo B2 per esprimere che
   - in Piemonte la gente mangia bene?
   - a Torino i panettieri fanno i grissini?
   - al Gelato Pepino i turisti mangiano un buon gelato?
2. Trova altre frasi con "si + verbo". Come si traduce questo "si" in tedesco? Come si fa la negazione?
3. Quando bisogna mettere il verbo al plurale?
4. Che cosa succede quando si incontrano il si riflessivo e il si impersonale?

+ p. 158

E6, E7

E 12 Scoprire una nuova città

A Tiziana piace viaggiare. In internet ha trovato questi buoni consigli per chi vuole scoprire una nuova città. Completa con i verbi alla forma impersonale.

chiamare | comprare (2x) | comprarsi | dovere mangiare | fare | godersi | informarsi | potere/avere | potere/conoscere | potere/trovare | volere/conoscere | non/perdersi | seguire

Per scoprire una nuova città ■ una guida della città o ■ in internet prima del viaggio. In questo modo ■ molte attrazioni già prima di visitare la nuova città. Ma se ■ veramente bene la città, ■ una visita guidata. Se ■ l'ufficio del turismo, ■ delle informazioni utili.
Nell'ufficio del turismo ■ una pianta della città. In questo modo ■ e ■ facilmente tutti i monumenti. Per scoprire le specialità di una città, ■ nei ristoranti tipici e ■ i prodotti tipici. Se ■ questi consigli, ■ a pieno la nuova città.

E 13 Tre giorni a Torino – consigli utili

1. Nella chat Max chiede a Carlo che cosa si può fare a Torino. In internet Carlo ha trovato questi dieci consigli utili per chi visita Torino. Scrivi delle frasi, usando il si impersonale/passivante.

   1. potere – visitare – il museo della Juve
   2. trovare – i migliori cioccolatini d'Italia
   3. comprare – la Torino&Piemonte Card
   4. con la Torino&Piemonte Card – avere – ingresso gratuito a tanti musei
   5. bere – un bicerin – al "Caffè al Bicerin"
   6. fare – passeggiate – lungo il fiume Po
   7. fermarsi da "Gelati Pepino" – per prendere un gelato
   8. andare – al famoso Teatro Regio
   9. gustare – i gianduiotti
   10. dovere – visitare – il Museo Egizio e il Museo Nazionale del Cinema

un bicerin

11. prenotare – una visita guidata alla fabbrica della FIAT
12. la sera – incontrarsi – in piazza Vittorio Veneto – dove – prendere – un aperitivo

2. Non c'è solo Torino! Informati in internet e decidi: quali altre due attrazioni nel Piemonte vorresti vedere e perché?

3. E da voi? Che cosa si può fare?
Lavorate in piccoli gruppi e preparate un sito internet per turisti sulla vostra città o regione. Che cosa si può fare? Quali musei si possono visitare? Quali specialità si mangiano da voi?

4. All'ufficio del turismo
Un/Una turista italiano/a chiede delle informazioni sulla vostra città o regione all'ufficio del turismo. Lavorate in due, usate le informazioni che avete trovato su internet e preparate un dialogo.

01 *61–62*

B3 Un'e-mail dei ragazzi tedeschi

Senden | Drucken | Anhang

An: tiziDS@libero.it

Betreff: Grazie del quiz

Ciao ragazzi!

Grazie per il vostro fantastico quiz su Torino che è arrivato qualche giorno fa! A casa ognuno di noi ha fatto la ricerca su internet e abbiamo trovato le risposte a tutte le domande. Abbiamo lavorato tutta la notte :-) Speriamo di non aver fatto nessun errore ;-) Ci date qualche commento sulle nostre risposte?

Come va la scuola da voi? Da noi tutti i giorni la stessa cosa: matematica, grammatica tedesca, grammatica inglese, grammatica italiana … :-(Il vostro quiz invece era proprio divertente! Ogni studente della classe ha partecipato volentieri. E adesso tutti sanno che la nutella non è un prodotto tedesco, ma un prodotto *Made in Italy*! Come tante altre cose di buon gusto … ;-))
Nelle prossime settimane abbiamo alcuni compiti in classe. Che seccatura! Ma oggi non abbiamo nessuna voglia di studiare … Andiamo nella nostra gelateria italiana preferita "Dolce & Gelato". Lì il gelato è ottimo, hanno una scelta enorme e ci sono alcuni gusti (strani!) che non abbiamo mai assaggiato – tipo tè verde, yogurt con kiwi, cioccolata con maracuja e pepe :-P. E poi ogni settimana c'è un'altra coppa in offerta! Naturalmente tutti gli studenti del nostro liceo ci vanno. Alcune settimane fa Max ha mangiato un gelatone alla fragola. Vi mandiamo alcune foto in allegato.

Speriamo di sentirvi presto!

Un grosso bacione dalla Germania dai vostri ragazzi tedeschi

P. S. @Tiziana: Abbiamo fatto un po' di ricerca su "Gelati Pepino". Sai che avete qualcosa in comune tu e la "Gelati Pepino"? Siete tutti e due di origine napoletana! Vai sul loro sito internet! Ci sono molte altre cose da scoprire.

61–62

E 14 I messaggi whatsapp di Carlo e Tiziana

I ragazzi tedeschi hanno mandato l'e-mail a Tiziana. Naturalmente anche Carlo vuole sapere che cosa hanno scritto i ragazzi tedeschi. Ecco le sue domande. Che cosa risponde Tiziana?

1. Quando è arrivata la nostra e-mail?
2. Che cosa pensano del nostro quiz?
3. Che cosa hanno imparato i ragazzi?
4. Come va la scuola da loro?
5. Che cosa fanno nel tempo libero?
6. Ah capisco! Com'è questa gelateria?
7. Hanno mandato delle foto?

E 15 Alcuni pronomi e aggettivi indefiniti

Per scrivere l'e-mail in italiano i ragazzi tedeschi hanno usato il dizionario tedesco-italiano.

einige komische Sorten | jede Woche | die ganze Nacht | vor einigen Wochen | einige Klassenarbeiten | jeden Tag | beide | vor einigen Tagen | jeder Schüler | auf alle Fragen | wir haben überhaupt keine Lust | alle wissen | jeder | Wir hoffen, keinen Fehler gemacht zu haben. | alle Schüler | einige Fotos

1. Trova nell'e-mail le parole o frasi italiane che corrispondono alle parole tedesche.
2. Spiega qual è la differenza nell'uso tra **qualche** e **alcuni/alcune**.
3. Attenzione con "tutti i giorni", "tutte le domande", "tutta la notte" e "tutti gli studenti"! Quale differenza noti tra l'italiano e il tedesco?

G 3.4

+ p. 158

E 16 Chiacchiere tra ragazzi

E8, E9

Tiziana e Carlo si incontrano al bar. Completa con i pronomi indefiniti.

Tizi: Sai, io capisco i ragazzi tedeschi. Anch'io ■ ho ■ voglia di studiare. Ma purtroppo fra ■ settimana arrivano i primi compiti …

Carlo: Eh, sì. ■ anni la stessa cosa … Ma parliamo di qualcos'altro! Conosci Elena della 3ªB?

Tizi: Come no! ■ conoscono Elena! È terribile! ■ mattina si guarda allo specchio del bagno della scuola per delle ore! E poi, va sempre in giro con quell'Alessandra della 3ªC. ■ giorni fa hanno parlato davanti all'aula. E secondo me ■ parlano sempre male degli altri.

Carlo: Ma dai, Tizi! Non è vero. Sì, ■ sa che Elena vuole sempre essere la più bella. Ma è veramente gentile. Anche lei vuole partecipare all'eTwinning con i ragazzi di Colonia perché ha due fratelli che vivono in Germania. ■ studiano all'università di Berlino. E anche lei fra ■ anno vuole andare lì per studiare. Lei è veramente brava e ha avuto ■ belle idee per il nostro progetto.

Tizi: Okay, forse hai ragione. ■ volta sono un po' chiacchierona anch'io …

63–67

E 17 Un prodotto *Made in Italy* della grande pasticceria fredda: il gelato su stecco

Il giorno dopo Tiziana dà un'occhiata al sito internet di "Gelati Pepino" di cui hanno parlato i ragazzi tedeschi. Ecco quello che ha trovato della famosa gelateria nel cuore di Torino.

La nostra storia

La nostra storia inizia nel 1884 quando, un gelataio di origine napoletana, Domenico Pepino, decide di trasferirsi al nord e più precisamente a Torino, portandosi dietro la propria famiglia di gelatai e tutti gli strumenti e il materiale per produrre gelato. In poco tempo la gelateria Pepino diventa il simbolo della grande pasticceria fredda a Torino.

Il 17 giugno del 1916 Domenico Pepino vende l'azienda a Giuseppe Feletti e a suo genero Giuseppe Cavagnino. I due sono i primi ad usare il "ghiaccio secco" per esportare i loro prodotti. Proprio grazie a questa innovazione è nata la frase "il gelato Pepino arriva ovunque". Anche la famiglia reale amava mangiare il gelato Pepino.

- ovunque: *überall; wo auch immer*
- il gelato su stecco: *Eis am Stiel*

Nel 1939 l'azienda inventa il famoso "Pinguino®", il primo gelato al mondo su stecco ricoperto di cioccolato, prodotto in cinque gusti – Crema, Gianduia, Caffè, Menta, Nocciola e Violetta. All'epoca un Pinguino costava una Lira, proprio come il cinema: "con due Lire si comprava il gelato e si andava al cinema". Ancora oggi si usa la ricetta originale.

Alla guida dell'azienda, dopo ben cinque generazioni, c'è sempre la Famiglia Cavagnino rappresentata oggi da Edoardo Cavagnino, pronipote di Giuseppe Cavagnino.

Ancora oggi la "Gelateria Pepino" si trova in Piazza Carignano nel cuore di Torino. Il locale non solo vende il gelato, ma offre anche servizi di ristorazione, aperitivi, colazioni e catering.

http://www.gelatipepino.it (testo modificato)

1. Tiziana sta leggendo le informazioni sul sito di "Gelati Pepino". Carlo è troppo pigro per leggere, così Tiziana riassume le informazioni più importanti. Con l'aiuto del testo "La nostra storia" completa quello che dice.

E10 **2.** Facciamo la graduatoria: raccogli cinque prodotti *Made in Italy* che ti piacciono di più e inserisci questi prodotti in una graduatoria da 1 a 5. Poi confronta la tua graduatoria con quelle di due compagni di classe. Quali prodotti hanno scelto loro? Perché?

1 *68–69*

E 18 Cosa c'è stasera in TV?

• la guida TV: *Fernseh-programm*

In salotto il padre di Carlo ha la guida TV in mano e si informa sui programmi della serata. Abbina il nome al tipo di programma.

1. DOC 3	a. un game show
2. Fuoriclasse	b. una serie televisiva italiana/una soap
3. L'eredità	c. un giallo
4. Commisario Montalbano	d. un telefilm
5. Tempesta d'amore	e. un documentario
6. TG 2	f. il telegiornale

4 Amore e arte

• aspro e vorace: *rau und gefräßig*

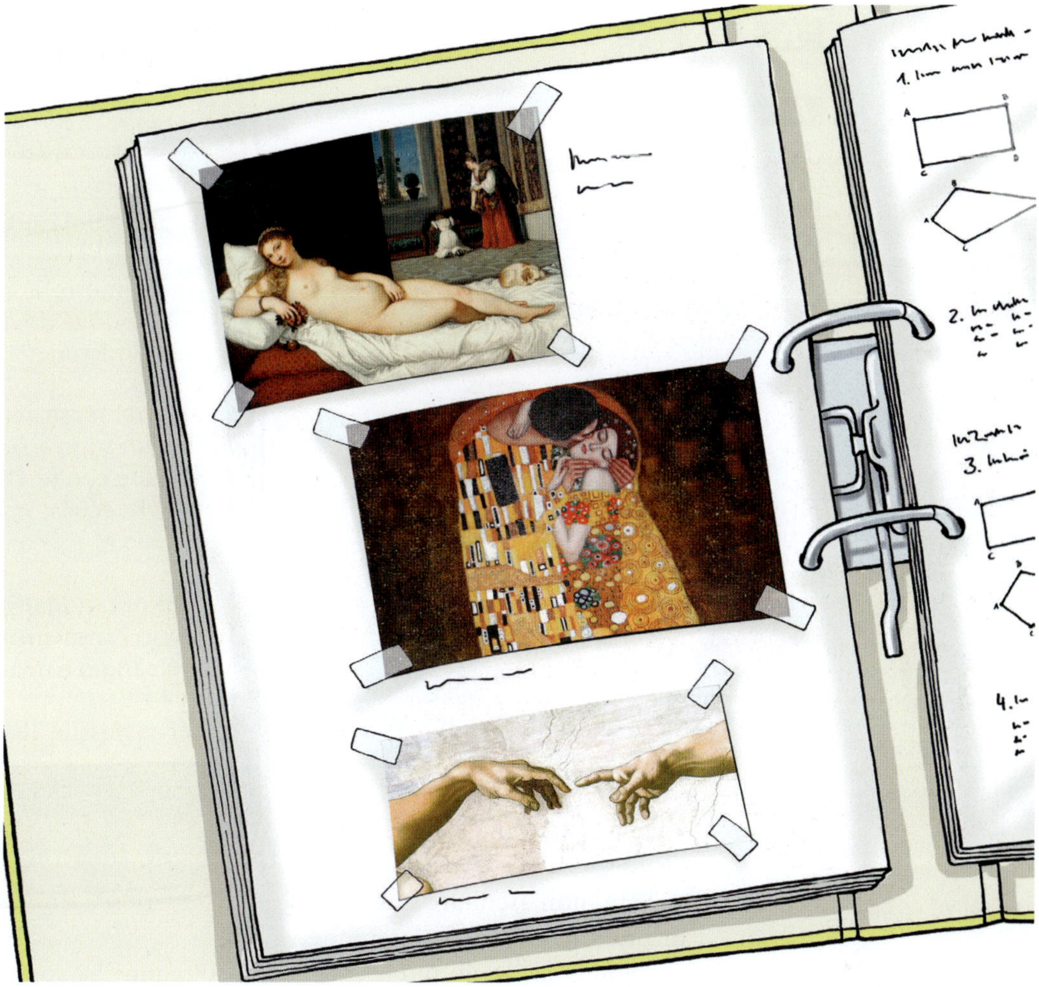

E 1 Fammi vedere cosa ti interessa e ti dico chi sei

1. Di chi potrebbero essere i due raccoglitori? Create gli identikit delle due ragazze e presentateli alla classe.
2. Scegliete uno dei seguenti temi e fate una ricerca in internet.

   Tema A: Chi sono i musicisti italiani sui raccoglitori? Che tipo di musica fanno? Quali sono i loro successi più grandi?

   Tema B: Come si chiamano i quadri che vediamo sui raccoglitori? Chi li ha dipinti? Quali altre opere di questi artisti conosci?
3. Descrivi e paragona le donne e le situazioni che vedi sui quadri.

! Am Ende dieser Lektion kannst du
- über komplexe Erlebnisse berichten, Ratschläge geben und Vermutungen über Vergangenes und Zukünftiges aufstellen.
- über Liebe, Musik und Poesie sprechen.
- dich in Museen und Galerien in Italien sicher bewegen.

A Io ♥ te

2–3

A1 Sara e Marco

Poco prima della prima lezione Sara ha letto un messaggio molto triste.

Sara: Perché fa male, male, male da morire senza te.

Federica: Dai Sara, non ascoltare questa canzone tristissima! Se fossi in te, ascolterei qualcosa di più allegro. Su, ascoltiamo "50 special" dei Lunapop. Ce l'ho sul mio cellulare.

Sara: Se ascoltassimo i Lunapop, sarei ancora più triste, perché era la nostra musica preferita quando facevamo i giri con la sua Vespa. E poi non voglio essere allegra! Rivoglio Marco! Se mi volessi veramente aiutare, mi daresti un consiglio su come risolvere questo problema invece di darmi consigli su quale canzone dovrei ascoltare.

Federica: Rivuoi Marco?! Ma perché! Non ne vale la pena. Prima ti ruba il cuore e poi devi subire questa tortura? Così all'improvviso? Fatto è che lui non è solo stupido, ma anche davvero noioso. E poi, chi sa, forse è già insieme ad un'altra, Laura, per esempio?

Sara: Se Marco e Laura fossero una coppia, non saprei cosa fare. Già il pensiero mi toglie l'aria! Pensa se si comportassero, come facevamo noi e se andassero negli stessi posti, dove andavamo noi.

Federica: Sara, lo devi dimenticare! Non ha mai capito che sei una ragazza fantastica. È proprio stupido Marco. Se avesse un cuore, non ti lascerebbe mai. Meno male che non frequentate lo stesso liceo. Sarebbe brutto se vi doveste vedere ogni giorno a scuola.

Comincia la prima lezione.

Federica: Coraggio, andiamo in classe.

Sara: Non posso andare in classe, Federica. Se gli altri mi vedessero così e mi sentissero piangere, mi prenderebbero sicuramente in giro.

Federica: Non penso, Sara. Conoscono i loro limiti. E poi ci sarei io ad aiutarti se qualcuno facesse degli scherzi cattivi.

Sara: Sei proprio dolce, Federica. Ma veramente non posso. Non mi va di piangere in pubblico.

Federica: E se scrivessi un biglietto …?

Sara: Mah, non so …

Federica: Ok, tu stai qua, scrivi un biglietto e spieghi al prof perché non puoi venire. Poi io gli posso dare il tuo biglietto quando entro in classe, va bene? Ciao eh.

Sara: Grazie, Fede. Ciao, a dopo.

2-3

E 1 Scusi, prof

E1

1. Quando Federica entra in classe dà il biglietto di Sara al prof. Ma il prof non riesce a leggerlo bene. Che cosa ha scritto Sara? Completa il biglietto di Sara.

Scusi prof,
non posso venire alla lezione, perché il mio
 Come può immaginare io sono molto
Ho paura che i miei compagni mi , se mi
vedono
La ringrazio,
Sara

2. Dopo che il prof ha letto il biglietto di Sara, parla con Federica. Inventate un dialogo.

E 2 Il congiuntivo imperfetto

"Se **fossi** in te, …", "Se **ascoltassimo** i Lunapop, …": arriva il congiuntivo imperfetto.

G 4.1.1

1. Cerca nel testo A1 le forme del congiuntivo imperfetto e scrivile sul quaderno con il loro pronome personale.

Modello: (io) fossi, (noi) ascoltassimo, …

2. Guarda le forme: come formi il congiuntivo imperfetto? Scrivi la coniugazione completa dei verbi ascoltare, volere e sentire.

3. Ci sono anche verbi irregolari. Abbina le seguenti forme del congiuntivo imperfetto ai loro infiniti. Poi scrivi le coniugazioni complete dei verbi fare, dare, bere e essere.

stesse, fossi, dessero, bevessimo, producessi, dicessi, facessimo, ponessero

bere, dire, dare, porre, stare, produrre, fare, essere

E3 Che cosa succederebbe, se ...

Combinate le parti a sinistra con le parti a destra per creare frasi. Usate una forma del congiuntivo imperfetto invece dell'infinito.

1. Se Federica (essere) in Sara, →	a. sarebbe ancora più triste.
2. Se Sara (ascoltare) i Lunapop,	→ b. ascolterebbe qualcosa di più allegro.
3. Se Federica (volere) aiutare Sara,	c. si arrabbierebbe molto con le ragazze.
4. Se Sara e Marco (frequentare) lo stesso liceo,	d. Federica aiuterebbe la sua amica.
5. Se i compagni (fare) scherzi cattivi,	e. si dovrebbero vedere sempre a scuola.
6. Se il prof (vedere) Sara e Federica usare i cellulari,	f. non parlerebbe dei Lunapop.

Modello: Se Federica fosse in Sara, ascolterebbe qualcosa di più allegro.

E4 Il periodo ipotetico II

"Se fossi in te, ascolterei qualcosa di più allegro." Questa è una frase al periodo ipotetico II.

G 4.1.3

1. Nella frase con **se** Federica usa il congiuntivo imperfetto. E quale forma usa nella frase principale?
2. Che cosa esprime il periodo ipotetico II? Come chiameresti questo tipo di frase in inglese?

+ p. 159

E2, E3

E5 Sara rivuole Marco?

1. Dopo scuola Federica accompagna Sara a casa sua. Metti la forma corretta del congiuntivo o del condizionale invece dell'infinito.

Sara: Senti, Federica, forse hai ragione e Marco sta insieme a Laura. Cosa ■ (fare) tu per trovare la verità se ■ (essere) in me?

Federica: Se ■ (lui, essere) veramente insieme a lei, ■ (essere) proprio stupido, perché tu sei mille volte più bella, più carina e più intelligente di lei. Dunque non mi ■ (piacere) se tu veramente ■ (rivolere) questo stupido ragazzo. E poi, sei sicura di voler sapere la verità, Sara? ■ (Potere) sentirti ancora più triste se lo ■ (tu, vedere) con un'altra.

Sara: Devo comunque sapere la verità, Federica. Che dici, se ■ (noi, andare) nei suoi bar preferiti, ■ (noi, sapere) se è uscito con lei.

Federica: Non mi piace per niente quest'idea. E poi, se ■ (loro, essere) insieme, non ■ (loro, andare) mai negli stessi bar in cui andavate voi, no?

Sara: Boh, tanto, hai detto che è stupido, no?! Ahah.

2. Secondo voi, come andrebbe avanti "la storia d'amore" se Marco cambiasse idea? E cosa potrebbe succedere se Sara trovasse Marco con Laura in un bar?

3. Siete amici di Sara. Rispondete a Sara e giustificate le vostre risposte. Usate espressioni come "Se fossi in te, …", "Se fossi al tuo posto, …". Commentate anche le idee dei vostri compagni.

E4

4–5

E6 La nuova passione di Sara

È un periodo in cui Sara non ascolta altro che Jay Rah. Ama la sua musica, i suoi testi, i suoi video … tutto! Nelle prossime vacanze vorrebbe andare nella "sua" città, cioè Trieste. Non parla più d'altro.

1. Nella stanza di Sara Federica vede un poster di Jay Rah e si ricorda di un articolo che Sara le ha fatto vedere qualche giorno fa. Completa i suoi pensieri.

Trieste letteratura rap turismo scuola

JAY RAH: «LEGGETE SVEVO, IL RAPPER DELL'EPOCA» VIDEO

Il giovane triestino racconta la sua città "rappando" sui versi di Umberto Saba

di *Elisa Russo*

Valmaura, San Giacomo, la Ferriera, il tram di Opicina, Galleria Protti, il porto, piazza Unità, il castello di Miramare.

C'è davvero tanta Trieste nelle rime di Jay Rah, "Mani troppo grandi". Versi di Umberto Saba (lievemente adattati) riprendono vita in un ritornello che cattura: "Trieste piace ma è come un ragazzo aspro e vorace con i capelli biondi e gli occhi azzurri, le mani troppo grandi per regalare un fiore."

Jay Rah (Joel Ambrosino), classe 1993, nato a Trieste da papà triestino e mamma di origine dominicana, (…) ha iniziato a rappare a 12 anni "e mi ci sono dedicato al 100% dai 14 – precisa – ho ascoltato prima tanto rap latino-americano e americano e poi sono andato a spulciarmi la roba italiana: Neffa, Sangue Misto, Otr."

Ora Jay Rah sta lavorando al suo primo disco assieme a Orlando "Orly Sad" Sanna, nel frattempo ha fatto uscire "Scimmie con le Scarpe Mixtape".

In apertura il singolo dedicato a Trieste: "Trieste è un posto bellissimo. Non è vero che è una città morta; è variegata ma per certi versi tormentata. Riconosco la sua storia, la cultura, il valore che ha avuto in Italia ed in Europa. Non capisco, invece, perché non viene valorizzato il porto: potremmo essere la Singapore d'Italia … (…) Altra nota dolente: la gestione del turismo. Quando mostro a qualcuno di fuori le foto di Trieste mi chiedono perché non è pubblicizzata!"

Sulle citazioni letterarie del suo brano commenta: "*La Coscienza di Zeno* è uno dei miei libri preferiti, mi ci rispecchio tantissimo. Italo Svevo era il rapper dell'epoca. Credo che molti giovani non l'abbiano letto: fatelo! Le poesie di Saba su Trieste sono tra le cose migliori che si potessero scrivere, suonano modernissime. La cultura a volte non fa tendenza tra i giovani. E cosa fa tendenza? Bere, drogarsi, urlare? Credo sia anche un problema di comunicazione: la cultura viene spesso propinata come qualcosa di noioso. La scuola così com'è non funziona. Per me la lettura è stata una scoperta e una passione nata fuori dalla scuola. Il rap è stato uno stimolo: più leggi e più diventi abile con le parole."

http://ilpiccolo.gelocal.it/tempo-libero/2015/03/22/news/jay-rah-leggete-svevo-il-rapper-dell-epoca-video-1.11089989 (adattato)

E5 **2.** Jay Rah parla di due autori: Italo Svevo e Umberto Saba. Federica ha già sentito i loro nomi a scuola. A casa fa una ricerca in internet su tutti e due gli autori e scopre che sono importanti per Trieste. Fai la ricerca anche tu e presenta l'identikit di uno dei due in classe.

2 *6–7*

A2 Ricordi belli?

Qualche giorno dopo Sara e Federica s'incontrano da Sara. Sara è arrabbiatissima e vuole dimenticare il suo primo grande amore. Perciò ha strappato il suo album dei ricordi. Federica vede gli strappi e le due amiche si siedono in cucina per parlare.

Federica: Mah, a dire la verità, non ho ancora capito che cosa hai fatto, Sara.
Sara: Sai, Federica, Marco non mi risponde più al telefono. Sono così arrabbiata che ho strappato il nostro album dei ricordi …
Federica: Ma dai. Ti ho detto di dimenticare quello stupido ragazzo, ma forse non avresti dovuto strappare un bell'album come questo.
Sara: Sì, era importante. In effetti mi sento già meglio adesso.
Federica: Ok, dimentica quello stupido. Ci sono tanti bei ragazzi in giro, no? E come canta Tiziano Ferro "Se non uccide fortifica".
Sara: Non è proprio un bel detto. È stupido come la raccomandazione "Goditi la tua libertà!" Comunque, non voglio più pensare a Marco.
Federica: È giusto che non ti fissi su quell'amore passato e su quel ragazzo stupido, l'album però era molto bello.

- "Se non uccide fortifica.": *„Was uns nicht umbringt, macht uns stark."*

Sara: Come vedi, non sono più fissata sul passato, e per il momento ho solo strappato dall'album i nostri momenti più belli. E quegli altri ragazzi di cui stai parlando tu, non m'interessano per niente anche se sono belli.

Federica: Hai ragione, scusa. È troppo presto. Ok, come ti posso aiutare?

Sara: Guarda, un mese fa ho comprato l'album e ho cominciato a mettere delle foto e dei biglietti che mi ha regalato Marco quando eravamo insieme. Che dici, dovrei buttare via tutto per non pensarci mai più?

Federica: Fa' vedere quelle foto là.

Sara: Eccole.

Federica: Grazie. Beh, alcune sono troppo belle. Se fossi in te, non butterei via tutto, tanto sono ricordi che fanno parte della tua vita, no? Questa foto qua di voi due sullo scooter, per esempio … È veramente una bella foto. Io non la butterei via.

Sara: Ma mi fa male guardare questa foto.

Federica: Ti capisco, Sara. E capisco anche perché hai strappato tante pagine dall'album, ma forse fra alcuni mesi ti penti di aver buttato via tutto, perché è una parte della tua vita. Fa vedere quei biglietti là con la tua scrittura. Mamma mia, troppo triste questo biglietto qua, secondo me.

Sara: Sì, ma esprime molto bene come mi sentivo quel giorno che Marco mi ha lasciata, il tempo che non passa e perché mi sento così triste. Sono versi di una poesia che ho trovato in internet e per il momento li voglio tenere. Come anche quel biglietto lì.

Fede: Quale?

Sara: Quello con un verso di Tiziano Ferro.

Fede: Ah, sì, "Sere nere" di Tiziano Ferro.

2 6–7

E7 L'idea di Sara

Federica è già tornata a casa quando la madre di Sara entra in cucina e vede le foto e i biglietti. Allora chiede a sua figlia cosa siano. Rispondi alle domande della madre di Sara con l'aiuto delle informazioni nell'illustrazione e nel dialogo.

Madre:
"Ciao, Sara. A che cosa ti serve tutta questa roba?"
"Che foto sono?"
"E quel biglietto con la scrittura di Marco?"
"E quelli con la tua scrittura? Perché hai scritto queste frasi tristi?"

Rispondi alle domande della madre e indica qual è il biglietto con i versi che Sara ha trovato in internet.

G

E8 Bello e quello

1. Guarda le forme di **bello** e **quello** che trovi davanti ad alcuni sostantivi nel testo A2. Quale preposizione articolata ti ricordano queste forme? G 4.2

2. Attenzione a **quello**! Confronta l'uso di **quello** davanti a un sostantivo e come pronome. G 4.3

quello davanti a un sostantivo	quello come pronome
"Quel biglietto lì"	"Quello con un verso di Tiziano Ferro."
"Quei biglietti là con la tua scrittura" "E quegli altri ragazzi non m'interessano."	"Quelli con la scrittura di Marco."

+ p. 159

E6

E9 Sara e sua madre

Sara parla con la madre dell'album dei ricordi e la madre cerca di dare consigli a sua figlia. Completa il dialogo con le forme di **bello** e **quello**.

Madre: Veramente Sara, non mi sembra una ■ idea strappare tutto. Anche se sei molto triste e soffri. Vedrai fra qualche anno l'album sarà un ■ ricordo.
Sara: Grazie, mamma. Ma adesso sono soprattutto arrabbiatissima e triste.
Madre: Lo so, amore, lo so. Ma ■ pensieri tristi sono normali, li devi accettare, anche se è molto difficile.
Sara: Federica mi ha detto che "se non uccide fortifica". Che stupido ■ detto.
Madre: Hai ragione, è stupido. Ma Federica ti vuole bene ed è molto difficile dare un buon consiglio. Guarda che ■ foto di voi due.
Sara: Quale?
Madre: ■ lì, con voi due con gli occhiali da sole.
Sara: A me piace più ■ altra dove siamo sullo scooter.
Madre: A me no, sai che è molto pericoloso andare in giro in motorino così.

E 10 Aiuto per Sara

E7 **1.** I consigli di Melina

Melina, la partner di Sara nell'eTwinning, vuole anche aiutare Sara. Ha trovato questo articolo qua che dà tanti consigli a chi vuole aiutare un'amica che soffre per amore. Siccome Melina non parla bene l'italiano, fa due elenchi per Federica: un elenco con buone idee, cioè quello che una buona amica deve fare e un elenco con cose che una buon'amica non dovrebbe fare. Scrivi gli elenchi di Melina con l'aiuto di un dizionario bilingue.

Fünf Tipps für den perfekten Liebeskummertrost:

- Zuhören, Zuhören und fragen! Auch wenn der Betroffene die Geschichte zum 100sten Mal erzählt, muss man da als guter Freund/gute Freundin durch. Mit der eigenen Meinung hinter dem Berg halten, denn die spielt in der ersten Zeit keine Rolle. Die betroffene Person möchte sich jetzt eigentlich nur aussprechen und ausweinen.
- Sprich auf keinen Fall über deine eigenen Erfahrungen. Die gute Idee dahinter, nach dem Motto „Mir ging es doch auch schon mal so schlecht", bringt in diesem Fall keinen Trost.
- Behalte Sprüche wie „Das wird schon wieder", „Andere Mütter haben auch hübsche Söhne/Töchter" für dich. Bei wirklichem Liebeskummer sind sie unangebracht, sie helfen nicht weiter und die betroffene Person fühlt sich nicht ernst genommen, wird vielleicht sogar traurig oder wütend.
- Sich die Rachegedanken des Gegenübers anzuhören ist eine Sache – zu ermuntern oder sogar beim Umsetzen zu helfen, strikt verboten. Rachegedanken helfen beim Verarbeiten, durchziehen sollte man sie nie. Später wird man sich nur dafür schämen.
- Bitte niemals von der eigenen glücklichen Beziehung erzählen. Für diese Gespräche müssen dann andere Freunde herhalten, denn Personen mit Liebeskummer tut so etwas einfach zu weh.

Fonte: http://jetzt.sueddeutsche.de/texte/anzeigen/562054, Marie-Charlotte Maas 6.04.2016

2. Anche la madre di Sara ha un'idea.

La madre di Sara è sicura che a Sara farebbe bene una gita fuori Roma con Federica. Guardate le informazioni del sito che ha trovato (www.trejaadventure.it) e trovate le risposte alle seguenti domande con l'aiuto di un dizionario bilingue.

1. Che cosa si può fare al parco avventura "Treja Adventure"?
2. Come si può arrivare da Roma al parco senza usare la macchina?
3. Quanto costano i biglietti per Sara e Federica?

8–10 **E 11 Un bel posto?!**

Dopo la gita Federica scrive nel suo diaro.

1. Correggi gli errori.

Sara non voleva andare al parco avventura e invece voleva andare al cinema con me. Abbiamo parlato con Aureliana, una ragazza simpatica che ci ha dato un depliant. Costava solo un euro! Tuttavia il parco è ideale per Sara e me, perché siamo sportive. Così abbiamo scelto un percorso avventura.

2. Prendi appunti per rispondere alle seguenti domande. Cosa scriverà Federica nel diario? Continua il suo racconto.

1. Perché Aureliana è nel parco?
2. Perché non è sempre bello vivere fuori città?
3. Quali problemi ci sono per chi lavora?

E 12 Nonna Lia

E8 Al ritorno dal parco avventura Sara va a trovare sua nonna, nonna Lia. Leggete il diario di Sara e discutete:

1. Perché Sara vuole tanto bene a sua nonna?
2. Perché a Sara piace più parlare con sua nonna che con sua madre?
3. Quali sono le differenze tra i nostri tempi e i tempi di nonna Lia?

Caro diario,
ti ho detto che Fede ed io siamo state al parco avventura Treja, no? Beh, devo dire che l'idea della mamma di andare al parco è stata fantastica, anche se io volevo andare a fare shopping, come sempre – ahah. Ci siamo divertite tanto e abbiamo conosciuto Aureliana, una ragazza simpaticissima che lavora al parco. Al ritorno sono andata da nonna Lia. È veramente una gran bella donna nonna Lia. Con lei posso parlare come non potrei mai parlare con mamma. Le voglio tanto bene: mi ascolta, cerca sempre di darmi un buon consiglio, non si arrabbia mai con me. E poi mi prepara sempre cose fantastiche da mangiare, per esempio la torta Nua alla nutella – mmmmh che buona!!!! La mamma invece non fa mai le torte. Dice sempre: perché dovrei fare una torta? Tua nonna fa delle torte buonissime. Beh, lasciamo perdere, caro diario, sto parlando solo delle torte. Volevo dirti che ho parlato di Marco con nonna Lia. Quando le ho detto che Marco mi ha scritto un messaggio su whatsapp per dirmi che non mi ama più, si è arrabbiata tanto. Mi ha detto che gli uomini non erano così quando era giovane lei. Beh, lei mi ha detto che il nonno non era il suo "ragazzo", ma il suo "fidanzato" e che si potevano vedere solo di nascosto. Baciarsi era impossibile. Io le ho detto che non erano tempi facili per i giovani. Ma lei mi ha risposto: "No, il mondo non era più bello, ma meno complicato. Nessuno mi poteva scrivere un messaggio per dirmi che non mi amava più."
Chissà, forse ha ragione la nonna.
Beh, buona notte, caro diario.

B Per amore dell'arte

B1 Venere, la dea dell'amore

2 11–14

• Venere: *Venus*

Federica vuole fare una presentazione sul suo "grande amore": l'arte di Botticelli. Ecco gli appunti e alcune illustrazioni che ha preparato:

Sandro Botticelli (1445 – 1510, Firenze):
- S. B. è uno dei più grandi pittori del Rinascimento – di questo non se ne discute! (secondo me è "il" più grande!)
- il suo vero nome, si è scoperto, è Alessandro Filipepi
- stile: da sempre si sono lodate le sue figure (donne) bellissime, p. es. la Venere
- molte opere d'arte su commissione per la famosa famiglia Medici (–> mecenati importanti! Lorenzo il Magnifico!)
- dopo la sua morte, l'hanno sepolto a Firenze nella Chiesa di Ognissanti –> ci si può andare e visitare la tomba!

• su commissione: *im Auftrag (von)*
• il mecenate: *Mäzen*

Rinascimento:
- è il periodo più importante dell'arte e della cultura italiana; dall'Italia delle Signorie il R. si è diffuso in tutta l'Europa
- origine del nome –> "rinascono" l'arte e la cultura antica!
- si dice che la "capitale del Rinascimento" sia Firenze
- a Firenze si possono vedere tantissime opere e mostre importanti, soprattutto nella Galleria degli Uffizi (museo! Vietato fotografare!)
- anche se si è interessati all'architettura rinascimentale bisogna andare a Firenze

Il David di Michelangelo Buonarroti, Galleria dell'Accademia a Firenze

Opere importanti:
- il quadro più famoso: "La Nascita di Venere" (Uffizi): al centro si vede Venere, la dea dell'amore, su una conchiglia –> rappresenta la bellezza ideale
- si è identificata la dea con una donna nobile dell'epoca (Simonetta Vespucci)
- la mia opera preferita: "La Primavera" (Uffizi): al centro del quadro si riconoscono Venere, sopra suo figlio Cupido, dio dell'erotismo, a destra Flora, la personificazione della primavera
- se si è intenditori di mitologia è più facile riconoscere le figure
- dopo che si è andati a vedere un suo quadro, si rimane in ogni caso molto impressionati (anche senza capire tutto)!!!

• l'erotismo: *Erotik*
• l'intenditore: *Fachmann, Experte*

11–14

E1 Che cosa rappresenta?

Federica cerca in internet alcune immagini per illustrare la sua presentazione.

1. Quale immagine usa per quale parte della presentazione? Metti le foto nell'ordine giusto.
2. Descrivi brevemente che cosa rappresentano le foto.

Modello: Nella prima foto si vede … la città di Firenze. Si dice che sia …
Nella seconda foto … Si dice che …

E2 Giusto?!

E1, E2

Federica presenta i suoi appunti a Sara. L'amica la vuole prendere in giro e così ha messo tanti errori. Controlla e correggi le informazioni sbagliate.

• Ognissanti: *Allerheiligen*

Allora, se ho capito bene ... la presentazione parla di un pittore, vero?
L'artista si chiama Sandro Filipepi ed è nato a Pisa.
A Firenze ci sono tante opere importanti, soprattutto nella Chiesa di Ognissanti.
Si dice che le persone rappresentate nei quadri di Filipepi siano molto belle.
È stato sepolto in una chiesa che si chiama Santa Croce.
Nell'opera "Nascita di Venere" si vede Cupido, il dio dell'erotismo.
E Venere invece è la dea della primavera.
Venere, Cupido e Flora sono delle figure mitologiche. Ci siamo?

Ehi, Fede, non ti arrabbiare! Ho scherzato! Allora, l'artista si chiama ...

E3 Una mostra a scuola

Fate come Federica – scegliete un quadro che vi piace particolarmente e preparate alcune informazioni sul quadro (epoca, pittore, descrizione, ecc.). Trovate aiuto a pagina 171 (strategia "Descrizione di immagini"). Forse conoscete anche una canzone o poesia da poter aggiungere. Preparate una mostra e presentate i vostri quadri in classe.

E4 Il si impersonale (parte II)

1. Federica usa molte volte espressioni con il si impersonale. Trova tra gli appunti queste espressioni: a. con le particelle **ci** e **ne**, b. con gli aggettivi o i sostantivi c. al passato prossimo. Scrivile in tre colonne.

si impersonale con ci/ne	si impersonale con aggettivi/sostantivi	si impersonale al passato prossimo

2. Dove mettiamo le particelle **ci** e **ne** nella frase? Che cosa succede al **si** nella combinazione con la particella **ne**?

3. A cosa bisogna fare attenzione se c'è un aggettivo o un sostantivo dopo il si impersonale?

4. Come si forma il si impersonale al passato prossimo?

5. Paragonate le vostre idee e controllatele con l'aiuto della grammatica. G 4.4

E5 Perché è più facile amare l'arte

A volte Sara non capisce perché Federica non s'interessi tanto ai ragazzi, ma quasi solo all'arte. Nella sua camera Federica ha persino appeso un poster creato da lei stessa che porta il titolo "Perché è più facile amare l'arte".

1. Completa le frasi che si trovano sul poster con gli aggettivi corretti.

entusiasta | bravo, -a | innamorato, -a | solo, -a | stanco, -a

Se si è ■ d'arte, non si rischia niente.
Se ci si sente ■, si può andare in un museo.
Se si è ■ di un quadro, ci si compra una cartolina.
Se si è ■, si può disegnare il quadro ideale!
Se si è ■, non si ha voglia di dare spiegazioni.

2. Quali immagini potrebbero essere sul poster di Federica? Scegli una frase e disegna un'immagine adatta oppure cercane una in una rivista o in internet.

3. Secondo te, com'è la situazione se si ama una persona? Riscrivi le frasi di Federica parlando di una persona.

Modello: Se si è ■ di un/a ragazzo/a, …

+ p. 159

E6 Invece si deve rischiare!

Secondo Sara, Federica non ha ragione: anche se con Marco non è andata bene, si deve rischiare! Ecco quello che vorrebbe domandare all'amica quando vede il poster. Completa la frase con i verbi al passato prossimo.

Secondo te, che cosa succede, se poi a 80 anni si capisce che non si ■ mai ■ (rischiare), che si ■ (restare) sempre soli, che non si ■ mai ■ (amare) nessuno, che non si ■ mai ■ (baciare) un'altra persona, che non si ■ mai ■ (scrivere) lettere d'amore, che non si ■ mai ■ (sentire) parole come "Ti amo", che non si ■ mai ■ (aspettare) le telefonate dell'altro, che non si ■ mai ■ (riuscire) a vincere la paura??!!

E7 Una visita alla Galleria degli Uffizi

Mentre le ragazze preparano le loro presentazioni, Federica chiama anche la biglietteria della Galleria degli Uffizi a Firenze. Ha proposto al professore di visitarla durante la gita scolastica per vedere insieme la *Nascita di Venere*. Ecco che cosa le dicono.

Il biglietto è gratuito se hai meno di 18 anni o se sei studente di architettura, storia dell'arte o filosofia, oppure se fai parte di un gruppo di studenti e se siete accompagnati da un insegnante.

Sì, puoi anche prenotare la visita. Se la prenoti, devi pagare 4 €. E se sei un visitatore con prenotazione, non devi fare la fila.

La mostra è interessante se sei amante dell'arte, ma anche se sei semplicemente aperto e curioso. Ognuno può concentrarsi sui quadri che gli piacciono di più. Non dovete guardare mica tutti i quadri!

1. Quali domande ha fatto Federica secondo te?

E3, E4

2. Per presentare le informazioni al prof, Federica si scrive quello che le è stato detto, ma usa il si impersonale. Aiutala a trasformare le frasi.

E8 Arte e amore

Nel frattempo Sara chatta con Evelyn, la partner dell'eTwinning di Fede, che ha trovato sul giornale l'annuncio di una mostra e la vuole far conoscere a Sara e Federica, perché secondo lei è una bella combinazione tra arte e amore.

1. Aiutale a riassumere in italiano il testo, così che Evelyn lo possa mandare alle ragazze italiane.

Kunstausstellung LIEBE

Begeisterungsfähigkeit, Vorstellungskraft, Faszination kommen in der Kunst wie in der Liebe entscheidende Bedeutung zu. Und so ist es nur naheliegend, dass die Liebe und alles, was mit ihr zusammenhängt, in den Künsten sehr häufig zum zentralen Thema wird, in Liebesfilmen, Liebestragödien und Liebesliedern und – zumindest bis zur Moderne – auch in vielen Gemälden und Skulpturen. (…)
Gezeigt werden etwa 20 Künstlerpositionen von den 1970er Jahren bis heute, die sich mit verschiedenen Formen der Liebe auseinandersetzen. Begleitet wird die Ausstellung von einem umfassenden Rahmenprogramm, zu dem beispielsweise im Mai „Die Nacht der singenden Balkone" gehören wird: Anwohner singen auf ihren Balkonen Liebeslieder. Außerdem wird es am 24. Mai die Möglichkeit geben, in der Ausstellung standesamtlich zu heiraten!
(http://www.matthias-ströckel.de/index.php/de/aktuell/79-liebe-wilhelm-hack-museum-ludwigshafen-am-rhein)

2. Parlate in classe della mostra. Vi sembra interessante? Quali altri temi potrebbero essere adatti per una mostra? Quali azioni/programmi si potrebbero aggiungere?

15–19

B2 Che cosa pensa Lei dell'arte?

Quando prepara la presentazione sull'arte di Botticelli, Federica chiede a delle persone per strada che cosa pensano dell'arte italiana in generale. Ecco alcune delle loro risposte:

Mauro, 62 anni:
"Sappiamo che l'Italia è il paese con la più alta concentrazione di beni archeologici e artistici di tutto il mondo, il che ci rende felici: è un fatto del quale siamo tutti molto orgogliosi. Ma in tempi di crisi è anche un grande problema: chi è ricco in arte e monumenti, deve anche spendere i soldi per conservare questi beni fantastici, e ciò costa."

Francesca, 17 anni:
"L'anno scorso ho partecipato per la prima volta alla 'Notte bianca', nella quale aprono tutti i musei. Ho visitato luoghi che non conoscevo prima, nei quali avevo paura di annoiarmi. Devo dire che è stata un'esperienza particolare. C'erano incontri con artisti, concerti, visite guidate … Oggi credo che sia un evento da non perdere."

Martin, 31 anni:
"Io sono qui a Roma come turista. L'Italia è un paese di grande cultura ed è proprio per questo il paese nel quale mi piace di più viaggiare. In ogni città e in ogni paesino scopro nuove bellezze delle quali m'innamoro. Poi c'è anche l'ottima cucina mediterranea e per chi ama nuotare il mare è sempre vicino. Cosa vuoi di più?"

Donatella, 46 anni:
"Il nostro patrimonio intellettuale, culturale ed artistico fa parte della nostra identità, è ciò che più ci caratterizza. Se non fossimo stati da sempre in contatto con il bello, probabilmente l'Italia non sarebbe diventata il paese del design e della moda. Dobbiamo cercare di conservare quello che abbiamo e non danneggiarlo, come sta in parte succedendo."

15–19

E9 Le opinioni delle persone intervistate

Federica vuole inserire le affermazioni delle persone intervistate nella sua presentazione. Si è scritta gli aspetti più importanti.

1. Per prima cosa cerca di ricordare chi ha parlato di quale aspetto. Aiutala!

- la conservazione: *Bewahrung*

i beni culturali ed artistici sono importanti per il turismo

bisogna occuparsi di più dei beni culturali in Italia

la conservazione dei beni culturali e artistici crea problemi e costa cara

c'è un grande numero di beni culturali e artistici in Italia –> è unico al mondo

un'iniziativa che cerca di interessare più persone all'arte è la "notte bianca"

i beni culturali hanno influenzato la mentalità degli italiani

i beni culturali e artistici sono importanti per il Made in Italy

l'arte non è un tema noioso per i giovani

2. Federica ha copiato gli aspetti più importanti su una schedina. Come potrebbe presentarli?

Arte e cultura in Italia/aspetti nominati nelle interviste:
- grande patrimonio: quantità di beni culturali ed artistici, unico al mondo!
- problemi: costi di conservazione
- grande importanza: identità degli italiani, ma anche: economia –> turismo, Made in Italy (p. es. design, moda)
- eventi: p. es. la "notte bianca"

E 10 I pronomi relativi "il/la quale, i/le quali"

Nelle interviste ci sono forme del pronome relativo **il/la quale, i/le quali**. In queste frasi si potrebbe anche usare il pronome relativo **cui**. Abbina e trova una regola. G 4.5.1, 4.5.2

1. È un fatto **del quale** siamo orgogliosi.
2. Ho visitato luoghi **nei quali** avevo paura di annoiarmi.
3. È il paese **nel quale** mi piace di più viaggiare.
4. In ogni città scopro bellezze **delle quali** m'innamoro.

- in cui
- di cui

E 11 Fotografare nei musei?

Federica ha anche chiesto alle persone che cosa pensano della possibilità di fotografare dentro i musei per condividere le immagini attraverso i social networks.

1. Leggi le risposte e sostituisci le forme del pronome relativo **il/la quale**, **i/le quali** con la forma **cui**.

È un modo bello per fare condividere l'arte della quale senza foto si può solo parlare. Secondo me non c'è un motivo per il quale si debba vietare di fotografare.

Di sicuro ci sono visitatori ai quali disturba se la gente fotografa. E poi c'è il rischio che la gente fotografi con il flash con il quale si possono danneggiare i quadri.

I social sono strumenti nuovi con i quali si può diffondere bene la cultura. Così si possono visitare virtualmente musei nei quali non si può andare di persona perché sono lontani.

2. E tu, che cosa pensi della possibilità di fotografare tutto, sempre e in ogni luogo? Secondo te ci sono situazioni o luoghi in cui non si dovrebbe fotografare? Condivideresti tutte le tue foto attraverso i social networks? Motiva le tue risposte.

E5–7

G

E 12 I pronomi relativi "chi" e "il che", "quello che", "ciò che"

I pronomi **che, cui** e **il/la quale, i/le quali** si riferiscono sempre ad un sostantivo (il soggetto o un oggetto) della frase principale. Questo non vale per i pronomi relativi **chi, il che** e **quello che/ciò che**.

G 4.5.3

1. Nelle interviste ci sono anche due frasi con il pronome relativo **chi**. Trova le forme e spiega il significato e l'uso di **chi**.
2. Paragona l'uso di **il che/ciò** e **quello che/ciò che** nelle seguenti frasi:

   L'Italia è il paese con la più alta concentrazione di beni archeologici, **il che/e ciò** (= e **quello**) ci rende felici. [...] Dobbiamo cercare di conservare **quello che/ciò che** abbiamo.

   Quali pronomi si riferiscono all'intera frase? Quale è il significato dei pronomi?
3. Paragonate le vostre idee e controllatele con l'aiuto della grammatica.

+ p. 160

E 13 A dire la verità ... non amo solo l'arte!

E8

Invece si deve rischiare ... Federica pensa spesso alle parole di Sara. Forse l'amica ha ragione! Siccome vorrebbe invitare Luigi a passare una serata con lei, oggi a scuola ci prova. Completa le frasi con i pronomi **che, chi, il che/e ciò** e **quello che/ciò che**. Ci riesci!

Federica: ■ mi accompagna alla notte bianca domani sera? Luigi, hai voglia?
Luigi: Non credo che ci sia un museo ■ mi possa interessare ...
Federica: ... ■ non è detto! Sei mai stato alla Galleria Nazionale d'Arte Moderna?
Luigi: No, ma non ci voglio neanche andare. ■ interessa a me non si trova nei musei. Sai che io amo il cinema!
Federica: ■ non cerca mai di fare nuove esperienze, rischia di perdere delle occasioni ...
Luigi: E se invece ti chiedo io di vederti un film d'autore? Secondo me il cinema è un tipo di cultura ■ non conosci bene.
Federica: Va bene, facciamo così: tu mi fai vedere ■ piace a te, cioè un bel film d'autore, ed io ti porto al museo. Che ne dici?
Luigi: Non è proprio ■ volevo dire ... ma va bene, perché no?!
Federica: Cercherò di ammirare il tuo film, ■ di sicuro non sarà difficile. Per dire la verità ... non amo solo l'arte, sai ...

La Galleria Nazionale d'Arte Moderna

20–22 **E 14** **Cultura al buio: la notte dei musei**

1. Ascolta e decidi: dove vuole andare Federica con Luigi? Segnate le lettere dei luoghi.

la Pinacoteca capitolina (A) – il Teatro Marcello (B) – il Pantheon (C) – Palazzo Farnese (D) – il Colosseo (E) – Palazzo Nuovo (F) – Palazzo Altemps (G) – Palazzo Barracco (H) – Palazzo Barberini (I) – San Pietro (L) – Museo d'arte contemporanea (MACRO) (M) – Museo nazionale delle arti del XXI secolo (Maxxi) (N) – Museo internazionale del cinema e dello spettacolo (MICS) (O) – Palazzo Braschi (P) – Museo di Roma in Trastevere (Q) – Musei Vaticani (R)

2. Perché Federica vuole visitare questi monumenti? Abbina l'informazione al luogo giusto.

1. L'ha costruito Michelangelo.
2. Ci si può entrare solo se si ha prenotato.
3. Qui si trovano opere d'arte orientali.
4. È un museo di arte moderna.
5. Su due piani si può conoscere la storia della città.

3. Quali consigli dà Sara all'amica? E tu, che cosa ne pensi?

E 15 **Intervista ad un giovane artista**

E9–11

In Germania, Evelyn ha cominciato a lavorare alla sua relazione: vuole presentare artisti di graffiti tedeschi e italiani. Un artista italiano che le piace particolarmente è Fabrizio Sarti, soprannome "SeaCreative". In internet ha trovato una sua intervista.

Come e quando nasce la tua passione per i graffiti?
Quando avevo circa 12/13 anni, i miei genitori mi portavano in una località di vacanza nella quale i muri del porto erano pieni di fantastici disegni. Non potevo non guardarli. Quello è stato il mio primo incontro con l'arte dei graffiti, di cui in seguito ho fatto migliaia di fotografie. Solo nel 1993, a 16 anni, ho cominciato a disegnare con un gruppo di amici. Da lì in poi non ho più smesso.

Dove trovi ispirazione per i tuoi lavori?
La principale fonte d'ispirazione dei miei personaggi sono le persone che incontro ogni giorno nelle vie della mia città. Loro mixate alle mie passioni e ai miei stati d'animo, danno vita ai personaggi che popolano i miei lavori.

La tua arte ha subito cambiamenti con le esposizioni nelle gallerie?
Quando ho iniziato a dipingere, la strada era la mia "galleria", dove l'opera veniva vista da tutti liberamente. In galleria il processo creativo e le dinamiche sono differenti da un'opera in strada. Le gallerie non hanno cambiato il mio modo di fare arte, è il mio lavoro che cambia in base al contesto.

I graffiti sono ancora utilizzati come strumento di protesta sociale o hanno perso il loro valore originario?
Sicuramente ancora oggi i graffiti vengono usati come mezzo di protesta, ma non solo. Non è più un fenomeno artistico legato alla cultura hip-hop. I graffiti sono una cultura a parte che ha influenzato il costume, la società, la moda e la

pubblicità. Penso che sia il fenomeno artistico più grande degli ultimi 30 anni e che sia ancora in crescita.

Se fossi nato a Berlino e avessi trascorso gran parte della tua esistenza in questa città, pensi che la tua arte sarebbe stata più apprezzata?
Non penso che il posto nel quale si nasce o si vive possa influenzare la propria arte. Anche se sicuramente fuori dall'Italia c'è stata maggiore attenzione all'arte pubblica.

Qual è il tuo sogno per il futuro?
Mi piacerebbe molto aprire un laboratorio dove poter sperimentare liberamente. Penso che il giusto mix tra tecniche tradizionali e disegni moderni possa dar luogo a fantastiche produzioni.

da: http://www.pulled-up.it/2013/02/seacreative-believe-in-art-intervista-allartista/(testo adattato)

1. Evelyn cerca prima di capire il significato di alcune parole che non conosce. Per questo pensa ad altre lingue. Aiutala a tradurre i seguenti vocaboli:

italiano	latino	inglese	francese	tedesco
l'esposizione	expositio	exposition	l'exposition	■
il porto	portus	port	le port	■
la fonte d'ispirazione	fons inspirationis	source of inspiration	la source d'inspiration	■
mixare	miscere	to mix	mixer	■
la passione	passio	passion	la passion	■
lo strumento	instrumentum	instrument	l'instrument	■
il valore	valor	value	la valeur	■
l'attenzione	attentio	attention	l'attention	■
il laboratorio	-	laboratory	le laboratoire	■

2. Poi legge di nuovo l'intervista e copia parole chiave dal testo (con la riga!). Quali sono secondo te?

3. Alla fine Evelyn prepara degli appunti. Controlla: ha capito bene l'intervista? Se no, correggi.

- SeaCreative disegna graffiti da quando ha 12–13 anni.
- Ha già disegnato migliaia di graffiti.
- Disegna spesso personaggi famosi.
- Espone le sue opere anche in gallerie.
- Secondo lui i graffiti influiscono su tutta la società.
- I graffiti sono un fenomeno artistico piccolo.
- In Germania per artisti come lui è più facile avere successo.
- SeaCreative ama sperimentare con diverse tecniche.

4. Aiuta Evelyn a descrivere adesso in poche frasi il suo artista preferito.

Competenze 2

Organizzare un programma musicale

La vostra scuola fa una giornata *open day* e organizza una grande festa. La vostra classe è responsabile della musica: volete presentare musica italiana. Verranno visitatori, studenti, i loro genitori, nonni, fratelli e sorelle e anche i professori. E tutti hanno un gusto musicale diverso.

Avete tre compiti:
1. scegliere la musica di sottofondo per tutta la serata e per tutti i gusti degli ospiti
2. cantare una canzone per il pubblico
3. preparare un karaoke per gli ospiti

1. In gruppi di quattro studenti dovete proporre dieci canzoni per la musica di sottofondo. In classe tutti i gruppi presenteranno le loro proposte; discutete e decidete quali canzoni italiane volete scegliere e perché.

2. Sempre in gruppi di quattro decidete quale canzone volete presentare al pubblico – può essere una presentazione con o senza strumenti musicali. In classe mettetevi d'accordo sulla canzone italiana da cantare agli ospiti e provatela! Per sicurezza preparate anche un bis!

3. Ma anche gli ospiti vogliono cantare! Perciò in gruppi di quattro preparate un karaoke (musica senza parole, testo italiano da cantare, indicazioni per la pronuncia). Siccome la maggior parte degli ospiti non parla l'italiano, bisogna riassumere brevemente in tedesco le canzoni e presentare il/la cantante o il gruppo. Per attirare tanta gente preparate un volantino per annunciare il karaoke che distribuite nella scuola. Nei vostri gruppi mettetevi d'accordo su come elaborare il volantino (che tipo di testo volete scrivere? Ci vogliono foto dei cantanti? Spiegate la pronuncia italiana? …)

Espressioni utili per parlare della canzone
la melodia, il ritmo, il ritornello, la strofa, la rima, il volume, il tempo viene cantata all'unisono <-> viene cantata a più voci

Espressioni utili per parlare della musica
l'altezza del suono: alta <-> bassa monotona, rilassante, calmante <-> stimolante, eccitante fa venire voglia di cantare, canticchiare, ballare, muoversi, battere le mani, battere il tempo con il piede dà energia, fa venire buon umore rende felici <-> malinconici stili di musica: la musica classica, il rap, l'hip-hop, il rock, il jazz, la musica country, la musica soul, la disco

Espressioni utili per parlare della voce del/della cantante
cantare da soprano, da contralto, da tenore, da basso aspra, rauca, squillante, tremolante <-> calda, sensuale, vellutata, implorante, vibrante cantare un assolo <-> cantare in coro

Espressioni utili per parlare degli strumenti
strumenti a corda: il violino, il contrabbasso, la chitarra, l'arpa *strumenti a fiato*: il sassofono, il clarinetto, il flauto, la tromba, il trombone *strumenti a tastiera*: il pianoforte, l'organo *strumenti a percussione*: la batteria, lo xilofono, i piatti *strumenti e mezzi elettronici*: il piano elettrico, la chitarra elettrica, la tastiera (Keyboard), il sintetizzatore, l'amplificatore

5 Eventi coolturali

• Evviva!: *Juchhu!*

E 1 **Cooltura**

Descrivete le foto e discutete le risposte alle seguenti domande.

1. Cosa rappresentano le immagini? Che cos'è *cooltura*, secondo te?

E1

2. Ordina le seguenti parole in una mappa concettuale sullo **sport** e aggiungi altre parole che conosci già.

il capitano | il torneo | colpire | la gara | lo spettatore/la spettatrice | il club sportivo | l'avversario | la strategia | il tifoso | sconfiggere | la tattica | rispettare | l'arbitro | attaccare | l'eroe/l'eroina | dirigere

! Am Ende dieser Lektion kannst du

- über alternative und traditionelle kulturelle Veranstaltungen in Italien sprechen.
- höfliche Aufforderungen formulieren.
- Träume und Alternativen ausdrücken.
- Vermutungen in Vergangenheit und Gegenwart ausdrücken.

A Festival culturali di ieri e di oggi …

2 23–27

A 1 Simone presenta il suo argomento sul proprio blog: lo sport!

- il gladiatore/ la gladiatrice: *Gladiator/in*
- il/la calciante: *Spieler/in des historischen Fußballs*

Oggi vi presento i veri gladiatori moderni! Qui, sul mio blog, potete leggere quello che pensa Gianluca, un calciante della squadra dei verdi.

Preparando la partita

Ciao a tutti! Sono Gianluca, un vero calciante, cioè un giocatore di calcio in costume. Domani io e la mia squadra giocheremo una partita importante. Pur non avendo molto tempo ci incontriamo ogni giorno per l'allenamento. Allenandoci così regolarmente siamo diventati una squadra veramente brava. Come sempre, siamo incoraggiati dai nostri tifosi. Allora non li dobbiamo deludere. Infatti, non siamo stati quasi mai sconfitti. Oggi è stato deciso contro chi dovremo giocare. Giocheremo contro la squadra dei rossi. Purtroppo è una squadra composta da giocatori bravissimi. Dalla squadra dei rossi sono stati vinti molti premi.
Le partite vanno giocate in maniera spettacolare! Che figo!
Essendo il capitano della squadra non vedo l'ora di giocare. E dovete sapere che già da piccolo venivo allenato da mio padre. Domani la strategia di gioco verrà decisa dal nostro bravissimo allenatore – all'ultimo momento, come al solito! Secondo lui non la deve sapere nessuno ma una cosa è chiara: la partita va vinta a tutti i costi!
(WOW! Sarà un vero divertimento.)

Che cos'è il calcio storico?

- fiorentino, -a: *florentinisch*

Navigando su internet ho trovato un sito ufficiale del calcio storico fiorentino che potete visitare per vedere le foto delle partite.

Ecco le regole di questo bellissimo sport che non sono per niente complicate. Sono state scritte dai giocatori molti secoli fa e vanno rispettate ancora oggi. Così saprete tutto.

- Una squadra di calcio in costume è numerosa perché ha 27 giocatori.
- Visto che è un gioco antico i calciatori sono ancora chiamati calcianti.
- La squadra che fa più punti vince.
- I calcianti possono fare un punto colpendo la palla sia con i piedi sia con le mani.
- Per fare punto la palla viene tirata oltre la porta dell'avversario.
- La partita è molto faticosa perché dura 50 minuti.
- Il calcio storico può essere visto solo a Firenze perché si gioca solo in questa città.
- Il calciante può fare un punto tirando la palla oltre la linea di porta.

23–27 **E 1 Gli amici tedeschi hanno capito tutto sul calcio storico?**

Simone vuole vedere se i suoi amici tedeschi hanno capito bene i testi del suo blog. Ecco le sue domande in un quiz che ha allegato. Trova le risposte corrette.

1. Che cosa è un calciante?
2. Quando giocherà la partita Gianluca?
3. Chi incoraggerà la squadra di Gianluca?
4. Contro quale squadra giocheranno Gianluca e i suoi compagni?
5. Chi allenava Gianluca quando era piccolo?
6. Da quanti giocatori è composta una squadra?
7. Quanto dura la partita?
8. Dove si gioca il torneo?

28–29 **E 2 Un'intervista a Gianluca**

Ascolta l'intervista e decidi: vero o falso? Correggi le affermazioni false.

1. L'allenatore è severo e molto bravo.
2. I verdi perdono troppo spesso contro i rossi.
3. Gianluca gioca da sei mesi per questa squadra.
4. Gli amici hanno motivato Gianluca a giocare a questo sport.
5. Il campo è fatto di sabbia e non di erba.
6. Il calcio storico insegna a Gianluca ad arrendersi in situazioni difficili.

G **E 3 Chi ha già capito le regole del calcio storico?**

E2

1. Gli amici di Simone sono entusiasti e vogliono giocare una partita anche loro contro le altre classi della scuola. Prima ripetono le regole.
Trova quali frasi passive corrispondono alle frasi attive. G 5.1

passivo	attivo
1. Una squadra è composta da 27 giocatori.	a. Quattro squadre giocano le partite nel torneo.
2. La palla viene colpita dai giocatori con i piedi e con le mani.	b. L'arbitro dirige la gara.
3. Nel torneo le partite sono giocate da quattro squadre.	c. I giocatori colpiscono la palla con i piedi e con le mani.
4. La gara viene diretta dall'arbitro.	d. La squadra più forte deve ottenere il premio.
5. Il premio va consegnato alla squadra più forte.	e. 27 giocatori compongono una squadra.

2. Guarda le frasi passive: come formiamo il passivo? Quale preposizione usiamo per introdurre la persona che fa l'azione?

3. Trova le altre frasi al passivo nel testo e copiale. Quali sono i verbi ausiliari che usa Gianluca? Quale differenza di significato esprimono i verbi ausiliari?

4. Capito il sistema? Allora formula delle frasi al passivo con le seguenti parole.

1. dai · La · giocata · partita · è · giocatori.
2. La · sarà · dalla · fa più punti · partita · vinta · squadra · che.
3. I · non · delusi · tifosi · dai · giocatori · vanno.
4. state fatte · foto · spettatori · Molte · sono · dagli.

E4 Che cosa viene preparato da chi?

Anche agli altri ragazzi piace il video di Simone e tutti sono entusiasti. Per questo scambiano, sul gruppo di *whatsapp*, le loro idee sulla partita. Metti le forme giuste del passivo di **essere** e/o di **venire**. Usa i tempi adatti.

Giuliano
Guardate! Ci dobbiamo organizzare bene e vedere che cosa ■ (preparare) dai nostri amici. *3:04 pm*

Fabrizio
Sì, certo! Allora cominciamo con la palla, secondo me ■ (fare) a mano. E come facciamo con le magliette? *3:05 pm*

Simone
Le magliette ■ (ordinare) su internet. Non dobbiamo dimenticare: i biglietti ■ (vendere) già un mese prima e ■ (stampare). *3:10 pm*

Giuliano
Un'altra cosa a cui bisogna pensare è che l'elenco dei giocatori ■ (pubblicare) poco prima della partita. *3:12 pm*

Dario
A questo proposito vi volevo dire che noi tutti ■ (mettere) al corrente sulle tattiche che ■ (decidere) dal capitano e dall'allenatore. *3:15 pm*

Simone
Comunque ragazzi, una cosa è certa: il video della partita ■ (girare) dalla mia ragazza. *3:17 pm*

- a questo proposito: *zu diesem Zweck*
- mettere al corrente qn: *jdn auf dem Laufenden halten*

+ p. 160

E5 Ancora tanto da fare prima della partita. L'organizzazione continua!

Adesso tutto è chiaro e viene fatto il programma per i prossimi giorni. Simone e Fabrizio discutono sulla chat le ultime cose da preparare. Scegli il verbo adatto e mettilo al passivo. Usa **andare** come verbo ausiliare.

studiare | avvertire | preparare | comprare | scrivere | giocare | scegliere

Simone: Allora Fabrizio, le magliette ■ domani, ok.
Fabrizio: D'accordo Simone domani dovrebbero arrivare. Sono bellissime non vedo l'ora di indossarle! Anche la palla ■ subito, che ne pensi?
Simone: Certo senza palla come facciamo a giocare?! Rovinerebbe il tutto. Senti un po' ma la tattica ■ adesso o prima della partita? E chi la decide?
Francesco: La tattica è importante e ci serve adesso, e comunque viene decisa dall'allenatore e dal capitano. Inoltre, le regole ■ molto bene altrimenti non potremo divertirci. Questa volta studiare anche per me non sarà un problema ;-)
Simone: Hai ragione! Non scordiamoci che i nostri amici ■ in tempo.
Francesco: Tranquillo!!! Gli inviti ai prof ■ subito così i nostri amici sapranno tutto per tempo. Quando sarà la partita?
Simone: La partita ■ dopo la scuola. Non vedo l'ora!
Francesco: Anche io!!!!

• scordarsi: *vergessen*

E6 Il gerundio

Il testo A1 usa gerundi per esprimere "mentre prepara la partita", "anche se non hanno molto tempo", "perché ci alleniamo così regolarmente" e "se colpiscono la palla". G 5.2

1. Trova le frasi e copiale (indicando anche le righe).

2. Decidi: dove si mettono i pronomi atoni o quelli riflessivi (mi, ti, …)?

3. Cerca di sostituire tutti i gerundi con delle frasi subordinate e di tradurle in tedesco.

E7 Ormai anche Loredana è appassionata del calcio storico

E3, E4

Scrivendo in uno stile elegante, Loredana scambia con un'amica le informazioni sulla partita che vogliono fare i ragazzi. Aiutala a sostituire le parole sottolineate con una forma del gerundio.

1. Mentre parlavamo con Simone, abbiamo capito che il calcio storico è proprio la sua passione.
2. Siccome vuole vincere a tutti i costi, cerca di preparare tutto alla perfezione.
3. I ragazzi si allenano ogni giorno, e così lui e i suoi compagni sono diventati dei giocatori bravissimi.
4. Anche quelli che non vogliono giocare – come me – fanno la loro parte, e così faranno pubblicità per la partita.
5. Visto che sei la mia amica potresti aiutarmi un po'.
6. Magari quando sentono di questo evento straordinario forse verranno anche i nostri parenti.

30–31 **E 8** **Finalmente la grande partita!**

E5 Finalmente arriva il giorno della partita! Il giorno dopo Simone mostra il video della partita anche ai suoi amici tedeschi, ma non tutto è chiaro. Rispondi alle domande e capirai veramente cosa è successo.

1. Vero o falso? Correggi le affermazioni false.

1. Fabrizio lavora sempre con la massima concentrazione.
2. L'avversario non deve mai essere in possesso della palla.
3. Gli avversari non sono mai riusciti a segnare molti punti.
4. Quando un giocatore è troppo stanco può uscire dal campo e essere sostituito da un altro.
5. C'è qualcuno che non sa quanto tempo duri una partita.
6. Alcuni spettatori non si sono divertiti per niente perché la loro squadra ha perso.

2. Completa le frasi.

1. Il video è stato girato …
2. Questa partita è stata organizzata …
3. Secondo Simone la squadra …
4. Dopo la partita ha avuto luogo una …
5. Il miglior giocatore …
6. La classe da quest'esperienza ha capito che …

32–34

A2 Simone e il *Lucca Comics and Games*

Simone è anche un grande fan del *Lucca Comics and Games*. Lui e i suoi amici lo frequentano tutti gli anni.
Simone vuole convincere la sua insegnante di storia dell'arte a fare una gita al *Lucca Comics and Games*. Perciò le scrive un'e-mail.

inviare | stampare | allegare

A: AVBardelli@libero.it

Oggetto: gita scolastica

Gentile professoressa,
ha mai sentito parlare del *Lucca Comics and Games*? Fra un po' avrà di nuovo luogo questo bellissimo festival a Lucca. Perché Le parlo del festival adesso? Abbia pazienza, ma secondo me è una meta perfetta anche per noi! Quest'anno faremo una gita, ma non abbiamo ancora deciso dove.
Non sarebbe bello andare a Lucca? Non si preoccupi e ci dia, per favore, la possibilità di partecipare al *Lucca Comics*. Ci siamo meritati un premio perché quest'anno ci siamo comportati davvero bene! Senta! Questo festival è davvero divertentissimo! Vedrà! Anche a Lei piacerà. Sia gentile.
Si vesta anche Lei come un personaggio dei fumetti! Così potremmo tutti trascorrere una bellissima giornata a Lucca, una delle più belle città culturali che conosca. Sicuramente interessantissima anche per Lei che insegna storia dell'arte! Non finisca per dirci di no! Esaudisca il nostro desiderio! Mi dica se è d'accordo ad andare al *Lucca Comics*. Si conceda anche Lei tre giornate diverse e ci porti a vedere il festival dei fumetti più famoso in Italia. Stia tranquilla. Faremo i bravi. Forse potrebbe venire con noi anche il Professor Mori che è toscano. Le allego il programma del festival, così mi dice che ne pensa.
Saluti,
Simone

- esaudire, -isco: *erhören*
- toscano, -a: *toskanisch, aus der Toskana*

Il costume della mia ragazza ☺: *3:23 pm*

E9 Anche la lettera alla prof finisce su facebook

E6

Simone pubblica sempre tutto su facebook, anche questa e-mail alla prof che viene letta dagli amici tedeschi. Trova le risposte a tutte le loro domande.

1. Perché la tua classe potrebbe andare a Lucca in gita scolastica?
2. Come motivi la tua proposta?
3. Secondo te, come si comporterà la tua classe? Ne sei sicuro?
4. Chi potrebbe essere l'altro accompagnatore e perché?

E 10 L'imperativo della cortesia

Simone usa l'imperativo della cortesia. Che cosa dice invece di "deve vestirsi anche Lei", "deve darci", "deve portarci", "deve concedersi" o "deve stare tranquilla"?

1. Attenzione alla posizione nella frase: dove mette Simone i pronomi personali quando usa l'imperativo della cortesia? E la negazione?
2. Che cosa significano quindi le seguenti espressioni? Che cosa deve fare la prof?

   Senta! (La prof deve …) Esaudisca! (La prof …) Non si preoccupi! (…) Abbia pazienza! Sia gentile! Mi dica se è d'accordo! Non finisca per dirci di no!

- coincidere: *zusammenfallen*

3. Con quali altre forme dei verbi coincidono le forme dell'imperativo della cortesia?
4. Raccogli i verbi irregolari. Scrivi la coniugazione completa dei verbi essere, fare, avere, dire. Poi formula una regola sull'imperativo della cortesia e controlla la tua idea con l'aiuto della grammatica. G *5.3.1, 5.3.2*

+ *p. 161*

E 11 E ci vuole anche il permesso del preside

Ormai Simone è riuscito a convincere i suoi compagni. Tutti sono così entusiasti che decidono di scrivere una lettera al preside. Scegli la posizione giusta per i seguenti verbi.

Abbia | conceda | dia | legga | pensi | proibisca | risponda | sia | si preoccupi | Si ricordi | Tenga

- Dirigente Scolastico, preside: *Schulleiter*
- tener presente: *sich vergegenwärtigen, berücksichtigen*
- comprensivo: *verständnisvoll*

Gentilissimo Dirigente,
Le scriviamo questa lettera per presentarLe un progetto. Anche se Lei è molto impegnato ci ■ cinque minuti del suo tempo e ■ quello che Le proponiamo. ■ pazienza, ma per questa volta vogliamo cambiare meta per la nostra gita. Abbiamo pensato di andare a Lucca per partecipare al festival *Lucca Comics and Games*, ma non ■ che vogliamo solo divertirci. Non ■. Si tratta sempre di una gita scolastica, quindi visiteremmo anche chiese e musei. ■ presente che anche a Lucca ci sono luoghi di grande valore storico. ■ che la nostra classe si è sempre comportata bene. Per favore ■ comprensivo e non ci ■ di organizzare questa gita. Ci ■ la possibilità di realizzare questo bellissimo progetto.
La preghiamo, ci ■ il prima possibile, perché abbiamo trovato un'offerta che non vorremmo perdere. La ringraziamo molto della Sua cortese attenzione.
Distinti saluti,
la classe 2ªC

2 *35–36*

A 3 Andiamo a Lucca se …

Simone è fortunato, la professoressa gli risponde subito.

Caro Simone,
la tua idea sembra piuttosto interessante, ma devi sapere questo: non ti immaginare che sia facile organizzare una gita in una città così lontana. Innanzitutto come reagiranno i tuoi compagni di classe alla tua proposta? Chiedigli cosa ne pensano! Fammi sapere se sono d'accordo, e anche se saranno

d'accordo i loro genitori (ci vogliono anche le loro autorizzazioni!). Dammi almeno tre motivi per cui dovrei portarvi a Lucca! Scrivili insieme ai tuoi compagni, discutetene e poi inviatemi la vostra risposta entro lunedì. Così vi dirò se possiamo andare a Lucca.

Ma prima di tutto rispondimi alle seguenti domande:

1. Quanti giorni volete stare a Lucca?
2. Con quale mezzo di trasporto conviene viaggiare (andata e ritorno)?
3. Quanto tempo volete passare al festival e quanto tempo ci rimarrà per i musei e per le chiese?

Insomma, informati bene su tutto prima di decidere cosa fare.

Saluti

Anna-Viviana Bardelli

+ p. 161

E 12 La risposta di Simone

Simone risponde subito a tutte le domande della sua prof. Scrivi la sua risposta usando le seguenti espressioni.

la gita | informato, -a | il motivo | il treno | l'andata | il ritorno | partecipare | compagni di classe | comportamento | bravo, -a | prenotare | genitori

E 13 Perché andare proprio a Lucca?

E7

Anche i compagni sono entusiasti della proposta di Simone. Aiutateli!
Leggete questa pubblicità e formulate altri cinque motivi per convincere la prof.

OFFERTA SPECIALE per gruppi scolastici

DUE GIORNI AL *LUCCA COMICS AND GAMES*!!!

- Visitate tutti gli stand di video-giochi e fumetti!
- Divertitevi insieme agli altri cosplayer!
- Non perdetevi la caccia al tesoro tra le mura storiche e scoprite la storia di Lucca, la città delle cento chiese!
- Partecipate al gioco per vincere una cena per tutta la classe!
- Scaricate l'app del *Lucca Comics* e sfidate la fortuna!
- Fate i selfie con i vostri eroi e le vostre eroine dei fumetti!

Luogo dell'evento: Lucca, piazza Napoleone.

IL pacchetto comprende:
VIAGGIO TRENO Roma – Lucca (andata e ritorno) + PRENOTAZIONE ALBERGO + BIGLIETTO PER IL FESTIVAL A SOLI **250,00 €** a persona

Sbrigatevi a prenotare!!!

E 14 L'imperativo con i pronomi atoni oggetto diretto o indiretto

Leggi ancora il testo A3 e raccogli tutte le forme dell'imperativo per rispondere alle seguenti domande.

1. Dove si mettono i pronomi nelle frasi con imperativi positivi? Dove si mettono nelle frasi con imperativi negativi?

2. Che cosa succede alla consonante del pronome se va combinato con un imperativo monosillabo? (fa' + mi → ■, da' + …)
Controlla le tue risposte con l'aiuto della grammatica. G *5.3.3*

E 15 Anche i genitori vogliono essere informati!

La prof è d'accordo! Si va a Lucca.

1. Prima di firmare l'autorizzazione, il padre di Simone vuole sapere tutto. Metti le forme all'imperativo usando i pronomi atoni o riflessivi adatti.

1. Andate a Lucca? ■ (dire a me) quando partite.
2. ■ (far vedere a me) alcune foto del *Lucca Comics and Games*. Incredibile!
3. ■ (mostrare le foto) anche a tua madre.
4. E quando ci vai ■ (portare a tua madre ed a me) un libro sul festival.
5. E non dimenticare la nonna. ■ (scrivere a lei) una cartolina o magari ■ (dare a lei) un colpo di telefono.
6. E sai che anche zio Alberto vuole sempre sapere dove vai in gita. Allora ■ (scrivere a lui) almeno un'e-mail.
7. E mi raccomando, ■ (comportarsi, tu) bene, anzi dico a voi tutti, ■ (comportarsi) bene.
8. ■ (dire questo) anche ai tuoi compagni.
9. Dovete sempre pensare anche ai vostri professori! Quindi non ■ (fare arrabbiare i professori) e ■ (dimostrare a loro) che sapete comportarvi bene.

- dare un colpo di telefono a qn: *jdn anrufen*
- Mi raccomando state attenti!: *Dass ihr mir ja aufpasst!*

2. Simone trova un messaggio del suo partner tedesco. Vuole raccontare del *Lucca Comics and Games* e convincere l'amico tedesco a parteciparvi anche lui. Scrivigli un'e-mail, usando anche alcuni verbi all'imperativo.

B ... e divertimento garantito!

2 37–39

B 1 Tutto rosa!

Cinque minuti prima della lezione, i ragazzi aspettano il loro prof e giocano con i loro cellulari e tablet.

Franca: Ho fatto questa foto l'anno scorso durante le nostre vacanze in un agriturismo in Toscana. Ci sono andata con i miei. Guardate quanto sono belli questi cavalli.

Paola: Fammeli vedere – ah sì, sono veramente belli.

Sandro: Voglio vederli anch'io. Passami il tuo cellulare, Franca ... Dai, passamelo!

Franca: Sì, un attimo solo. Said, potresti passarglielo?

Said: Certo. Ecco. Sandro, che ne dici?

Sandro: Sono bellissimi questi cavalli. Vado matto per i cavalli. Mi piacerebbe tanto averne uno, ma il mio papà non se lo può permettere.

Enzo: Cavalli? Ma a chi interessa? Io sono stato alla famosa Notte Rosa a Rimini. Guardate questa foto!

Said: Faccela vedere, Enzo!

Franca: Passaci il tuo cellulare!

Said: Che aspetti, vuoi passarcelo o no?

Enzo: Non ve lo passo, ma vi spedisco la foto, un po' di pazienza.

Said: È veramente mitica!

Franca: Un sogno in rosa!

Paola: Voglio vederla anch'io! Fatemela vedere! Ah sì, la famosa Notte Rosa che si festeggia su tutte le spiagge pugliesi!

Enzo: Ma no, Paola, che stai dicendo! La Notte Rosa non si festeggia in Puglia ma in Emilia-Romagna.

Paola: No, si festeggia in Puglia, te lo giuro!

Enzo: Ragazzi, Paola dice sciocchezze – diteglielo!

Said: Non c'è bisogno di litigare! Ho trovato la risposta. Ve la leggo, va bene?

Tutti: Sì, leggicela.

Said: Ecco:

- la performance (*inv.*) (teatrale): *(Theater-) Aufführung*
- il convegno: *Tagung*
- la scenografia: *Bühnenbild*

La Notte Rosa è la grande festa dell'estate in Riviera. Tutta la costa si tinge di rosa, i 110 chilometri della Riviera Adriatica dell'Emilia-Romagna sono un'esplosione di luci, suoni, immagini, colori, 110 chilometri di concerti, performance teatrali, reading, installazioni, convegni, mostre, spettacoli, magiche scenografie …

Enzo: Vedi, Paola, ho ragione io.
Paola: Mah …
Said: Niente male questa Notte Rosa. Tutti si travestono in rosa. Enzo, hai ancora altre foto? Ragazzi, guardate!

Date un po' un'occhiata a quest'altra foto! Me l'ha mandata Leon, il tedesco.

Enzo: Ah, quello del progetto eTwinning. Chi è questo pazzo?
Franca: Fammela vedere Said, voglio darci un'occhiata anch'io! Che buffa, ma non è della Notte Rosa!!!
Said: Infatti, è una foto fatta al carnevale di Colonia. Leon ci va tutti gli anni. Sapete che il carnevale di Colonia è famosissimo, se ne parla in tutto il mondo.

In questo momento arriva il prof …

2 37–39

E 1 Chiacchiere prima della lezione

E1, E2

1. I compagni di classe ascoltano la conversazione dei ragazzi, ma non riescono a capire tutto.
Da quali frasi si capisce

1. di che attività parlano i ragazzi mentre aspettano il prof?
2. che cosa c'è sul cellulare di Franca?
3. che ci sono studenti a cui piacciono cavalli e a cui non piacciono?
4. dove si festeggia la Notte Rosa?
5. quando ha luogo?
6. perché è famosa la Notte Rosa?
7. dov'è andato Leon?
8. che i ragazzi trovano strano l'aspetto di Leon?

Cerca le frasi e indica le righe dove le hai trovate.

2. Anche a te piacerebbe andare alla Notte Rosa, i tuoi genitori invece non sono ancora convinti. In gruppi di tre raccogliete argomenti pro e contro una gita per vivere quest'esperienza. Preparate poi un dialogo da presentare in classe.

G

E2 I pronomi combinati

Nel testo B1 trovi pronomi combinati come quelli inseriti nella seguente tabella. G 5.4

1. Copia la tabella. Poi cerca nel testo pronomi combinati e inseriscili nella tabella.

2. Guarda le forme trovate: come si formano i pronomi combinati? A che cosa bisogna fare attenzione?

3. Usa la tua logica e completa la tabella.

4. Dove vengono messi i pronomi combinati nella frase?

	lo	la	li	le	ne
mi	*me lo*	■	■	■	*me ne*
ti	■	■	■	■	■
gli le	*glielo*	■	■	■	■
ci	■	■	■	■	■
vi	■	■	■	■	■
si	■	■	■	■	■

+ p. 162

E3 Le chiacchiere continuano

Mentre i ragazzi aspettano il prof, chiacchierano nell'aula. Rispondi alle domande mettendo i pronomi combinati.

1. Simone: Said, mi leggi il testo sulla Notte Rosa? – Said: Sì, ...
2. Simone: Franca, mi fai vedere la foto dei cavalli? – Franca: Sì, ...
3. Loredana e Fabrizio: Sandro, ci mostri i cavalli sullo schermo? – Sandro: Sì, ...
4. Luigi: Said, mi presti il materiale sul carnevale di Colonia? – Said: Sì, ...
5. Carlo: Said, mi elenchi tutte le città dove si festeggia la Notte Rosa? – Said: No, ... leggi da solo!
6. Claudio e Luciano: Said, ci fai vedere la foto di Leon? – Said: Sì, ...
7. Carlo: Sandro, puoi far vedere le foto del tuo telefonino a Said? – Sandro: Sì, ...
8. Said e Federica: Tiziana, spiega a Luigi e Carlo come funziona il carnevale di Colonia? – Tiziana: Sì, ...

E4 Quanti desideri!

E3

1. Di solito i ragazzi parlano in modo cortese – siate cortesi anche voi, usate il condizionale e i pronomi doppi!

Modello: Prof, ci mancano le informazioni e vorremmo averle. (dare)?
Prof, ci mancano le informazioni e vorremmo averle. Potrebbe darcele?

1. Enzo: Franca, il tuo cellulare è stupendo! Vorrei vederlo. ■ (passare)?
2. Said, trovo interessante questo festival e vorrei saperne di più! ■ (parlare)?
3. Ragazzi, ci piace molto questa musica! Vorremmo ascoltarla. ■ (far ascoltare)?
4. Said, secondo me questo link è pazzesco e vorrei averlo anch'io. ■ (mandare)?
5. Franca e Tiziana: Paola, questi video sono bellissimi! Vorremmo tanto vederli. ■ (mostrare)?
6. Said e Enzo, queste informazioni sono importantissime per Sandro e Carlo! Voi avete i loro indirizzi e-mail. ■ (mandare)?
7. Franca e Sara, Paola e Loredana non capiscono il senso della festa. ■ (spiegare)?
8. Enzo, gli spettacoli teatrali che hai visto ci sembrano mega! Vorremmo saperne di più. ■ (parlare)?

2. Ma ci sono anche giorni in cui i ragazzi sono un po' meno cortesi. Fate delle frasi usando l'imperativo.

Modello: Prof, ci mancano le informazioni! Ce le dia!

3. Sceglietevi una situazione: siete o in cucina per cucinare qualcosa insieme o a casa facendo le valigie insieme. Ognuno di voi formula cinque domande in modo cortese. Rispondete a turno. Poi riformulate le domande in modo meno cortese.

E5 La Notte Rosa presentata ai tedeschi

Enzo vuole presentare la Notte Rosa ai tedeschi e sta già navigando in internet. Mentre gli altri stanno ancora discutendo, trova un articolo abbastanza informativo. Comincia subito a controllare se le sue info corrispondono a quelle di cui parla l'articolo. Riassumi in italiano le informazioni più importanti dell'articolo.

"Prosciutto cotto? Finito tutto!" Gekochter Schinken? Ausverkauft! Emanuele Buratta schüttelt den Kopf. Auch Scampi sind in seinem kleinen Alimentari-Geschäft an Riminis Strandpromenade längst ausverkauft. Heiße Nachfrage nach zwei Produkten, für die es in normalen Zeiten keinerlei Nachschubprobleme gibt.

Doch während der Notte Rosa, der rosa Nacht, ist alles anders. […] Nach dem Essen geht es an den Strand oder auf die Promenaden, um eine Art Spring Break auf Italienisch zu feiern. Ausgelassen, lebensfroh, fröhlich, bis in den Morgen hinein.
Die rosa Nacht ist ein gigantisches Sommerfest an der Küste der Emilia-Romagna. Es dürfte sich um das größte Strandfest in Italien handeln. Vor allem in den Touristenhochburgen Cesenatico, Riccione und Rimini, welches im Zentrum der Feierlichkeiten steht. Hunderte Events steigen entlang des über hundert Kilometer langen Küstenstreifens. Konzerte, Partys, Film- und Theateraufführungen, Feuerwerke.

Sie alle widmen sich der pastelligen Farbe und ihrer Bedeutung: Liebe, Schönheit, Leidenschaft. „Das Fest ist vor allem den Frauen gewidmet“, sagt Andrea Gnassi, der Erfinder der Notte Rosa.

10 000 rosa Liegestühle wollen die Veranstalter dieses Jahr an den Stränden entlang der Küste platzieren. Busfahrer der städtischen Verkehrsbetriebe werden rosa Schleifchen an den Scheibenwischern ihrer Vehikel anbringen, Badegäste rosa Badekappen überstülpen. Eisdielenbesitzer werden rosa Eisbecher auffahren, Barmänner rosa Drinks mixen und Restaurant-Chefs rosa Menüs kredenzen. Sogar das Piadina, ein Fladenbrot, das an jeder Ecke angeboten wird, leuchtet rosa. [...]

Tausende Straßenlaternen werden in den Boulevards und Einkaufsstraßen rosa schimmern, zig Hotels und Pensionen mit rosa Scheinwerfern angestrahlt. Sogar die üppige Fassade des legendären Grand Hotels Rimini wird für eine Nacht im Jahr in Rosa getaucht. Der weiße, altehrwürdige Zuckerbäckerbau ist eine Adria-Institution, der Inbegriff eines mondänen, mediterranen Jet-Set-Urlaubs – und Schauplatz einiger Filme von Federico Fellini. Der berühmte Regisseur wurde in Rimini geboren. Einer seiner bekanntesten Filme stellt das Motto der diesjährigen Notte Rosa: *La Dolce Vita.* [...]

da: Spiegel online http://www.spiegel.de/reise/europa/fest-an-der-adria-machos-im-rosa-rausch-a-701968.html, Martin Cyris 24.06.2010

2 40–41

E6 Sempre divertimenti!

E4

Mentre i ragazzi stanno ancora chiacchierando, entra il Prof. Ghilliardi. Ascolta la conversazione e finisci le seguenti frasi.

1. Al prof non piace tanto quello che risponde Franca perché lei ...
2. Gli studenti devono mettere via i loro cellulari e tablet perché ...
3. Alcuni studenti si preoccupano perché ...
4. Enzo e Said non hanno problemi perché ...
5. Sandro ha bisogno di aiuto perché ...
6. Paola fa ridere tutti perché ...

G

E7 Le espressioni impersonali senza preposizione

E5

1. Nell'esercizio 6 hai sentito le seguenti frasi. G 5.5

Prof: Bisogna portare avanti il nostro progetto eTwinning. Per finirlo presto è necessario continuare a lavorare in gruppo.
Prof: Conviene presentarglieli in modo comprensibile.
Prof: Secondo me occorre scegliere qualcosa che piaccia anche a voi.
Enzo: È possibile presentare la Notte Rosa?

Le espressioni sottolineate sono espressioni impersonali. Sono usate senza preposizione. Che cosa significano? Riformula le frasi sostituendo le espressioni impersonali con parole tue.

Modello: <u>Bisogna</u> portare avanti il nostro progetto eTwinning. –
Dobbiamo portare avanti il nostro progetto eTwinning.

2. Formula consigli con le seguenti espressioni per una presentazione perfetta.

(non)	bisogna	scegliere un tema troppo difficile
	è possibile	essere chiari
	è facile	usare parole sconosciute
	è necessario	parlare in modo troppo veloce
	è interessante	entrare troppo nel dettaglio
	conviene	guardare gli ascoltatori
	occorre	trovare materiale interessante
	è utile	essere nervosi
	…	…

2 *42*

B2 Prima il divertimento, poi il lavoro

Dopo la scuola Paola e Franca fanno shopping.

Paola: È stata un'ottima idea fare un po' di shopping prima di andare a casa di Sandro!

Franca: Certo, prima di lavorare bisogna divertirsi un po'. A Sandro non sarebbe piaciuto per niente il nostro giro, si sarebbe annoiato, avrebbe brontolato, insomma ci avrebbe dato fastidio. Non avremmo potuto divertirci.

• brontolare: *murren*

Paola: E senza di lui abbiamo trascorso un bel pomeriggio chiacchierando e ridendo.

Franca: Sì, andando in città con te, mi rilasso sempre molto. Talvolta è davvero necessario girare un po' in centro.

Paola: Vale anche per me, ma occorre non dimenticare il lavoro, mi vengono già adesso dei rimorsi. Su, andiamo da Sandro. Chissà, forse avrà già cominciato il lavoro.

• valere: *wert sein; gelten*

Franca: E con un po' di fortuna avrà già finito la nostra relazione.

Paola: Non esagerare. Ma se non ci sbrighiamo ci chiamerà e noi siamo ancora qui dentro.

Franca: Allora su! Così saremo già quasi arrivate quando ci chiamerà.

42

E8 Shopping, bar e ... lavoro

1. Ascolta la conversazione.

Dopo il primo ascolto
Riassumi il contenuto del testo con l'aiuto dei seguenti elementi.

Paola e Franca | fare shopping | rimanere a casa | Sandro | chiacchierare | brontolare | divertirsi | annoiarsi | trascorrere un bel pomeriggio | paure e speranze delle due ragazze

Dopo il secondo ascolto
Trova le risposte giuste: quali espressioni usano le ragazze per dire che

1. è necessario divertirsi?
2. non dobbiamo dimenticare?
3. non sarebbe stato possibile divertirci

2. Le ragazze dicono che "si sarebbe annoiato" e che "avrebbe brontolato". Secondo il contesto, che forme sono? Che cosa esprimono? Pensando ad altre lingue che conosci (per esempio il francese) sai dire come si formano? Controlla i tuoi risultati con l'aiuto della grammatica. G 5.6

+ p. 162

E9 Che rimorsi

E6

1. Dopo lo shopping Paola e Franca sono stanche, stanno aspettando l'autobus. Parlando tra di loro iniziano ad avere dei rimorsi ... Completate le frasi e mettete le forme del condizionale composto.

sbrigarsi | ordinare qualcos'altro | invitare qualcuno a venire | risparmiare di più | fare una scelta diversa | andare in un altro negozio | passarci | rinunciare

1. Ho comprato tre borse. Forse ...
2. Abbiamo speso tanti soldi. Forse ...
3. Sandro è solo a casa, probabilmente si annoia. Forse ...
4. Abbiamo trascorso tre ore in città. Forse ...
5. Hai bevuto tanto caffè ... Adesso ti senti nervosa. Forse ...
6. Ho mangiato due gelati e tre dolci ... Forse ...
7. Nel mio negozio preferito gli occhiali da sole che mi piacciono da morire non si vendono più. Forse ...
8. Non siamo andate da Borelli, però hanno accessori di moda in offerta ...

2. Ci sono situazioni in cui anche voi avreste voluto o avreste dovuto fare una scelta diversa?
In coppia trovate tre situazioni, poi esponetele alla classe.

Esempi: aiutare un compagno, alzarsi più presto, ascoltare quello che dicono i genitori

E 10 Le forme del futuro anteriore

Nel testo hai incontrato alcune forme del futuro anteriore. Elencale. Partendo da altre lingue che conosci, puoi dire come si formano? E che cosa esprimono? Formula la regola e poi controllala con l'aiuto della grammatica. G 5.7

E 11 Sogni ad occhi aperti

E7

1. Sandro non è l'unico a cui piacciono tanto i cavalli. Mentre Paola e Franca si divertono in città, Said è sdraiato sul suo letto, ascolta musica e sogna ad occhi aperti. Completa le frasi usando forme del futuro anteriore.

Said: I cavalli mi piacciono tanto – da grande vorrei lavorare con i cavalli.

1. Quando ■ (arrivare) la fine di quest'anno scolastico, andrò in un posto dove si può imparare ad andare a cavallo.
2. Quando ■ (arrivare) in quel posto, sceglierò il cavallo più bello.
3. Quando ■ (scegliere) il cavallo più bello, farò subito grandi progressi.
4. Quando ■ (imparare) i movimenti più importanti, qualcuno scoprirà il mio talento e la squadra nazionale mi accetterà come membro.
5. Quando la squadra nazionale ■ (accettare) come membro, parteciperò a tante gare importanti e vincerò tante medaglie per l'Italia.
6. Quando ■ (vincere) tante medaglie, la gente mi adorerà.
7. Quando ■ (diventare) famoso, guadagnerò tanti soldi.
8. Quando ■ (guadagnare) tanti soldi, potrò comprare un cavallo solo per me e sarò la persona più felice al mondo.

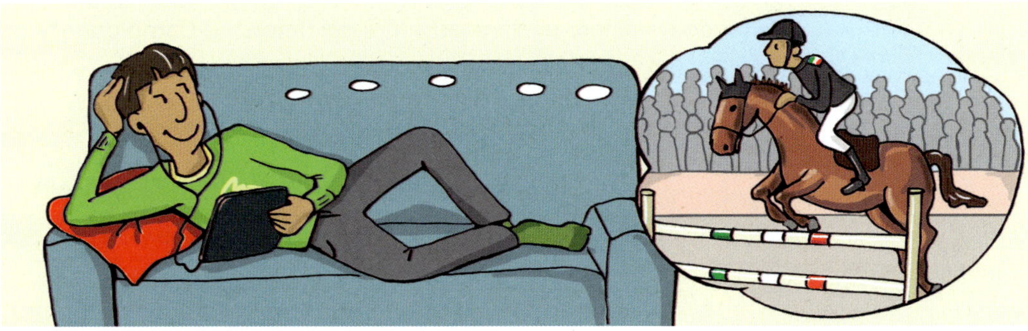

2. Quali sono i sogni dei tuoi compagni di classe?
In due scegliete un compagno di classe ed inventate un sogno per lui/lei. Presentateglielo. Come reagirà?

+ p. 163

E 12 Per strada

Mentre Paola e Franca stanno andando a casa di Sandro per preparare la loro relazione sul Palio, parlano dei progetti futuri. Inserite i seguenti verbi al posto giusto.

sarebbe stata | avremmo potuto scegliere | incontrerò | piacerebbero | avrei potuto comprare | avresti dovuto dirmelo | sarò tornata | sarebbe dispiaciuto | andremo | avremo finito | avrebbe perdonato

Paola: Stasera, quando ■ la nostra relazione, mi ■ con Enzo e Said. ■ in discoteca – vuoi venire anche tu?
Franca: Mi piacerebbe tanto, ma non posso. Devo aiutare mia madre a preparare la festa di compleanno di mio fratello. Appena ■ a casa, dovrò fare la spesa, mettere in ordine il salotto, pulire il bagno …
Paolo: Poverina! Questi lavori non mi ■ proprio!
Franca: Beh, è chiaro! Non piacciono neanche a me, ma non ci posso fare niente. A mio fratello ■ non avere una festa.
Paola: Sì, certo, si capisce. Un compleanno senza festa – che compleanno è?
Franca: Mio fratello non ci ■ mai.
Paola: Hai già un regalo per lui?

• Accidenti!: *Verflixt!*

Franca: No! Accidenti!! L'ho completamente dimenticato! ■ qualcosa per lui nel suo negozio preferito.
Paola: ■ prima!
Franca: Insieme ■ un bel regalo per lui.
Paola: Sì, ■ un'occasione perfetta.
Franca: Hai ragione. Ma adesso è troppo tardi.
Paola: Sì, è troppo tardi. Sandro ci aspetta già.

E 13 Le ragazze arrivano a casa di Sandro …

Paola e Franca arrivano da Sandro. Completate il dialogo con forme del condizionale (semplice o composto).

Franca: Ciao, Sandro, eccoci qua.
Sandro: Finalmente. Dove siete state?
Paola: Siamo state in tanti negozi – a te non ■ (piacere).
Franca: No, Paola ha ragione. Tu ■ (annoiarsi).
Paola: Sì, ■ (cominciare) a lamentarti.

• dare sui nervi: *auf die Nerven gehen*

Franca: Ci ■ (dare sui nervi).
Paola: Ci ■ (rovinare) tutto.
Sandro: Ma …
Franca: Ci ■ (piacere) andare ancora in tanti altri negozi, ma non volevamo farti aspettare più a lungo.
Sandro: Ma …
Paola: Sì, ■ (essere) molto scortese farti aspettare di più.
Sandro: Boh …
Franca: Infatti, ■ (dovere comprare) ancora un regalo di compleanno per mio fratello.
Paola: Ma ci abbiamo rinunciato a causa tua.
Sandro: A causa mia??? ■ (non dovere arrivare) così presto!
Paola: Lo dici adesso!
Sandro: ■ (potere rimanere) in città a divertirvi e a spendere tanti soldi.
Franca: ■ (essere) utile saperlo prima!
Sandro: E adesso, ci mettiamo al lavoro!

E 14 Il palio!

Sandro, che va matto per i cavalli, si informa sul Palio di Siena.

E8, E9

Il Palio di Siena è una manifestazione a livello internazionale: si tratta di una corsa di cavalli di origine medievale. La parola "palio" deriva dal latino "pallium", che significa "bandiera" o "drappo". È un pezzo di stoffa prezioso che viene dato in premio al vincitore. La corsa si svolge due volte all'anno: il 2 luglio, il giorno della festa della Madonna di Provenzano e il 16 agosto, il giorno dopo la festa dell'Assunzione. Lo spettacolo ha luogo in Piazza del Campo a Siena, una piazza a forma di conchiglia.

Tutta la città di Siena è suddivisa in contrade. Le contrade sono parti della città i cui abitanti – i contradaioli – si conoscono e si stimano molto. I Senesi sono prima di tutto cittadini delle loro contrade, poi di Siena. In contrada ci si incontra, ci si aiuta, c'è un legame intenso – quasi come in famiglia. Le singole contrade hanno nomi particolari: *1) Aquila, 2) Bruco, 3) Chiocciola, 4) Civetta, 5) Drago, 6) Giraffa, 7) Istrice, 8) Leocorno, 9) Lupa, 10) Nicchio, 11) Oca, 12) Onda, 13) Pantera, 14) Selva, 15) Tartuca, 16) Torre, 17) Valdimontone.*

- il contradaiolo: *Mitglied einer der 17 Contrade (Stadtviertel Sienas)*

Purtroppo, non tutte le contrade possono partecipare al Palio. La scelta delle contrade che hanno il diritto di partecipare è stabilita da un regolamento ben chiaro: le sette contrade che sono state escluse l'anno precedente possono correre di diritto, altre tre contrade vengono estratte a sorte. Prima della corsa non solo i fantini, ma anche i cavalli, vengono benedetti in chiesa. È un'azione che attira innumerevoli turisti e curiosi.

- il fantino: *Jockey*

La corsa dura 90 secondi, è una corsa molto pericolosa. I cavalli devono correre e fare tre giri in Piazza del Campo con i loro cavalieri che vengono chiamati i fantini. I fantini cavalcano senza sella; però sono forniti di una frusta per incitare il cavallo e per colpire i loro contraenti. Per questo motivo portano un elmetto metallico.

Vince la contrada il cui cavallo finisce per primo i tre giri. Basta che arrivi il cavallo – con o senza il suo fantino, ma con la spennacchiera. La contrada il cui cavallo arriva secondo però è considerata perdente. Se è vero che i contradaioli si comportano tra di loro come una grande famiglia, è anche vero che c'è un'enorme rivalità tra le diverse contrade.

Nella contrada vincitrice i contradaioli organizzano una grande festa. Durante le cene le tavolate possono arrivare a una lunghezza di 250 metri. Il loro cavallo viene decorato con i colori della contrada. Per festeggiare la vittoria i maschi di una contrada si mettono un ciuccio in bocca, le femmine se lo tengono legato al collo.

- il ciuccio: *Schnuller*

1. Dopo la lettura Sandro riflette sul testo.

1. Il Palio di Siena è una festa a. d'origine latina. b. d'origine medievale. c. d'origine italiana.	2. Le contrade sono importanti per Siena perché a. ce ne sono 17 con nomi particolari. b. sono parti della città. c. sono tutte uguali.
3. Al Palio partecipano a. sempre le stesse contrade. b. ogni anno nuove contrade. c. solo le contrade che lo desiderano.	4. I fantini a. sono forniti di oggetti particolari. b. non sono forniti di oggetti particolari. c. possono scegliere cosa portare con sé.
5. Per festeggiare la loro vittoria i contradaioli si mettono dei ciucci a. in bocca e al collo. b. intorno al braccio. c. nei capelli.	

2. Leggi il testo e controlla: come viene espressa l'idea che …

1. … il Palio di Siena è già molto antico?
2. … il premio, cioè il pezzo di stoffa ha un grande valore?
3. … Piazza del Campo fa pensare a una conchiglia?
4. … a Siena ogni contrada della città è chiamata in modo diverso?
5. … partecipare al Palio non è lasciato al caso?
6. … la scelta delle contrade che possono partecipare non può essere influenzata da nessuno?
7. … i fantini hanno un equipaggiamento preciso?
8. … tutte le contrade vogliono assolutamente vincere?

• l'equipaggiamento: *Besatzung, Mannschaft*

3. Secondo te sarà contento o no Sandro dopo la lettura del testo? Giustifica la tua risposta.

2 *43–45*

E 15 Intervista con Andrea Mari, fantino famoso

1. Ascoltate il testo e dite se le affermazioni sono vere o false.

1. La prima vittoria di Andrea Mari è al Palio di Siena.
2. L'atmosfera nella stalla ha fatto nascere in Andrea la voglia di andare a cavallo.
3. Andrea ha bisogno del sostegno di altre persone per fare il suo lavoro di fantino.
4. Per allenare i cavalli ha un personal trainer.
5. Durante la corsa Andrea pensa a quello che ha imparato durante il suo allenamento.
6. La vittoria della corsa è dovuta solo al fantino e al cavallo.
7. Una giornata tipica di Andrea prevede oltre il lavoro con i cavalli anche il suo allenamento.
8. Nel Palio Andrea vede una rappresentazione della vita in generale.

• il sostegno: *Unterstützung*

2. Quali tre domande vorreste fare voi ad Andrea Mari?

6 La riscoperta della lettura

Dimmi che leggi e ti dirò chi sei!

Leggere ti fa crescere
(più delle pizze!)

prima della lettura

Leggere rende il tuo vocabolario più ricco, modifica la tua espressione creativa e rende anche la conversazione molto più affascinante.

- squisito, -a: *erlesen, exquisit*

dopo la lettura

Grazie ai libri puoi provare un sacco di emozioni come:

"Attrezzatura per leggere un libro molto triste senza annegare nelle lacrime"

- annegare: *ertrinken*

Ci sono dei libri che ti rendono più interessante agli occhi dei tuoi amici.

E 1 Gusti di lettura

E1, E2

1. Siete d'accordo con questi argomenti? Quale vi piace di più? Quali sono gli altri vantaggi della lettura?

2. Romanzi, racconti, gialli, poesie, fumetti … che cosa preferite leggere e perché? Scegliete uno dei seguenti temi e poi create un poster.

   Poster A: Presentiamo il libro ideale!
   Poster B: La nostra poesia per voi!
   Poster C: Ecco, il SUPERLETTORE/la SUPERLETTRICE!

2 *46–47*

3. Vi piacciono i film tratti dai libri? Ascoltate la discussione tra Elisa e Simone, raccogliete i loro argomenti e poi scambiate idee con il partner: preferite leggere il libro o vedere il film?

4. Quali sono gli eroi o le eroine della vostra infanzia? Chi vi ha fatto sognare? Forse anche qualche personaggio della letteratura italiana?

! Am Ende dieser Lektion kannst du
- Literatur besser verstehen.
- über Gelesenes sprechen und deine Meinung dazu äußern.
- Inhalte gezielter in eigenen Worten wiedergeben.
- komplexe Hypothesen aufstellen und von Träumen erzählen.

A Scuola + leggere = piacere

2 48–50

A 1 Un prof sognatore!

Ciao Elisa, come va? Ma che fine hai fatto?
Xké non ti fai più sentire? Che cos'è successo? 3:06 pm

Oh, ciao Max! Che bella sorpresa ;-)
Non ti preoccupare. Tutto a posto.
Sto leggendo un libro interessantissimo!
Aspetta, te ne mando un brano. 3:19 pm

- palloso, -a (ugs.): *langweilig*
- mollare la presa: *nachgeben, aufgeben*
- l'espirazione: *Ausatmen*

È il Sognatore. Merda. Ci mancava solo questa. [...]
"Salve, prof, cosa ho fatto?" [...]
Sorride.
"Ho deciso di passare a trovarti, magari ti andava di finire il discorso dell'altro giorno."
Ecco, lo sapevo. I prof sono prof fino alla morte, devono farti la lezione anche sotto casa tua.
"Prof, lasciamo perdere il discorso dell'altra volta..." [...]
"Andiamo a prendere un gelato."
Mi sorride. Sì, ha detto così: *un ge-la-to.*
I prof mangiano il gelato. Sì, i prof mangiano il gelato e si sporcano la bocca come fanno tutti gli altri.
"Il suo blog è bello, a volte un po' troppo filosofico, ma quando posso lo leggo."
Il prof ringrazia continuando a leccare il suo gelato al pistacchio e al caffè – soliti gusti pallosi da prof – e mi ricorda Terminator che lecca le mie scarpe da tennis.
"Allora, cosa ti è successo l'altro giorno?"
Lo sapevo che non mollava la presa. I prof sono come i boa, ti si arrotolano attorno quando sei distratto, poi aspettano che butti fuori l'aria e stringono, e a ogni espirazione stringono di più, [...].
"Ma a lei che gliene importa, prof?"
Il Sognatore mi guarda fisso negli occhi.
"Forse avevi bisogno di una mano, di un consiglio ..."

da: Alessandro D'Avenia, *Bianca come il latte rossa come il sangue,* Milano: Mondadori 2010, p. 143–144

E 1 Prof per sempre!

+ p. 163

E3

1. Il testo spiega come sono i prof. Cerca le frasi che esprimono le seguenti informazioni e indica anche le righe in cui le trovi.

Modello: I prof non ti lasciano mai in pace. – "Lo sapevo che non mollava mai la presa." (r. 23)

I prof rimangono prof per sempre. Anche i prof possono essere curiosi.
I prof non mangiano in modo strano. I prof devono sempre spiegare tutto a tutti.
I prof amano anche aiutare gli altri.

2. Come sono i vostri prof? Siete d'accordo con le frasi dell'autore?

3. "I prof sono come i boa, ..." Fate un paragone secondo questo modello e esprimete la vostra opinione su momenti di vita quotidiana. Iniziate così: "Secondo me i prof ..."

E2 Il discorso indiretto del passato

E4 La chat continua.

Un po' strano questo dialogo tra Leo e il prof, non trovi? Il prof ha proposto di andare a prendere un gelato. I miei prof non mi invitano a prendere un gelato. *3:35 pm*

Beh, hai ragione, un prof non viene a trovarti a casa! Comunque voleva continuare con Leo il discorso del giorno prima. Forse il prof pensava che avesse bisogno di aiuto per risolvere un problema! *3:37 pm*

Ma Leo ha pregato il prof di lasciar perdere il discorso della volta precedente. Quindi è chiaro che non gli andava di parlarne, no? *3:42 pm*

1. In questa discussione trovi frasi al discorso indiretto che si riferiscono a delle frasi nel testo A1. Trovale e abbinale alle frasi correspondenti. Non dimenticare di indicare la riga!
2. Guarda bene le frasi: quali cambiamenti noti tra le frasi al discorso diretto e quelle al discorso indiretto? Formula la regola e controlla la tua teoria con l'aiuto della grammatica. G 6.1.
3. + p. 164 Metti al discorso indiretto tutte le altre frasi al discorso diretto che trovi nel testo A1.

E3 Un prof come scrittore? Ma chi è questo D'Avenia?

Elisa e i suoi compagni di classe preparano un incontro con l'autore e iniziano a fare una ricerca su di lui.

1. Fai un identikit di D'Avenia usando la seguente immagine.
2. Scrivi una breve biografia sul giovane autore.
3. Disegna ora la tua biografia come nell'esempio.

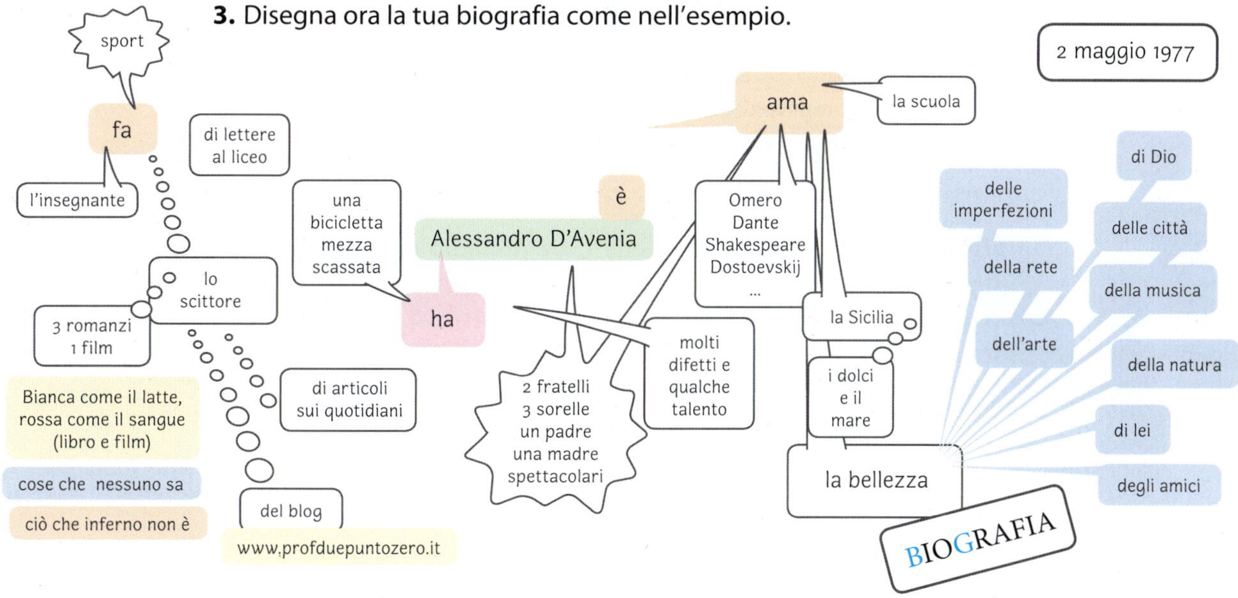

E4 Intervista con D'Avenia

E5–7 Max voleva sapere di più sul libro e sul suo autore e ne ha parlato anche con i compagni di classe. Insieme hanno mandato un'e-mail a D'Avenia. Ecco la risposta dell'autore.

inviare | stampare | allegare

A: yannikS@gmx.de
Oggetto: R: Domande all'autore

Cari amici tedeschi,

grazie per le vostre domande! Sono molto contento che i miei libri siano letti anche da voi!

Ecco le mie risposte:

1. Questa non è una domanda difficile, proprio ieri ho finito nuovamente di leggere l'Odissea di Omero.
2. Una domanda facile, perché vita e morte sono gli unici temi che non mi annoiano.
3. Non veramente, comunque c'è sempre un po' dello scrittore in ogni personaggio.
4. Entrambi in modo eccitante. Sarebbe falso dare un'altra risposta.
5. Insegno naturalmente!
6. Non so se oggi scriverò. Da una settimana sono piuttosto pigro.
7. I miei consigli? Scrivere, scrivere, scrivere – non avere mai paura! E soprattutto leggere moltissimo.
8. Sì, ma questo è ancora un segreto. Forse ne sentirete parlare presto.

A presto,
Alessandro D'Avenia

+ p. 164 **1.** Che cosa gli hanno chiesto i ragazzi tedeschi? Formula le domande che loro gli hanno fatto sul suo blog www.profduepuntozero.it.

Senden | Drucken | Anhang

An: alessandrodavenia@profduepuntozero.it
Betreff: Domande all'autore

Caro Professor D'Avenia,

siamo un gruppo di studenti tedeschi e amiamo molto i Suoi libri. Sarebbe bello sapere un po' di più su di Lei e sul Suo lavoro.

1.
2.
3.
…

(http://www.leggereacolori.com/libri/interviste/alessandro-davenia/)

2. Max chatta con Elisa e le racconta subito dell'e-mail dell'autore. Che cosa dice? Metti le domande dei tedeschi e le risposte dell'autore al discorso indiretto.

2 *51–52*

A2 Leggere non è sempre una tortura!

Max sta facendo i compiti di tedesco. Che noia! Per fortuna Elisa è online su Skype.

Max: Salve, tutto a posto? Cosa fai? Io sto facendo i compiti, ma non ne posso più.

Elisa: A chi lo dici! Anch'io devo ancora finire i compiti, però non ci sono con la testa. Sto pensando a Leo.

Max: Ah, peccato che non ho letto il romanzo quando ero in Italia. Se tu me lo avessi proposto prima, avremmo potuto leggerlo insieme.

Elisa: Eh sì, sarebbe stato molto bello. E se Cinzia ci avesse visto? Che dici, cosa avrebbe fatto?

Max: Non ce l'avrebbe mai perdonato. Brr. Comunque se avessi saputo che esistono libri pazzeschi come questo, avrei iniziato prima a leggere …

Elisa: Ma va! Secondo me, se tu pensi ai libri, pensi alla scuola, ed è per quello che non ami i libri e preferisci cose che ti divertono di più. Se ti vedono leggere un libro, ti dicono subito che sei un secchione, vero?

Max: Ma se da bambino i miei genitori mi avessero visto più spesso leggere un libro, sarebbero stati felicissimi! Hai ragione però … Leggere libri per la scuola non mi piace per niente! E se Goethe e Dante avessero saputo che i loro libri sarebbero diventati una tortura per gli studenti, non li avrebbero sicuramente scritti!

Elisa: Ma dai! Anche i classici sono importanti! Senti qua! *Nel mezzo del cammin di nostra vita mi ritrovai per una selva oscura, ché la diritta via era smarrita.* Oppure: *Silvia, rimembri ancora quel tempo della tua vita mortale, quando beltà splendea negli occhi tuoi ridenti e fuggitivi;* per non dimenticare: *Quant'è bella giovinezza che si fugge tuttavia! Chi vuol esser lieto, sia: del doman non c'è certezza.*

Max: Ehi! Basta, basta! Ma le conosci proprio tutte! Comunque se fossi rimasto ancora un anno a Roma, avrei capito anche il contenuto delle citazioni.

Elisa: Beh! Chiaro! Magari torni presto o studi un po' di più ;D!

E5 È chiaro, Max?

Secondo te, Max ha capito tutto quello che ha detto Elisa? Da quale frase capisce che Elisa

1. … deve ancora finire i compiti e non riesce a concentrarsi? (■, r. ■)
2. … pensa che il suo vero problema non sia la lettura ma la scuola? (■, r. ■)
3. … lo sta prendendo in giro per la sua paura dei commenti dei compagni di classe? (■, r. ■)
4. … ha un po' di rimorsi nei confronti di Cinzia? (■, r. ■)
5. … ama anche la letteratura del passato? (■, r. ■)

• nei confronti di: *gegenüber*

E6 Chi l'ha detto?

Nel testo A2 trovi tre citazioni di autori molto famosi.

1. Collegate le frasi con le immagini
1. Nel mezzo del cammin di nostra vita mi ritrovai per una selva oscura, ché la diritta via era smarrita.
2. Silvia, rimembri ancora quel tempo della tua vita mortale, quando beltà splendea negli occhi tuoi ridenti e fuggitivi,…
3. Quant'è bella giovinezza che si fugge tuttavia! Chi vuol esser lieto, sia: del doman non c'è certezza.

2. Formate gruppi di tre persone, ognuno all'interno del gruppo sceglie uno dei tre autori e fa una breve ricerca in internet su di lui. Poi presentate i tre autori alla classe.

E7 Il periodo ipotetico III

Se tu me lo avessi proposto prima, avremmo potuto leggerlo insieme.
… se io fossi rimasto ancora una anno a Roma, avrei capito meglio anche le tue citazioni.

Queste frasi del testo A2 sono formulate al periodo ipotetico III.

1. In queste frasi si usa il trapassato congiuntivo. Come si forma questo modo? Scrivi la coniugazione di "avessi proposto" e "fossi rimasto" nel quaderno. G 6.2
2. Cerca nel testo A2 altre frasi al periodo ipotetico III ed elencale indicando anche la riga.
3. Guarda le frasi e decidi: come si forma il periodo ipotetico III? Che cosa esprime? Formula una regola e confrontala con la grammatica. G 6.3

E8 Che cosa ha detto Max?

E8 Elisa scrive nel suo diario. Abbina le frasi.

1. Se Max avesse saputo che esistono libri pazzeschi come questo,	a. sarebbero stati felicissimi.
2. Se gli avessi proposto di leggere il libro prima,	b. non li avrebbero sicuramente scritti.
3. Se i suoi genitori lo avessero visto leggere un libro,	c. non gli piace per niente.
4. Se deve leggere libri per la scuola,	d. avrebbe capito meglio le mie citazioni.
5. Se Goethe e Dante avessero saputo che i loro libri sarebbero diventati una tortura per gli studenti,	e. avremmo potuto leggerlo insieme.
6. Se fosse rimasto ancora un anno a Roma,	f. avrebbe iniziato prima a leggere.

E9 Che brutta giornata!

• andare storto: *schief gehen*

Elisa è stanchissima. Ogni cosa va storta! Oggi tutti i suoi compagni di classe si incontrano a casa di Tiziana per guardare il DVD di "Bianca come il latte, rossa come il sangue", però … Completa le frasi con la forma giusta.

1. Se stamattina la mamma ■ (preparare) la colazione per me, ora non ■ (avere) tanto sonno.
2. ■ già ■ (arrivare) se non ■ (perdere) l'autobus.
3. Se i miei genitori ■ (sapere) che ero in ritardo, mi ■ (dare) un passaggio.
4. Se non ■ (dimenticare) di prendere l'ombrello, non ■ (bagnarsi) molto.
5. Se il cellulare ■ (essere) ancora carico, ■ (potere) chiamare i compagni di scuola.
6. ■ (essere) più divertente se ■ (potere) chiacchierare con qualcuno.

E 10 Mi dici che c'è scritto?

Max ed Elisa continuano a chattare sul romanzo di Alessandro D'Avenia.

Che libro pazzesco. Sai ke ho trovato due recensioni tedesche? *4:06 pm*

Davvero? Su, cosa dicono di Leo? Gli piace il superprof sognatore? Sono rimasti anche loro poco entusiasti delle ragazze del libro? *4:13 pm*

Ecco le recensioni tedesche che Max ha trovato in internet. Scrivi la risposta di Max (in italiano!) usando circa 150 parole.

Leo ist eigentlich ein typischer Junge. Seine Deutschlehrerin sagt, seine Texte seien unglaublich schlecht, ich aber behaupte das Gegenteil.
Die komplette Geschichte erscheint einem wie ein Traum, was ganz sicher am Schreibstil liegt. Trotzdem ist die Story nicht romantisch, dafür gibt es zu viel Umgangssprache.
Genau das macht mir Leo so sympathisch, er ist von Grund auf ehrlich. Aber nicht immer habe ich Leo verstanden. Er ist unsterblich in Beatrice verliebt, aber er hat noch nie ein Wort mit ihr gewechselt.
Mein heimlicher Held des Buches ist allerdings Leos neuer Lehrer, von allen der „Träumer" genannt. Seine Gedanken spielen immer wieder eine Rolle.
Der Spitzname „Träumer" passt wirklich gut, er träumt sich durch das Leben und lässt die Schüler über Dinge nachdenken, die einem die Augen für die wesentlichen Dinge des Lebens öffnen. Einfach eine ganz große Liebe.

Im Grunde kommen alle Personen außer Leo zu kurz. Da sind seine Eltern, der Träumer, Silvia, Beatrice, Nico … und alle werden nicht richtig beschrieben. Silvia und Beatrice spielen zwar eine größere Rolle, sind für mich aber trotzdem nicht wirklich lebendig. Gerade bei Beatrice hat man den Eindruck, dass Leo sie doch nur wegen ihrer roten Haare und grünen Augen mag. Silvia ist eine gute Freundin für Leo, aber außer, dass sie ständig für ihn da ist und ihn ganz offensichtlich heimlich liebt, erfährt man nicht viel über sie.

E 11 Siamo tutti "Super"!

E9

Insieme alle recensioni Max spedisce ad Elisa anche una foto un po' particolare. Elisa comincia a riflettere e chiede aiuto ai suoi compagni di classe e ai suoi prof. Decidete chi siete ed inventate la loro risposta.

a. Siete i compagni di Elisa ed inventate dieci regole d'oro per rispondere alla domanda "Come dovrebbe essere il prof ideale?"

b. Siete i prof di matematica e di tedesco ed inventate dieci regole d'oro per rispondere alla domanda "Come dovrebbe essere lo studente ideale?"
c. Siete la prof d'arte e fate una caricatura per presentare la vostra idea di un SUPERPROF.

2 53–56

E 12 Chi legge non si sente mai solo

Elisa desidera che Max si appassioni alla lettura. In internet ha trovato un testo pubblicitario del famoso Circolo dei Lettori di Torino. Glielo spedisce.

Io leggo perché

I perché possono essere molti. Scontati o originali non è così importante, ciascuno ha il proprio. Li abbiamo elencati un po' per gioco un po' per spiegare a noi stessi e agli altri le ragioni di una passione personale, certo, ma anche civile.

I nostri perché

Io leggo perché ho preso il vizio. Io leggo perché non ho altro da fare. Io leggo perché siamo in pochi. Io leggo perché ho tempo. Io leggo poco perché non ne ho. Io vorrei leggere di più. Io te lo leggo negli occhi. Io leggo Braille, che non è un autore francese. Io leggo veloce. Io leggo a voce alta. Io leggo perché non mi piace alzare la voce. Io leggo per addormentarmi. Io leggo per sognare. Io leggo al contrario. Io leggo le carte. Io le divoro. Io rileggo. Io leggo tutto d'un fiato. Io leggo anche i bugiardini dei medicinali. Io leggo che è un piacere. Io leggo in piedi, a letto, in tram, in sala d'attesa, in ascensore, a tavola, al cesso. Io leggo e annoto, sottolineo, segno. Io leggo di nascosto. Io leggo per fare dispetto. Io leggo perché scrivo. Io scrivo perché leggo. Io leggo perché cresco. Io leggo perché questo mondo non mi piace. Io leggo per cambiarlo. Io leggo per evadere. Io leggo perché sono vivo. Io sono vivo perché leggo. Io leggo quando c'è una storia. Io guardo le figure. Io salto le pagine. Io leggo perché mi faccio un'opinione. Io leggo perché un'opinione ce l'ho già. Io leggo nel pensiero, negli occhi, nel futuro. Io leggo e mi innamoro, io leggo per sedurre, io leggo per saperne di più degli altri. Io leggo e qualche volta rido, qualche volta piango. Io leggo e ci penso su. Io leggo e approvo. Qualche volta no. Io leggo perché c'è chi vorrebbe proibirlo. Io leggo perché almeno imparo qualcosa. Io leggo perché non mi costa niente. Io leggo perché mi diverto, perché mi rilasso, perché mi sfogo. Io leggo quel che mi pare perché mi piace. Io leggo perché sento che mi fa bene. Io leggo punto e basta. Io vado al Circolo dei Lettori.

http://www.circololettori.it/io-leggo-perche/

- ciascuno, -a: *jede/r*
- Braille: *Blindenschrift*
- sfogarsi: *sich abreagieren*

1. Perché chi legge non si sente mai solo? E tu? Quanto leggi e come ti senti quando leggi?

2. Al tuo partner non piace leggere. Cerca nel testo cinque buoni motivi per fargli cambiare opinione.

3. Qual è secondo te la frase più interessante del testo? Spiega il perché!

B Favole di ieri, oggi e domani

2 57–60

B1 C'era una volta un ... prof!

Sono alcuni giorni che Elisa non si fa sentire. I messaggini che le hanno mandato gli amici, li lascia senza risposta. Oggi è Max che le spedisce un messaggio su whatsapp.

Ciao, Elisa! Ma sei sparita? Xké non ti fai più sentire? *4:06 pm*

Oh, Max! Scusami, però non ho avuto più tempo. *4:08 pm*

Sei sempre così impegnata? Il libro di D'Avenia lo stai leggendo ancora? *4:12 pm*

Sì, l'unica che il libro non ha finito di leggerlo sono io, ma adesso sono quasi alla fine. Sai, a volte è anche divertente. Guarda, leggi un po' qui! *4:16 pm*

Comunque il supplente cerca di fare lezione, ma come tutti i supplenti non ci riesce […]. A un certo punto alzo la mano e gli domando, tutto serio: "Perché ha deciso di fare questo mestiere …" Sottovoce aggiungo: "… da sfigato?"
Ridono tutti. […] "È colpa di mio nonno." […]
"Quando avevo dieci anni mio nonno mi ha raccontato una storia delle *Mille e una notte.*"
Silenzio. […]
"Prof, scusi, ma la storia delle *Mille e* … insomma, quella?" […]
"Credevo non ti interessasse la storia di come si diventa sfigati …"
[…] Non so cosa dire. "No, infatti non ci interessa."
(…) Gli altri mi guardano male. Nemmeno Silvia approva: "La racconti, prof, ci interessa." Abbandonato anche da Silvia sprofondo nel bianco, mentre il prof comincia, con quei suoi occhi da invasato: "Mohammed el-Magrebi abitava al Cairo, in una casetta dove c'era un giardino e dentro un fico e una fontana. Era povero. S'addormentò e sognò un uomo bagnato zuppo che si toglieva una moneta d'oro di bocca e gli diceva: "La tua fortuna è in Persia, a Isfahan … troverai un tesoro … vai!" Mohammed si svegliò e partì di corsa. Dopo mille pericoli arrivò a Isfahan. Qui, mentre cercava da mangiare, stanco morto, venne scambiato per un ladro. Lo picchiarono con canne di bambù e quasi l'ammazzarono. Fino a quando il capitano gli domandò: "Chi sei, da dove vieni, perché sei qua?" Quello gli disse la verità: "Ho sognato un uomo zuppo che mi ha ordinato di venire qua perché avrei trovato un tesoro. Bel tesoro, le bastonate!" Il capitano fece una risata e gli disse: "Scemo, e tu credi ai sogni? Eh … io ho sognato tre volte una povera casa del Cairo dove c'è un giardino e oltre il giardino un fico e oltre il fico una fontana e sotto la fontana un tesoro enorme! Ma io non mi sono mai mosso da qui, scemo! Vattene, credulone!" L'uomo tornò a casa e, scavando sotto la fontana del suo giardino, dissotterrò il tesoro!" (…)
Il supplente si alza in piedi, rimane in silenzio. Si siede sulla cattedra (…) "Non rinunciare mai ai tuoi sogni! Non avere paura di sognare, anche se gli altri ti ridono dietro" così mi disse mio nonno, "rinunceresti a essere te stesso".

da: Alessandro D'Avenia, *Bianca come il latte rossa come il sangue*, Milano: Mondadori 2010, p. 18–20

E1 Quante avventure!

E1 Trova nel testo le frasi corrispondenti alle caricature e indica la riga.

A

B

C

E2 Che strana storia!

La storia di Mohammeed el-Magrebi è un po' complicata, però le immagini possono aiutarti.

1. Riordina le immagini (di E1 e di E2) in maniera cronologica, poi riassumi la storia.

D

E

F

2. Formate dei gruppi. Ognuno nel gruppo descrive un'immagine e gli altri indovinano qual è.

3. Cercate in internet informazioni sulla raccolta di novelle *Mille e una notte*.
Di quale storia/quali personaggi avete già sentito parlare?

E3 Il passato remoto

Alcune parti della favola vengono raccontate con delle forme verbali nuove: si tratta del passato remoto.

E2

1. Abbina le seguenti forme del passato remoto e le forme del passato remoto che trovi nel testo B1 agli infiniti.

(io) fui, (noi) avemmo, (lui/lei) volle, (voi) faceste, (io) arrivai, (tu) sognasti, (loro) fecero, (voi) partiste, (noi) venimmo, (io) partii, (noi) credemmo, (voi) foste, (lui/lei) credé, (loro) vollero, (noi) fummo, (loro) crederono, (voi) voleste, (io) ebbi, (tu) avesti, (loro) vennero, (noi) dicemmo, (io) dissi, (loro) furono

essere | avere | volere | credere | sognare | svegliarsi
partire | arrivare | addormentarsi | picchiare | domandare | dire
fare | dissotterrare | ammazzare | tornare | venire

2. Usa la tua logica e completa le coniugazioni dei verbi regolari **sognare**, **credere** e **partire** e dei verbi irregolari **essere**, **avere**, **fare** e **volere**.

3. Per quali parti della storia viene usato questo passato? Secondo te, che cosa esprime? Confronta la tua teoria con la grammatica. G 6.4

E3

4. Riscrivi la storia usando il passato prossimo al posto del passato remoto.

2 61–62

E4, E5

E4 Il grande concorso

Max e la sua classe vogliono partecipare al concorso di una grande casa editrice e vincere come premio la somma di 500 euro. Ascolta la conversazione tra Max, i suoi compagni di classe e la prof d'italiano.

Dopo il primo ascolto

1. Decidi se le seguenti affermazioni sono vere o false.

	V	F
1. Secondo Max il passato remoto è un tempo particolare.	■	■
2. Durante il suo soggiorno a Roma Max ha sentito spesso usare questo passato.	■	■
3. La prof spiega ai ragazzi che anche il passato remoto è importante.	■	■
4. La prof afferma che il passato remoto si usa molto nella letteratura.	■	■
5. Alessandro D'Avenia è nato a Palermo.	■	■

Dopo il secondo ascolto

2. Correggi gli errori delle affermazioni false.

E5 Se vincessimo il premio, potremmo andare …

Formate gruppi di tre o quattro persone. Ogni gruppo deve:
- cercare in internet informazioni che si riferiscono ad una delle immagini.
- presentare in classe i luoghi sull'immagine.

1 *Palermo – la cattedrale Santa Vergine Maria Assunta*

2 *Palermo – i mercati (Ballarò, la Vucciria, il Capo)*

3 *Monreale – la cattedrale di Santa Maria Nuova*

4 *Agrigento – La Valle dei Templi*

5 *Piazza Armerina – Villa Romana del Casale*

6 *Al mare – La scala dei Turchi*

7 *Trapani – Le saline/La città barocca*

E6 La messa in rilievo

G 6.6

"Il concorso lo vogliamo vincere. E in Sicilia ci vogliamo andare!" – Ecco delle frasi che fanno capire quale informazione è particolarmente importante per chi le formula.

1. Come finiscono le seguenti frasi del testo B1?

I messaggini che … | Oggi è Max … | Il libro di … | Sì, l'unica …

2. Riguarda bene le frasi: dove trovi l'informazione più importante nella frase? Di che cosa ti devi servire per cambiare l'ordine delle informazioni nella frase?

3. I ragazzi parlano della gita in Sicilia. Riscrivi le seguenti frasi usando la messa in rilievo.

Modello: Tutti vogliono vedere **i Templi ad Agrigento**.
I Templi ad Agrigento li vogliono vedere tutti. – Sono **i templi ad Agrigento** che vogliono vedere tutti.

1. A Palermo i ragazzi incontrano **Alessandro D'Avenia**!
2. Nelle lezioni di storia dell'arte parlano **della bellezza culturale della Sicilia**.
3. Durante la gita la prof vuole visitare **anche alcune chiese famose**.
4. Tanti italiani conoscono **Trapani** per i suoi mulini.
5. Max: "Possiamo anche andare **alla Scala dei Turchi** per farci un bel bagno!"

• il mulino: *Mühle*

E7 Fiaba di una sognatrice

Elisa è distratta e ripensa ai giorni in cui Max era a Roma.

Scegliete la forma verbale giusta e finite di scrivere la fiaba.

Caro Diario,
oggi ti racconto una storia …
***C'era/C'è** una volta un principe di nome Massimiliano. **È vissuto/Viveva** in un paese ricchissimo, ma lui non **è stato/era** felice. Aveva sentito di una principessa bellissima e di una città con tante case e tanta gente, che **parlava/ha parlato** una strana lingua. Massimiliano **voleva/ha voluto** assolutamente vedere quel luogo, ma soprattutto conoscere la principessa. Un giorno **saliva/è salito** sul suo cavallo bianco ed **partiva/è partito**. La sua famiglia **era/è stata** molto triste, **ha avuto/aveva** paura che Massimiliano non **sia tornato/tornasse** più. Ma il principe aveva deciso, **ha voluto/voleva** sposare la principessa e portarla nel suo paese. Dopo giorni e mesi di viaggio Massimiliano **è arrivato/arrivava** finalmente alle porte della città. Lì tutto **era/è stata** magnifico. La gente **parlava/ha parlato, ha riso/rideva**; tutti **sono sembrati/sembravano** così felici. Dopo essere passato vicino ad una grande fontana, si era fermato per far bere il suo cavallo e aveva chiesto ad un uomo che lo **guarda/guardava** incuriosito se conoscesse la principessa Elisa. L'uomo alla domanda era diventato bianco in viso ed era scappato. Massimiliano aveva capito che qualcosa di pericoloso **si nascondeva/si è nascosto** dietro quel nome. Salito di nuovo sul suo cavallo, dopo un po', era arrivato davanti ad un castello rotondo vicino ad un grande fiume dorato. Tutto intorno **c'è/c'era** un silenzio terribile. Da lontano però **arrivava/arriva** una voce dolcissima che **ha cantato/cantava** …*

E8 Il trapassato prossimo

E6, E7

1. Rileggi le frasi della favola della principessa Elisa. Quali azioni succedono prima di altre e sono espresse con il trapassato prossimo? Scrivi le forme sul tuo quaderno e spiega come si forma questo tipo di passato. G 6.5

2. Ricordi ancora *Scambio 1*? Collega le seguenti frasi usando il trapassato prossimo.

Modello: Max è partito per Roma. Max ha incontrato Sandro, Simona e Luciano sul treno.
Dopo che Max era partito per Roma, ha incontrato Sandro, Simona e Luciano sul treno.

1. Max è sceso dal treno. Max ha incontrato per la prima volta la famiglia Schiatti.
2. I ragazzi hanno fatto colazione. Max e Giuliano sono andati in centro e hanno incontrato gli amici di scuola.
3. Max e Giuliano sono entrati in gelateria. Loro hanno incontrato Carlotta e Cinzia.
4. Anna Maria ha dato a Max la lista della spesa. Max è andato al mercato di Testaccio.
5. Il film è cominciato. Simone ha raccontato tutto il tempo le barzellette.
6. Gli amici di scuola hanno organizzato una grande festa. Max è ripartito per la Germania.

B2 Una fiaba tutta ... romana!

2 63–65

Ciao, grande lettrice ;-)! Guarda che ho trovato in un negozietto di libri usati vicino a scuola! Ho pensato subito a te. Ti spedisco una pagina particolare, penso proprio che ti piacerà. Tu sai tutto su Roma! *4:06 pm*

Ehi, ma è di Calvino! Uno dei miei autori preferiti. *4:08 pm*

Lo sapevo che lo conoscevi. Li conosci proprio tutti, eh! *4:12 pm*

Ci avrei giurato che l'avresti detto! Visto che ora hai il libro, perché non cominci a leggere anche tu la storia? Vedrai che ti piacerà! *4:16 pm*

- il negozietto: *Kramladen*
- il filatore/la filatrice: *Spinner/in*
- filare: *(Wolle) spinnen*
- il filato: *Gesponnenes*

Nerone e Berta

Questa Berta era una povera donna che non faceva altro che filare, perché era una brava filatrice.
Una volta, strada facendo, incontrò Nerone, imperatore romano, e gli disse: "Che Dio ti possa dare tanta salute da farti campare mille anni!"
Nerone, che nessuno lo poteva vedere tant'era boia, restò di stucco a sentire che c'era qualcuno che gli augurava di campare mille anni, e rispose: "E perché mi dici così, buona donna?"
"Perché dopo uno cattivo ne viene sempre uno peggiore."
Nerone allora le fece: "Be', tutto il filato che farai da adesso a domani mattina, portamelo al mio palazzo." E se ne andò.
Berta, filando, diceva tra sé: "Che ne vorrà fare di questo lino che filo? Basta che domani quando glielo porto non lo usi come corda per impiccarmi alla forca! Da quel boia, c'è da aspettarsi di tutto!"

• il capo del gomitolo: *Knäuelende*

Ecco che la mattina, puntuale, si presenta al palazzo di Nerone. Lui la fa entrare, si fa dare tutto il lino che aveva filato, poi le dice: “Lega un capo del gomitolo alla porta del palazzo e cammina fino a che è lungo il filo”. Poi chiamò il maestro di casa e gli disse: “Per quanto è lungo il filo, la campagna di qua e di là della strada, è tutta di questa donna.”
Berta lo ringraziò e se ne andò tutta contenta. Da quel giorno in poi non ebbe più bisogno di filare perché era diventata una signora.
Quando la cosa si seppe a Roma, tutte le donne che avevano da mettere insieme il pranzo con la cena, si presentarono a Nerone sperando anche loro in un regalo come quello che aveva fatto a Berta.
Ma Nerone rispondeva: “Non è più il tempo che Berta filava.”(Roma)

estratto da: Italo Calvino, *Fiabe Italiane, volume secondo,* 2002, Arnoldo Mondadori Editore Spa

Allora, hai finito di leggere? *6:12 pm*

Sì, sì, però non ho capito tutto … *6:13 pm*

E 9 Che confusione!

Elisa vuole auitare Max e spedisce per whatsapp le frasi che Nerone e Berta hanno detto. Aiuta Max a rimetterle in ordine!

1. Berta disse a Nerone

a. che dopo uno cattivo ne veniva uno peggiore.

c. che Dio gli potesse dare tanta salute da farlo campare mille anni.

4. Nerone disse a Berta

2. Nerone chiese a Berta

g. di legare il filo alla porta e di camminare fino a che era lungo il filo.

e. perché gli augurasse di campare mille anni.

b. che cosa ne avrebbe fatto di quel lino che filava.

3. Berta rispose all'imperatore

5. Berta si chiese

h. di portargli al suo palazzo tutto il filato che avrebbe fatto fino alla mattina successiva.

7. Nerone disse al maestro di casa

6. L'imperatore ordinò a Berta

f. che per quanto era lungo il filo, la campagna era tutta di Berta.

8. Nerone rispondeva alle altre donne

d. che non era più il tempo che Berta filava.

E 10 C'era una volta …

1. **Siccome**, **però**, **oppure**, **finché** … elenca tutte le congiunzioni che conosci.
2. Usa le congiunzioni e riscrivi la storia di Nerone e Berta. Comincia così:

   C'era una volta…

E 11 **Quiz all'italiana**

Siamo alla fine dell'anno scolastico e il Professor Ghilliardi con la sua classe prepara un grande quiz sull'Italia e lo spedisce alla Professoressa Wagner. Aiuta Max e i suoi compagni a risolverlo.

1. La Notte Rosa si festeggia a. in Puglia. b. in Toscana. c. in Emilia Romagna.	2. La Puglia è una regione italiana a. del nord. b. del centro. c. del sud.
3. Quale frase non è vera? L'Italia è il paese a. della moda e del design. b. con il più grande numero di artisti di graffiti d'Europa. c. con il più alto numero di beni archeologici di tutto il mondo.	4. Come si chiama il capoluogo della Puglia? a. Bari b. Gargano c. Lecce
5. Rocco Hunt è a. un rapper napoletano. b. una specialità napoletana. c. una festa popolare.	6. Chi ha inventato l'eTwinning? a. Il Prof. Ghilliardi. b. La sezione "Scambi internazionali" dell'Ufficio Scuola. c. La Commissione Europea.
7. Nominate tre città etrusche che si trovano al centro d'Italia. a. Volterra, Cerveteri, Milano b. Cerveteri, Arezzo, Orvieto c. Arezzo, Orvieto, Lucca	8. Alice ha scelto la Biotecnologia perché a. la tiene lontano dal dolore dei malati. b. la materia è più interessante. c. non ha passato il test di medicina.
9. Roberto Saviano è famoso perché a. è spesso in TV. b. lavora per i Carabinieri. c. si impegna contro la mafia.	10. L'eTwinning è una piattaforma per gli insegnanti a. di tutta l'Europa. b. della Germania. c. dell'Italia.
11. A Torino è nato/a a. la nutella. b. la pizza Margherita. c. il Pinguino.	12. Italo Svevo è un autore importante di a. Milano. b. Trieste. c. Roma.
13. Trova l'intruso! Quale attrazione turistica non si trova a Napoli? a. Piazza Plebiscito b. Teatro San Carlo c. Mole Antonelliana	14. Treja è il nome di a. un cinema nel centro di Roma. b. un parco avventura a un'ora di macchina da Roma. c. un quartiere di Trieste.
15. Il primo Circolo dei lettori è nato a a. Roma. b. Palermo. c. Torino.	16. Margherita Hack ama a. la carne. b. le stelle. c. la chiesa cattolica.

17. Se si pensa a Torino, si pensa a … a. panettone, moda e duomo. b. bicerin, vecchia signora e cinema. c. Totò, pizzaiolo e Vesuvio.	18. Dove hanno luogo i tornei del calcio storico? a. A Lucca. b. A Mantova. c. A Firenze.
19. Palermo si trova a. in Piemonte. b. in Sicilia. c. nel Lazio.	20. Se al Palio di Siena un cavallo arriva solo al traguardo a. non può vincere. b. può vincere, ma solo se ha la spennacchiera. c. deve aspettare il suo fantino.
21. Quale regola è sbagliata? Il calcio storico a. si gioca sull'erba. b. si gioca in tutto con 54 giocatori. c. non conosce intervalli e dura 50 minuti.	22. *Mille e una notte* è una raccolta di novelle a. italiana. b. orientale. c. tedesca.
23. Come si chiama un famoso quadro dell'artista rinascimentale Sandro Botticelli? a. L'estate b. La morte di Cupido c. La nascita di Venere	24. L'Imperatore Nerone fece un grande regalo a. al maestro di casa. b. a Berta. c. a tutte le donne romane.

Competenze 3

Fare un collage di più generi letterari

Leggete il testo seguente tratto da *Notte prima degli esami* e in gruppi producete un collage per il protagonista Luca Molinari. Ogni gruppo lavora su un solo genere; poi, alla fine del lavoro, mettete insieme i vari collage. In plenum discutete sull'immagine del protagonista che ne risulta.

Il collage di più generi letterari può essere:

- un articolo di giornale
- un blog
- un monologo interiore
- un graffito
- una pagina di diario
- un volantino
- un flash forward
- un flash back
- un rap
- un acrostico
- una ricetta
- un oroscopo
- un'intervista
- una poesia
- un biglietto d'auguri
- un collage
- un video
- un fumetto
- un tweet/post
- …

Luca e i suoi amici (Massi, Monica, Alice, Riccardo) hanno appena trascorso il loro ultimo giorno di liceo; devono ancora dare gli esami orali per la maturità. Stanno progettando cosa fare la sera.

- levarsi dalle scatole: *etwas loswerden*

Oggi io, Luca Molinari, diciott'anni compiuti da poco, sono stracarico di adrenalina: mi sono finalmente levato dalle scatole cinque anni di liceo scientifico! Davanti a me rimane solo l'esame di maturità, ultimo scoglio (…). Vacanze. Vacanze. Vacanze. Per tre lunghi mesi. In attesa di capire cosa farò a partire dall'autunno prossimo. (…)

- unto, -a: *hier: fettig, ölig*
- imbucare: *hier: einschleusen*
- essere sprovvisto di: *ohne etwas sein, etwas nicht haben*
- un varco custodito: *hier: bewachter Durchgang, Eingang*
- scavalcare: *über einen Zaun klettern*
- strappare: *zerreißen*
- la frasca: *Zweig*
- fico, -a: *toll*
- la mischia: *Gewühl, Gedränge*
- un mucchio di gente: *eine Menge Leute*
- puntare qn: *jdn fixieren*
- agganciare qn: *jdn abschleppen*
- rimorchiare qn: *jdn „aufreißen“*
- il sospetto: *Verdacht*
- balbettare: *stammeln*

Verso la libertà. Fuori dall'aula, nel corridoio che conosciamo a memoria, che abbiamo percorso centinaia di volte ridendo e mangiando focacce unte, e che ora rappresenta l'enfatica via di fuga verso il futuro, tutti i miei compagni si abbracciano felici. I più diligenti si danno appuntamento per prepararsi insieme all'esame. Da subito. Cazzo, proprio oggi dobbiamo cominciare? (...)
(...) Massi mi ricorda dell'appuntamento di stasera. Lui farà il DJ in una mega villa fuori Roma, sull'Appia, e ci farà imbucare tutti alla festa per i diciott'anni di una sconosciuta. Consumazioni gratis e musica a palla! (...)
Arrivati all'ingresso del parco della villa, la prima sorpresa: due tipi (...) ci fermano e ci chiedono se siamo in lista. In lista? E che roba è? Noi siamo amici del DJ, DJ Massi. Solo che, come ci fanno notare i due della security, (...) la festa non è del DJ, ma della padrona di casa. La stronza. Massi è il solito deficiente: dopo essere arrivati fin quaggiù, non ci fanno entrare perché sprovvisti di invito! Monica inizia a dire che è un segno del destino, che abbiamo perso un paio d'ore di sonno, ma almeno, tornando subito a casa, saremo più freschi l'indomani per iniziare il ripasso. Riccardo però non si dà per vinto e ci convince a fare il giro della villa alla ricerca di un varco non custodito. (...)
Certo, scavalcare quel muretto mi costa tanto, una Lacoste nuova nuova, strappata irreparabilmente nel salto tra le frasche, poi però delirio assoluto! In giardino ci saranno cento persone, tutte incravattate e col "vestito buono". La musica messa da DJ Massi è il meglio che ci possiamo aspettare (...) e l'atmosfera è fica, tutti ballano e si divertono. (...)
Le ragazze e Riccardo si buttano subito nella mischia. Io invece sono di pessimo umore e mi siedo su una panchina a guardarli ballare. È in quel momento che la vedo. Sta ballando al centro di un mucchio di gente, ma sembra esserci solo lei. Bellissima, con un bicchiere in mano, un sorriso straordinario. La punto con lo sguardo e quando, da sola, si dirige verso il buffet, capisco immediatamente cosa devo fare. Seguirla e non perdere l'occasione per agganciarla. Confesso che non sono un mago del rimorchio, anzi. Il mio repertorio è sempre lo stesso: "Che scuola fai?", "Sai di chi è 'sta festa?", "Ti stai divertendo?", "Sei venuta con un'amica?". Insomma, cazzate. All'inizio lei mi fa credere di essere la padrona di casa, e inizia a guardarmi con sospetto.
"Anche tu non sei in lista, vero?"
"No" balbetto io "è che sono amico del DJ, DJ Massi, e allora ci ha detto che visto che oggi si fa una festa ... comunque bella casa, complimenti per il prato ... all'inglese, vero?"
Ride. Ed è meravigliosa.
"Ma smettila! La festeggiata è quella, la principessa Leila!"
Indica una ragazza pettinata come la principessa di *Guerre stellari*.
"Ah ecco ... no, l'avevo capito che ..."
Un momento di silenzio imbarazzato.
"Sai, oggi per noi era l'ultimo giorno di liceo."
"Anche per me."
"Io scientifico, e tu?"
"Classico."

- strappare una risata: *hier: jdn zum Lachen bringen*
- stappare: *öffnen, entkorken*
- il parabrezza: *Windschutzscheibe*
- la botta: *Schlag, Stoß*
- zuppo, -a: *nass, klatschnass*
- trascinare: *ziehen, zerren*
- sfilare: *ausziehen*
- spronare qn: *jdn anspornen*
- il fiato: *Atem*
- affondare: *versenken*
- annusare: *riechen, schnuppern*
- trattenere il respiro: *den Atem anhalten*
- scostarsi: *weggehen, sich entfernen*

Mi distraggo per un attimo, incrociando lo sguardo di Alice che ci osserva incuriosita dalla pista da ballo.

"Hai fatto bene, perché ti dà una formazione completa, e poi il greco è importante, te lo ritrovi all'università."

"Veramente a me il greco fa schifo, è stato mio padre che mi ha costretto a fare il classico" mi interrompe lei con aria divertita.

"È quello che dico sempre io: che ci fai con una lingua morta che non parlano più nemmeno i greci?"

Le strappo un'altra risata.

"Toglimi una curiosità: ne hai rimorchiate molte con questo metodo?"

"Be' … due o tre. Alle elementari."

Il ghiaccio si sta sciogliendo (…). Sto per dirle il mio nome quando un pazzo incravattato con in corpo più alcol che sangue stappa una bottiglia di champagne proprio addosso a noi, bagnandoci come quando torno da scuola in motorino senza parabrezza e controvento.

Botta finale per la mia ex Lacoste buona! Ma il vestito della stupenda ragazza che ho accanto è completamente zuppo. Io non so che fare ma lei scoppia a ridere e mi prende per mano trascinandomi all'interno della casa. Entriamo in una mega camera da letto, di un gusto un po' zuccheroso, quasi fosse la stanza di una bambina di dieci anni. Lei apre un armadio pieno di vestiti e, senza pensarci due volte, prende una maglietta per sé e una per me (…).

Lei si sfila il vestito restando solo in slip. Io la fisso come un'apparizione della Santa Vergine a Fatima.

"Che c'è? Cambiati, su" mi sprona lei.

Io esito, ma poi le obbedisco e mi sfilo la maglietta anche se con un certo imbarazzo.

In quel momento sentiamo delle voci in avvicinamento. È la padrona di casa, la festeggiata, insomma la principessa Leila, con addosso un incredibile vestito a palloncino. È con il suo fidanzato, e stanno litigando di brutto perché, mi sembra di capire, lei ha baciato sulla bocca un invitato e lui non ne è stato felicissimo. E vorrei vedere. Facciamo in tempo a nasconderci in bagno giusto un attimo prima che loro entrino in camera.

Vorrei che questa litigata durasse per sempre.

Siamo così vicini che quasi mi manca il fiato e lei … lei a due millimetri da me, con quegli occhi, quel profumo di fragola e di latte, quell'espressione allo stesso tempo impaurita e complice …

A un certo punto non riesco più a resistere. È più forte di me. Affondo il naso nei suoi capelli. Lei se ne accorge e, voltandosi verso di me, mi dice sottovoce: "Ma che fai, mi annusi?"

"Eh no, volevo vedere se c'avevi le doppie punte, cioè sì" ammetto "ti annusavo."

"E com'è?"

"Bu…. buono … molto."

Lei si avvicina ancora di più. Come volesse baciarmi. Ma in realtà mi annusa sensualmente il collo. Trattengo il respiro. Il cuore pulsa all'impazzata. Mi gira la testa. Dopo un lungo istante la ragazza si scosta.

da: Luca e Claudia, *Notte prima degli esami,* Milano: Mondadori 2006, p. 9–10; p. 18; p. 23–26

Extra feste!

Natale viene una sola volta l'anno

E1 Il Natale della famiglia Lossi

Paola vorrebbe presentare ai tedeschi alcune tipiche usanze natalizie. Questa notte ne ha già sognate alcune … ma che sogno strano!

Come ogni anno, la famiglia di Paola comincia ad addobbare la casa a partire dall'8 dicembre. Per prima cosa la madre appende un grande fiocco rosa alla porta. L'uovo gigante di cioccolata sarà messo in salotto un po' più tardi, verso il 20 dicembre, e addobbato con tanti palloncini. Ci sono molte famiglie in Italia che scelgono l'uno o l'altro, ma la famiglia Lossi vuole sia il fiocco sia l'uovo! Il padre di Paola è molto contento perché in questo periodo potrà mangiare tante Colombe che gli piacciono tanto.
Il 24 dicembre tutta la famiglia scende in centro per partecipare alla processione in onore del santo patrono della città. Naturalmente tutti si sono messi la biancheria rossa e delle maschere bellissime oppure una corona di alloro. La sera invece arrivano tanti ospiti che portano delle mimose e dei confetti. Insieme accendono un grande falò in spiaggia e guardano i fuochi d'artificio. Poi c'è la tradizionale grande grigliata e tutti i presenti si fanno gli auguri di "Buon compleanno!" e di "Buon anno nuovo!"

1. Nel suo sogno Paola ha confuso diverse festività. Quali usanze non c'entrano con il Natale? Sostituiscile con le usanze giuste usando i seguenti vocaboli:

Buon Natale | Buone Feste | i regali | i vestiti eleganti
il cenone | il panettone | il presepe | l'albero di Natale
la messa | le candele | le canzoni di Natale

2. E le altre usanze? Cerca di abbinarle alle seguenti festività:

Ferragosto | Capodanno | compleanno | esame universitario | Pasqua
nascita di un figlio | festa del santo patrono | festa della donna | matrimonio

3. Come festeggiate questi eventi a casa vostra? Parlatene e paragonate le usanze con quelle italiane.

E2 Natale con i tuoi …

In Italia ci sono tanti proverbi sul Natale. Eccone sei!

1. Abbina le due parti del proverbio.

Natale viene	Pasqua con chi vuoi.
Il pazzo fa la festa,	questo arriva.
A furia di dire Natale,	– indigestione?
Natale con i tuoi,	una sola volta l'anno.
Panettone, torrone, cenone	a Santo Stefano.
Anche le cose più belle durano quanto da Natale	il savio se la gode.

2. Abbina i proverbi con le loro spiegazioni.

A Natale si mangia così tanto che dopo si sta male.

Il Natale si deve festeggiare in famiglia, la Pasqua non necessariamente.

Tutte le cose durano pochissimo, soprattutto i momenti belli.

Bisogna approfittare del momento, perché le buone occasioni non si presentano spesso.

A volte le cose succedono più velocemente di quanto non si pensi.

Chi è furbo fa lavorare gli altri e poi ne approfitta.

3. Lavorate in gruppi. Inventate una situazione e un dialogo in cui usate uno dei proverbi e presentatelo alla classe.

E3 Undici parole per spiegare … Natale

Riesci a spiegare che cosa significa per te Natale usando solo undici parole? Scrivi le parole al centro del foglio, in alto una, poi due, poi tre, poi quattro e alla fine una sola parola. Ecco una poesia a forma di "albero di Natale"!

Ecco due esempi:

Cerca di scrivere altre poesie a forma di albero. Le illustrazioni ti possono ispirare!

A carnevale ogni scherzo vale

Il carnevale di Venezia (Veneto)
Il carnevale di Venezia è il più famoso e antico carnevale italiano. Visitatori da tutto il mondo amano la sua atmosfera particolare: per undici giorni in tutta la città ci sono spettacoli, feste, musiche e balli mascherati. Le tipiche maschere e i costumi sono preziosissimi e molto colorati. Una particolarità del carnevale della Laguna è il Corteo Acqueo, una sfilata sull'acqua con tante barche e gondole addobbate.

Il carnevale di Viareggio (Toscana)
A Viareggio si festeggia il carnevale dal 1873 con grandi sfilate di Carri Allegorici. Sui carri ci sono giganti di cartapesta che raffigurano in modo satirico politici e personaggi famosi. Per tutto un mese ci sono feste mascherate, spettacoli e sfilate. La maschera ufficiale del carnevale di Viareggio si chiama Burlamacco: è un tipo buffo con una maschera da clown ed un vestito d'Arlecchino bianco e rosso.

Il carnevale di Acireale (Sicilia)
Tipici per il carnevale di Acireale sono i satirici Carri Allegorici-Grotteschi in cartapesta e i Carri Infiorati con figure fatte di fiori. Molte figure si muovono e sono illuminate da tantissime piccole luci. Durante il carnevale nel centro storico della città ci sono sfilate di carri, spettacoli e giostre, la sera del Martedì Grasso inoltre fuochi d'artificio. Il carnevale di Acireale è molto antico.

Il carnevale di Ivrea (Piemonte)
Molto diverso dagli altri è il carnevale di Ivrea, che esiste dal 1808. Con la famosa Battaglia delle Arance la città festeggia la sua storica rivolta contro Napoleone: squadre a piedi, spesso con un berretto rosso (simbolo della rivolta e della libertà), lanciano arance contro squadre su carri con "aranceri" in costumi colorati. Inoltre c'è una sfilata di carri e gruppi folcloristici, personaggi storici e bande musicali.

E1 Carnevale all'italiana

1. Preparate in classe una mappa concettuale con tutte le parole importanti per parlare del carnevale. Se avete bisogno d'aiuto, usate un dizionario o chiedete al vostro/alla vostra prof.
2. Leggi i testi sulle diverse tradizioni carnevalesche italiane. Parlatene in classe e descrivete le foto.
3. Paragona le tradizioni con quelle che conosci. Come festeggiate il carnevale nella tua città/regione? Descrivilo!
4. Inventa una maschera/un costume oppure un carro allegorico e disegnalo. Presentate poi i vostri disegni in classe.

Pasqua con chi vuoi

E 1 Quiz nell'uovo di cioccolato

Vuoi sapere come si festeggia la Pasqua in Italia? Allora rispondi alle domande del quiz. Se hai trovato le risposte giuste, le lettere formano una parola che definisce la Pasqua.

1. Il Venerdì Santo, prima della domenica di Pasqua, in tutta l'Italia ci sono riti e manifestazioni religiose, p. es. delle processioni. Perché?
   a. La gente vuole pregare per la pace nel mondo. N
   b. La gente vuole ringraziare Dio per la fine dell'inverno. C
   c. La gente vuole ricordare la passione e la morte di Cristo. F

2. A Pasqua gli italiani si regalano delle uova di cioccolato impacchettate in carta colorata. Che cosa è tipico di queste uova?
   a. Sono molto grandi e dentro spesso c'è come sorpresa un regalo. E
   b. Le uova vengono nascoste nei giardini e le persone devono cercarle. A
   c. Sono riempite con creme di diversi gusti, p. es. alla nutella, alla vaniglia o al pistacchio. I

3. Il dolce tipico di Natale è il Panettone, ma anche a Pasqua in Italia si mangia un dolce tipico. Come si chiama questo dolce?
   a. Pandoro, perché è giallo come l'oro. T
   b. Colomba, perché è a forma di una colomba. S
   c. Torta ovetto, perché è fatta con tante uova. I

4. Ci sono diversi simboli tipici del periodo di Pasqua, tra cui anche animali. Quale animale in Italia è il più importante?
   a. Il pollo, perché è un simbolo della primavera e della vita. E
   b. Il coniglio, perché secondo la leggenda nasconde le uova di cioccolato. N
   c. L'agnello, perché nel Nuovo Testamento simboleggia il figlio di Dio, Gesù Cristo. T

5. Il primo lunedì dopo la domenica di Pasqua è chiamato "Pasquetta". Che cosa fanno gli italiani di solito in quel giorno?
   a. Passano il giorno all'aperto con parenti e amici, p. es. a fare un pic-nic. A
   b. Passano il giorno da soli per riflettere sulla propria vita e sul proprio futuro. F
   c. Passano il giorno in piazza con tutti i loro vicini, a chiacchierare o cantare insieme. E

E 2 Quest'anno nel tuo uovo di cioccolato troverai …

1. Disegna un uovo di cioccolato per il tuo partner. Come regalo scrivi nell'uovo tutto quello che gli auguri per il resto dell'anno. Se hai bisogno d'aiuto, usa un dizionario o chiedi al/alla tuo/a prof.
2. Regala il tuo disegno al tuo partner. In bocca al lupo per gli auguri e Buona Pasqua!

Pagine facoltative

1. Monti, mare e molto di più!

Ciao a tutti! Tanti saluti dal Gran Paradiso! *4:03 pm*

La sabbia della Costa Smeralda sembra essere d'oro … che meraviglia! *4:20 pm*

Gli Appennini non sono una passeggiata – ma che natura, ragazzi!!! *4:33 pm*

Perché si chiama "Maggiore" se quello di Garda è più grande?? *4:07 pm*

Perché non mi avete detto che sull'Etna fa tanto freddo??? *4:20 pm*

Un bacio dalla città più bella del mondo! *4:35 pm*

E 1 Passare le vacanze in Italia – certo, ma dove?

1. Quale foto è stata allegata a quale messaggio? Abbina le foto e i tweet. Spiegate dove le persone hanno passato le loro vacanze e se vi piacerebbe andarci o no.
2. Fate una ricerca in internet: quali monti – vulcani – laghi – fiumi – coste – città interessanti ci sono inoltre in Italia? Ci si potrebbero passare belle vacanze? Preparate con i vostri risultati un dépliant pubblicitario in cui presentate i vari ambienti e alcune possibilità che offrono. Potete usare i vocaboli dell'ingresso Lezione 1 a pagina 10.

2. Eccoti fra vent'anni …

E1 E come la vedono gli altri?

Lavorate in gruppi. Leggete le seguenti caratterizzazioni e discutete: quale testo sembra adatto a chi? Giustificate le vostre risposte.

- socievole: *aufgeschlossen*
- equilibrato, -a: *ausgeglichen*
- non sarebbe male: *es wäre nicht schlecht*
- la soddisfazione: *Befriedigung*
- rinunciare a qc: *auf etw. verzichten*
- indipendente: *unabhängig*
- il successo: *Erfolg*
- probabile: *wahrscheinlich*

1	2	3
Sei una persona molto socievole e positiva, ami la vita e i divertimenti. Sarai sempre contenta ed equilibrata, anche se forse non riuscirai a realizzare tutti i tuoi progetti. A volte non sarebbe male essere un po' più disciplinato e pensare di più alle conseguenze di certi comportamenti.	Una bella famiglia fa proprio per te, e sicuramente troverai un partner che ti ama e avrai una famiglia che ti darà tanta soddisfazione. Forse dovrai rinunciare a una carriera. Non dimenticare però quali altri sogni avevi e che è importante rimanere indipendenti.	Una cosa molto importante per te è avere successo in quello che fai ed è molto probabile che ci riuscirai nella tua vita professionale. Complimenti! Però non dimenticare di divertirti di tanto in tanto e pensa all'importanza della famiglia e degli amici – il lavoro non è tutto.

E2 Facciamo la prova!

1. Rispondi alle domande. Siccome il futuro è anche influenzato dalla fortuna e dal caso, a volte devi usare un dado per ottenere la risposta che fa per te!

- ambizioso, -a: *ehrgeizig*
- disponibile: *offen, jdm zugeneigt*
- difetto: *Schwäche*
- pigro, -a: *faul*
- lo stipendio: *Gehalt*

• Che tipo sei? Scegli la caratteristica più adatta a te! una persona ambiziosa A – una persona creativa B – una persona simpatica e disponibile C	• Quale difetto hai? ascolto troppo quello che dicono gli altri C – a volte sono un po' pigro/a B – faccio troppe cose nello stesso momento A
• Che cosa fai dopo la scuola? faccio sport per rilassarmi A – mi mando messaggini con gli amici e chatto B – guardo la TV oppure navigo un po' in internet C	• Che cosa è importante nella scelta di una professione? deve essere un lavoro che aiuta gli altri C – deve essere un lavoro con cui si guadagna bene A – deve essere un lavoro in cui si è creativi B
• Che cosa conta di più per te? la carriera A – la famiglia C – il divertimento B	• Vediamo quanto alto sarà il tuo stipendio! Usa il dado: 1/2: basso B – 3/4: medio C – 5/6: alto A
• Vorresti sposarti un giorno? sì, sicuramente C – se incontro la persona giusta B – no, mi piace una vita indipendente A	• Vediamo se avrai dei figli! Usa il dado: 1/2: non avrai figli B – 3/4: uno o due figli A – 5/6: tre o più figli C

2. Fatto? Allora conta quante volte hai scelto quale lettera e scopri come sarà il tuo futuro. Rileggi le caratterizzazioni dell'esercizio 1: A = 3, B = 1, C = 2

3. Che buono!!!

E1 **Sai cucinare?**

1. Descrivete l'immagine.

2. Lavorate con il partner! Chi di voi ha già cucinato qualcosa? Che cosa? Chi sa spiegare come si prepara? Usate i vocaboli nuovi!

E2 **Non si vive di solo pane … migliore diventa con la nutella!**

Ecco la ricetta per preparare una specialità piemontese: la nutella fatta in casa. Coniuga i verbi all'imperativo.

- cioccolato fondente: *Zartbitter-schokolade*

Ingredienti

- 70 grammi di nocciole tritate
- 100 grammi di cioccolato fondente
- 70 grammi di burro
- 100 grammi di zucchero
- 100 grammi di latte

Ricetta:
■ (Tritare) il cioccolato fondente. ■ (Mescolare) il cioccolato tritato, lo zucchero e le nocciole macellate. ■ (Versare) tutto in una pentola, ■ (aggiungere) il burro e il latte e ■ (cuocere) la miscela a temperatura moderata. ■ (Mescolare) bene per circa cinque minuti stando ben attenti a non farla ■ (bollire). ■ (Versare) la nutella ancora calda in una ciotola di vetro e ■ (lasciare) raffreddare. La nutella deve essere conservata in frigorifero e consumata entro una settimana.

4. L'officina della poesia

E1 Una poesia a forma di diamante

C'è una persona, un oggetto o un concetto astratto (p. es. la musica, la libertà) che ti piace particolarmente? Dedicagli una poesia a forma di diamante! Funziona così:

- Scrivi nella prima riga il nome della persona, dell'oggetto e del concetto.
- Scrivi nella seconda riga due aggettivi che lo caratterizzano.
- Scrivi nella terza riga tre verbi a cui ti fa pensare o che lo descrivono.
- Scrivi nella quarta riga altri due aggettivi che lo caratterizzano.
- Scrivi nella quinta riga un'ultima parola, p. es. un'emozione o un desiderio che suscita.

Ecco due esempi:

E2 E i gatti

La poesia "E i gatti" di Stefano Benni (scrittore italiano, * 1947) comincia così:

Le macchine
Le macchine
Sono troppo veloci
Per i gatti
I gatti
Che vogliono attraversar
Per cercare
Un amore
Un amore
Che dall'altra parte della strada sta
(Si sa, bisogna rischiar)
E i gatti
I gatti
Sono troppo indipendenti
Per le donne
Le donne
Che li voglion carezzar …

• carezzare: *streicheln*

Stefano Benni, *Le Beatrici*, Milano: Feltrinelli 2011, p. 33

1. Disegna le situazioni e spiega: Chi vuole che cosa? Perché? Quali difficoltà incontra?

2. Come potrebbe continuare la poesia? Parlatene in classe e cercate diverse possibilità.

3. Scegliete una delle possibilità e continuate la poesia. Scrivete almeno tre strofe.

5. Me la caverò!

E 1 E perché no?

Alcuni verbi italiani si possono coniugare con due pronomi o particelle pronominali. Così il significato del verbo originale cambia. Ecco come!

1

Te la senti veramente di ...?

Ma sì, sono certo che ce la faccio!

2

Beh, forse te la caverai, ma ... sarebbe meglio se no, credo.

Non solo me la caverò, ma me la godrò persino!

3

Che problema hai? Ce l'hai con me oggi?

No, non prendertela! È solo che non me l'aspettavo.

4

E perché no? Mica è poi così grande questo gelato?

1. Abbina i verbi alla spiegazione giusta.

sentirsela (di fare qc)	riuscire a fare qc, essere capace a fare qc
farcela (fare + ce + la)	pensare che qc sarebbe andata così, prevederla
cavarsela	avere qc contro qn, essere arrabbiato con qn
godersela	sentirsi in grado/capace di fare qc
avercela (con qn)	riuscire a fare qc, uscire da una situazione difficile
prendersela	provare piacere a fare qc
aspettarsela	reagire in modo arrabbiato o deluso

2. Lavorate con il partner. Scegliete due o tre dei verbi e create un fumetto usando i verbi sopraelencati.

E 2 Max Pezzali, Me la caverò

Ascoltate la canzone di Max Pezzali e parlate in classe del testo: anche voi a volte vi chiedete se ce la fate? Come vi potrebbe aiutare la canzone in queste situazioni?

6. Di libri e lettori

E1 I Libri Che Non Ho (Ancora) Letto

Nel suo romanzo *Se una notte d'inverno un viaggiatore* lo scrittore Italo Calvino categorizza i libri che non ha (ancora) letto. Per esempio parla dei seguenti tipi di libri:

• fare finta di: *so tun, als ob*

• fare a meno di qc: *auf etw. verzichten können*

Lavorate in due. Trovate per ogni categoria un esempio, cioè un libro che per voi fa parte di questa categoria e spiegate perché.

E2 Sondaggio in classe: che cosa e come leggiamo?

1. Lavorate in gruppi. Preparate un questionario con domande sulle vostre abitudini e preferenze riguardo libri e letture (che cosa (non) leggete, quando, dove, in quale posizione, a voce alta/bassa…).
2. Fate il sondaggio in classe e presentate i risultati.

Esercizi differenziati

Lezione 1

E3 p. 13 **Anche la prof si ricorda**

E2 Mentre Max racconta di Roma, la prof si ricorda delle sue prime esperienze in Italia. Completa i suoi pensieri con i verbi all'imperfetto.

Quando sono stata in Italia per la prima volta, io e la mia amica Melanie abbiamo fatto un corso di lingua a Pisa. Il ragazzo che la mattina ci ■ (insegnare) l'italiano ■ (essere) simpaticissimo, ■ (chiamarsi) Luca e ■ (avere) un sorriso bellissimo. Il pomeriggio noi ■ (essere) libere e ■ (potere) visitare tutta la città, io spesso ■ (salire) sulla torre pendente, ■ (entrare) in ogni chiesa e ■ (fotografare) ogni monumento. A me e a Melanie ■ (piacere) tanto la vita all'italiana: la mattina ■ (fare) la colazione al bar e la sera ■ (prendere) l'aperitivo in piazza. ■ (mangiare) ogni giorno una specialità diversa. Dopo una settimana, tutti gli studenti ■ (essere) innamorati di Pisa e di Luca, ■ (volere) restare in Italia e ■ (essere) tristi di dover tornare a casa – soprattutto io!

E5 p. 14 **Le esperienze di Max**

E3 Ecco quello che dice Max in classe quando parla della scuola a Roma. Completa con le forme dell'imperfetto e del passato prossimo.

Ogni giorno io e Giuliano (siamo andati/andavamo) a scuola in autobus. (Abbiamo avuto/Avevamo) l'abbonamento che (abbiamo fatto/facevamo) il primo giorno dopo le vacanze. La scuola non (è stata/era) lontana da casa nostra. Quando (ho visto/vedevo) che (è stato/c'era) anche un bar a scuola, (sono stato/ero) molto sorpreso, ma dopo alcuni giorni (mi è sembrata/mi sembrava) la cosa più normale del mondo. (Ho saputo/Sapevo) che i ragazzi in Italia non studiano le stesse materie che studiamo noi, p. es. non (ho conosciuto/conoscevo) storia dell'arte. I primi giorni non (ho capito/capivo) tanto, ma Giuliano e anche Simone mi (hanno aiutato/aiutavano) molto e dopo un po' (ho potuto/potevo) seguire le lezioni. Da dicembre (ho partecipato/partecipavo) come tutti alla lezione, (ho preso/prendevo) appunti e mi (sono sentito/sentivo) parte della classe.

E3 p. 23 **E sabato, che cosa facciamo?**

E3 Tutti i ragazzi della 2ªC hanno mandato le loro e-mail in Germania e adesso stanno discutendo su che cosa gli piacerebbe fare questo fine settimana. Completa le frasi con la forma adatta del condizionale.

1. Solo verbi regolari.

Fabrizio: A me ■ (piacere) andare a tutte le partite di basket.

Franca: Ma che! Sport, sport, sport. Senza sport ■ (dormire) tutta la domenica, no?! E senza scuola ■ (giocare) con la palla dalla mattina alla sera. Paola e io invece ■ (guardare) volentieri il nuovo film con Raoul Bova! Quanto è bello lui! In Puglia ■ (passare) naturalmente la domenica in spiaggia, ma qua …

Paola: Anch'io ■ (passare) qui la domenica in spiaggia, ■ (mangiare) un bel gelato e ■ (prendere) il sole, ma domani fa brutto tempo. Franca, che dici, (io) ■ (visitare) prima la mostra di quel regista … ah Pasolini, che ne pensi?

Franca: Come no! Ma come arriviamo al museo? In autobus o in metropolitana?

Fabrizio: (Io) ■ (scegliere) l'autobus … Oh, scusate! … Matteo? Pronto? Ehi, Matteo, ascolta …

2. Verbi regolari e irregolari.

Matteo: Pronto! Eh, Fabrizio, che cosa c'è?

Fabrizio: Senti, cosa fai domani? ■ (vorrei/vorresti) andare a vedere la partita. ■ (verrei/verresti) con me?

Matteo: Buona idea! Devo uscire dopo e ■ (potrei/potrebbero) subito comprare i biglietti.

Fabrizio: Bene! Dopo la partita che cosa ti ■ (piaceresti/piacerebbe) fare?

Matteo: Non lo so. ■ (andrei /andreste) in centro a fare un giro e ■ (rimarrei/rimarrebbe) fuori per altre due, tre ore. Poi ■ (dovrei/dovrebbero) tornare a casa a fare compiti.

Fabrizio: Eh, non ■ (sarei/sarebbe) male. Paola e Franca vanno al cinema, ■ (avrei/avresti) voglia di incontrare le ragazze?

Matteo: Come no! Mi ■ (faresti/farebbe) piacere soprattutto incontrare Franca, che bella ragazza!

Fabrizio: Eh, ho capito … ■ (direi/diremmo) che facciamo così: parlo con Paola e le dico che tu ■ (vedresti /vedreste) volentieri la bella Franca e che allora le (noi) ■ (accompagnerebbe/accompagneremmo) dopo il cinema a mangiare un gelato.

Matteo: Perfetto. Ci vediamo domani!

E 11 p. 29 **In questo momento o tra poco?**

Fabrizio ha appena finito la sua e-mail per Yannik quando lo chiama sua madre. Completa il loro dialogo con **stare per + infinito** o **stare + gerundio**.

Metti le seguenti forme al posto giusto:

stai facendo | sto per andare | stai per andare | sto preparando | sto per uscire | stai dicendo

Mamma: Fabrizio, cosa ■ ?

Fabrizio: ■ a basket.

Mamma: ■ adesso? Comincia solo tra un'ora. ■ qualcosa da mangiare per te! Il toast è pronto, ■ (tu, uscire).

Fabrizio: Mamma, che cosa ■ ? Sai benissimo che non mangio prima dell'allenamento.

Mamma: Va bene. Ma a cena mangi!

Lezione 2

E3 p. 35

E-mail tra colleghi

E1, E2

Il prof italiano è contento dei ritratti che hanno preparato i suoi studenti. Li ha mandati in Germania tramite e-mail e ha scritto anche alcune righe alla sua collega.

Completa l'e-mail: trasforma gli aggettivi in avverbi.

Cara collega,
■ (finale) Le posso mandare i ritratti di personaggi famosi preparati dalla classe. ■ (naturale) ci hanno messo molto tempo ma il risultato ■ (sicuro) non è male. ■ (speciale) il ritratto di Roberto Saviano mi piace. ■ (fortunato) in Italia abbiamo anche persone così particolari. Questa volta sono ■ (completo) contento per il lavoro dei ragazzi. ■ (normale) non si impegnano molto – questa volta invece sì!

La saluto ■ (cordiale)
Enrico Ghilliardi

E6 p. 36

La presentazione del lavoro di Elena

1 20–21

1. Dario ha preparato delle domande per presentare alla classe la professione di Elena e le sue caratteristiche. Ascolta l'intervista e trova le soluzioni.

1. Elena a. insegna storia dell'arte. b. fa l'archeologa. c. non ha trovato un lavoro.	2. Lavora a. tra sette e otto ore al giorno. b. a volte molto, a volte poco. c. mezza giornata.
3. Le piace di più a. scoprire delle cose quando si scava. b. lavorare in ufficio. c. lavorare molto.	4. Il prossimo progetto a. è un ufficio a Volterra. b. sono scavi a Volterra. c. è una mostra a Volterra.
5. Dario vuole a. fare un'altra intervista. b. diventare archeologo. c. chiamare sua madre al telefono.	

E4 p. 44

Talenti speciali

2. Elisa chiede a Max: "Ehi, Max, c'è anche da voi un programma come 'Italia's got Talent'? Non vorreste partecipare anche voi alla nuova edizione? Quale potrebbe essere il vostro talento?" Ecco la risposta di Max. Aggiungi gli avverbi e metti anche il comparativo o il superlativo.

Canto ■ (divino), Berkan va sul longboard ■ (veloce).
Maike balla ■ (perfetto), ma Sabine ed io insieme balliamo ■ (++ perfetto) di tutti.
Leon impara i vocaboli in modo ■ (particolare) veloce, io invece li imparo ■ (– veloce).

So giocare a basket ■ (professionale), Melina si sveglia ■ (facile), Alina disegna ■ (probabile) ■ (+ bene) di Picasso. Lars dorme ■ (profondo).
Il fratello di Adrian grida ■ (sempre) per avere ciò che vuole. Lara si veste ■ (solo) di giallo.

E 10 p. 48

Intervista con delle celebrità

E9–E11

• discreto, -a: *diskret, zurückhaltend*

• tifare per qn: *Fan von jdm sein*

1. Le ragazze italiane visitano regolarmente il sito internet del concorso a Lindau. Sono curiose di saperne di più. Ecco un'intervista con una celebrità molto discreta. Completa con **ci** (5) o **ne** (3).

Giornalista: Legge molti libri?
Celebrità: Ma certo, ■ leggo almeno dieci al mese. Però vado raramente al cinema. ■ vado soltanto quando il film mi interessa veramente.
Giornalista: Le interessa molto il calcio …
Celebrità: Sì, ■ parlo sempre con i colleghi. Tifo per il Bayern Monaco!
Giornalista: Lei vive vicino al mare. ■ va spesso?
Celebrità: Stranamente non mi piace il mare, non ■ vado mai.
Giornalista: Ha molti contatti con i suoi fan?
Celebrità: Come celebrità ricevo tante e-mail, ma non ■ leggo nessuna.
Giornalista: Perché no?
Celebrità: Non ■ tengo per niente!
Giornalista: Qualche volta si sente sola?
Celebrità: Eccome! Tutta la mia famiglia è in America e ■ penso spesso.

Lezione 3

E 1 p. 57

Quante informazioni!

01 34–35

1. Giorgia, la sorella di Carlo, ascolta la conversazione tra Tiziana e Carlo ma non riesce a capire tutto. Abbina le frasi.

1. Carlo dice che deve	a. Rocco Hunt.
2. Carlo non sa cosa bisogna	b. Tiziana ad andare con lui al concerto.
3. Tiziana spiega che devono	c. bene Napoli.
4. A Carlo piace molto	d. fare per i corrispondenti tedeschi.
5. Carlo invita	e. chiedere il permesso al padre prima di alzare il volume.
6. Per il padre di Elisa Napoli è	f. delle due facce di Napoli: parla del sole, dell'odore del caffè, che sente la mattina, e dell'amore per la musica.
7. Carlo conosce	g. una città caotica dove non funziona niente.
8. Per Carlo Napoli è	h. presentare una città italiana.
9. La canzone di Rocco Hunt parla	i. una città meravigliosa che offre tante attrazioni e bellezze.

E 5 p. 60 **Non è facile trovare un accordo!**

Ti incontri con il tuo amico/la tua amica per studiare per il compito in classe. Sei arrabbiato/a perché la tua amica/il tuo amico non riesce a concentrarsi. Discuti con lui/lei usando le espressioni nella tabella.

non è possibile		concentrarsi meglio
non è giusto		prendere troppo sul serio il compito
è necessario	che	ascoltare quando parlo
bisogna		interrompere quando parlo
credere		accettare i compromessi
non avere voglia		comportarsi così

E 12 p. 70 **Scoprire una nuova città**

E6, E7

A Tiziana piace viaggiare. In internet ha trovato questi buoni consigli per chi vuole scoprire una nuova città. Completa con i verbi alla forma impersonale.

Per scoprire una nuova città ■ (comprare) una guida della città o ■ (informarsi) in internet prima del viaggio. In questo modo ■ (potere/conoscere) molte attrazioni già prima di visitare la nuova città. Ma se ■ (volere/conoscere) veramente bene la città, ■ (fare) una visita guidata. Se ■ (chiamare) l'ufficio del turismo, ■ (potere/avere) delle informazioni utili. Nell'ufficio del turismo ■ (comprarsi) una pianta della città. In questo modo ■ (non/perdersi) e ■ (potere/trovare) facilmente tutti i monumenti. Per scoprire le specialità di una città, ■ (dovere/mangiare) nei ristoranti tipici e ■ (comprare) i prodotti tipici. Se ■ (seguire) questi consigli, ■ (godersi) a pieno la nuova città.

E 16 p. 73 **Chiacchiere tra ragazzi**

E8, E9

Tiziana e Carlo si incontrano al bar. Completa con i pronomi indefiniti.

alcune | alcuni | qualche (3x) | non … nessuna | ogni
ognuno | tutti | tutte e due | tutti e due | tutti gli

Tizi: Sai, io capisco i ragazzi tedeschi. Anch'io ■ ho ■ voglia di studiare. Ma purtroppo fra ■ settimana arrivano i primi compiti …

Carlo: Eh, sì. ■ anni la stessa cosa … Ma parliamo di qualcos'altro! Conosci Elena della 3ªB?

Tizi: Come no! ■ conoscono Elena! È terribile! ■ mattina si guarda allo specchio del bagno della scuola per delle ore! E poi, va sempre in giro con quell'Alessandra della 3ªC. ■ giorni fa hanno parlato davanti all'aula. E secondo me ■ parlano sempre male degli altri.

Carlo: Ma dai, Tizi! Non è vero. Sì, ■ sa che Elena vuole sempre essere la più bella. Ma è veramente gentile. Anche lei vuole partecipare all'eTwinning con i ragazzi di Colonia perché ha due fratelli che vivono in Germania. ■ studiano all'università di Berlino. E anche lei fra ■ anno vuole andare lì per studiare. Lei è veramente brava e ha avuto ■ belle idee per il nostro progetto.

Tizi: Okay, forse hai ragione. ■ volta sono un po' chiacchierona anch'io …

Lezione 4

E5 p. 80

Sara rivuole Marco?

E2, E3

1. Dopo scuola Federica accompagna Sara a casa sua. Scegli la forma corretta.

Sara: Senti, Federica, forse hai ragione e Marco sta insieme a Laura. Cosa ■ (faresti/facessi) tu per trovare la verità se ■ (saresti/fossi) in me?
Federica: Se ■ (sarebbe/fosse) veramente insieme a lei, ■ (sarebbe/fosse) proprio stupido, perché sei mille volte più bella, più carina e più intelligente di lei. Dunque non mi ■ (piacerebbe/piacesse) se tu veramente ■ (rivorresti/rivolessi) questo stupido ragazzo. E poi, sei sicura di voler sapere la verità, Sara? ■ (Potresti/Potessi) sentirti ancora più triste se lo ■ (vedresti/vedessi) con un'altra.
Sara: Devo comunque sapere la verità, Federica. Che dici, se ■ (andremmo/andassimo) nei suoi bar preferiti, ■ (sapremmo/sapessimo) se è uscito con lei.
Federica: Non mi piace per niente quest'idea. E poi, se ■ (sarebbero/fossero) insieme, non ■ (andrebbero/andassero) mai negli stessi bar in cui andavate voi, no?
Sara: Boh, tanto, hai detto che è stupido, no?! Ahah.

E9 p. 84

Sara e sua madre

E6

Sara parla con la madre dell'album dei ricordi e la madre cerca di dare consigli a sua figlia. Completa il dialogo con le forme di **bello** e **quello**. Scegli la soluzione corretta.

Madre: Veramente Sara, non mi sembra una ■ (bel/bello/bell') idea strappare tutto. Anche se sei molto triste e soffri. Vedrai fra qualche anno l'album sarà un ■ (bel/bello/bell') ricordo.
Sara: Grazie, mamma. Ma adesso sono soprattutto arrabbiatissima e triste.
Madre: Lo so, amore, lo so. Ma ■ (quegli/quei/quelli) pensieri tristi sono normali, li devi accettare, anche se è molto difficile.
Sara: Federica mi ha detto che "se non uccide fortifica". Che stupido ■ (quello/quell'/quel) detto.
Madre: Hai ragione, è stupido. Ma Federica ti vuole bene ed è molto difficile dare un buon consiglio. Guarda che ■ (bel/bello/bella/bell') foto di voi due.
Sara: Quale?
Madre: ■ (Quel/Quello/Quella) lì, con voi due con gli occhiali da sole.
Sara: A me piace più ■ (quel/quello/quella/quell') altra dove siamo sullo scooter.
Madre: A me no, sai che è molto pericoloso andare in giro in motorino così.

E6 p. 89

Invece si deve rischiare!

Secondo Sara, Federica non ha ragione: anche se con Marco non è andata bene, si deve rischiare! Ecco quello che vorrebbe domandare all'amica quando vede il poster. Scegli la forma giusta dei verbi al passato prossimo.

Secondo te, che cosa succede, se poi a 80 anni si capisce che non si ■ (è/ha mai rischiato/i), che si ■ (ha/è restato/i) sempre soli, che non si ■ (è/ha mai amato/i) nessuno, che non si ■ (ha/è mai baciato/a) un'altra persona, che non si ■ (è/sono mai scritto/e) lettere d'amore, che non si ■ (hanno/sono mai sentito/e) parole come "Ti amo", che non si ■ (è/sono mai aspettato/e) le telefonate dell'altro, che non si ■ (è/ha mai riusciti/o) a vincere la paura??!!

E 13 p. 93

A dire la verità ... non amo solo l'arte!

E8

Invece si deve rischiare ... Federica pensa spesso alle parole di Sara. Forse l'amica ha ragione! Siccome vorrebbe invitare Luigi a passare una serata con lei, oggi a scuola ci prova. Scegli tra i pronomi **che, chi, il che/e ciò** e **quello che/ciò che**. Ci riesci!

Federica: ■ (Che/Chi) mi accompagna alla notte bianca domani sera? Luigi, hai voglia?
Luigi: Non credo che ci sia un museo ■ (che/il che) mi possa interessare ...
Federica: ■ ... (il che/chi) non è detto! Sei mai stato alla Galleria Nazionale d'Arte Moderna?
Luigi: No, ma non ci voglio neanche andare. ■ (Quello che/Il che) interessa a me non si trova nei musei. Sai ■ (che/ciò che) io amo il cinema!
Federica: ■ (Chi/Il che) non cerca mai di fare nuove esperienze, rischia di perdere delle occasioni ...
Luigi: E se invece ti chiedo io di vederti un film d'autore? Secondo me il cinema è un tipo di cultura ■ (chi/che) non conosci bene.
Federica: Va bene, facciamo così: tu mi fai vedere ■ (ciò che/chi) piace a te, cioè un bel film d'autore, ed io ti porto al museo. Che ne dici?
Luigi: Non è proprio ■ (che/ciò che) volevo dire ... ma va bene, perché no?!
Federica: Cercherò di ammirare il tuo film, ■ (quello che/il che) di sicuro non sarà difficile. Per dire la verità ... non amo solo l'arte, sai ...

Lezione 5

E 5 p. 103

Ancora tanto da fare prima della partita. L'organizzazione continua!

Adesso tutto è chiaro e viene fatto il programma per i prossimi giorni. Simone e Fabrizio discutono sulla chat le ultime cose da preparare. Metti il verbo al passivo.

Simone: Allora Fabrizio, le magliette ■ (comprare) domani, ok.
Fabrizio: D'accordo Simone domani dovrebbero arrivare. Sono bellissime non vedo l'ora di indossarle! Anche la palla ■ (preparare) subito, che ne pensi?
Simone: Certo senza palla come facciamo a giocare?! Rovinerebbe il tutto. Senti un po' ma la tattica ■ (scegliere) adesso o prima della partita? E chi la decide?
Fabrizio: La tattica è importante e ci serve adesso, e comunque viene decisa dall'allenatore e dal capitano. Inoltre, le regole ■ (studiare) molto bene altrimenti non potremo divertirci. Questa volta studiare anche per me non sarà un problema ;-)
Simone: Hai ragione! Non scordiamoci che i nostri amici ■ (avvertire) in tempo.
Francesco: Tranquillo!!! Gli inviti ai prof ■ (scrivere) subito, così i nostri amici sapranno tutto per tempo. Quando sarà la partita?
Simone: La partita ■ (giocare) dopo la scuola. Non vedo l'ora!
Francesco: Anche io!!!!

• scordarsi: *vergessen*

E 11 *p. 106* **E ci vuole anche il permesso del preside**

Ormai Simone è riuscito a convincere i suoi compagni. Tutti sono così entusiasti che decidono di scrivere una lettera al preside. Completa il testo con le forme dell'imperativo di cortesia.

- Dirigente Scolastico, preside: *Schulleiter*
- tener presente: *sich vergegenwärtigen, berücksichtigen*
- comprensivo: *verständnisvoll*

Gentilissimo Dirigente,
Le scriviamo questa lettera per presentarLe un progetto. Anche se Lei è molto impegnato ci ■ (concedere) cinque minuti del suo tempo e ■ (leggere) quello che Le proponiamo. ■ (avere) pazienza, ma per questa volta vogliamo cambiare meta per la nostra gita. Abbiamo pensato di andare a Lucca per partecipare al festival *Lucca Comics and Games,* ma non ■ (pensare) che vogliamo solo divertirci. Non ■ (preoccuparsi). Si tratta sempre di una gita scolastica, quindi visiteremmo anche chiese e musei. ■ (tenere) presente che anche a Lucca ci sono luoghi di grande valore storico. ■ (ricordarsi) che la nostra classe si è sempre comportata bene. Per favore ■ (essere) comprensivo e non ci ■ (proibire) di organizzare questa gita. Ci ■ (dare) la possibilità di realizzare questo bellissimo progetto.

La preghiamo, ci ■ (rispondere) il prima possibile, perché abbiamo trovato un'offerta che non vorremmo perdere. La ringraziamo molto della Sua cortese attenzione.

Distinti saluti,
la classe 2ªC

E 12 *p. 107* **La risposta di Simone**

Simone risponde subito a tutte le domande della sua prof. Completa la sua risposta con le seguenti espressioni.

ritorno · informati · motivi · treno · cordiali · risposta · partecipare · compagni di classe · *Lucca Comics and Games* · d'accordo · contenti · interessante · buoni · comportamento · bravi · faccia · gita · prenotare · genitori

Gentile Professoressa,
grazie per la Sua ■ . Ieri ho parlato con i miei ■ . Tutti erano ■ dell'idea di andare a Lucca per ■ al ■ . Non si preoccupi, siamo tutti molto ■ e anche i genitori sono stati ■ . I tre ■ per cui Lei dovrebbe portarci a Lucca sono:
1. Il nostro ■ in classe. Siamo sempre stati ■ .
2. Lucca è anche una città d'arte e molto ■ anche per Lei.
3. I nostri voti sono ■ .
Se restiamo a Lucca tre giorni avremo il tempo di visitare i monumenti e di andare tutti al festival. Il miglior modo di viaggiare è prendere il ■ alla stazione, sia per l'andata sia per il ■ . Inoltre, dovremo anche ■ l'albergo. Io sono stato molte volte a Lucca con i miei ■ e conosco molti posti dove potremo stare durante la nostra ■.
Mi ■ sapere cosa ne pensa.
■ saluti.
Simone

E3 p. 111

Le chiacchiere continuano

Mentre i ragazzi aspettano il prof, chiacchierano nell'aula. Abbina alle domande della colonna A le risposte corrispondenti della colonna B.

A	B
1. Simone: Said, mi leggi il testo sulla Notte Rosa?	a. Sì, gliele faccio vedere.
2. Simone: Franca, mi fai vedere la foto dei cavalli?	b. Sì, glielo spiego.
3. Loredana e Fabrizio: Sandro, ci mostri i cavalli sullo schermo?	c. Sì, te lo presto.
4. Luigi: Said, mi presti il materiale sul carnevale di Colonia?	d. Sì, te la faccio vedere.
5. Carlo: Said, mi elenchi tutte le città dove si festeggia la Notte Rosa?	e. Sì, ve la faccio vedere.
6. Claudio e Luciano: Said, ci fai vedere la foto di Leon?	f. Sì, ve li mostro.
7. Carlo: Sandro, puoi far vedere le foto del tuo telefonino a Said?	g. Sì, te lo leggo.
8. Said e Federica: Tiziana, spieghi a Luigi e Carlo come funziona il carnevale di Colonia?	h. No, non te le elenco.

E9 p. 115

Che rimorsi

E6

1. Dopo lo shopping Paola e Franca sono stanche, stanno aspettando l'autobus. Parlando tra di loro iniziano ad avere dei rimorsi … Abbinate le frasi.

A	B
1. Ho comprato tre borse. Forse …	a. avremmo dovuto passarci/ci saremmo dovute passare.
2. Abbiamo speso tanti soldi. Forse …	b. Saremmo dovute andare in un altro negozio.
3. Sandro è solo a casa, probabilmente si annoia. Forse …	c. avremmo dovuto risparmiare un po'.
4. Abbiamo trascorso tre ore in città. Forse …	d. avrei dovuto fare un'altra scelta.
5. Hai bevuto tanto caffè … Adesso ti senti nervosa. Forse …	e. avremmo dovuto invitarlo a venire con noi.
6. Ho mangiato due gelati e tre dolci … Forse …	f. avremmo dovuto sbrigarci./ci saremmo dovute sbrigare.
7. Nel mio negozio preferito gli occhiali da sole che mi piacciono da morire non si vendono più. Forse …	g. avresti dovuto ordinare qualcos'altro.
8. Non siamo andate da Borelli, però hanno accessori di moda in offerta …	h. avrei dovuto rinunciare a qualcosa.

E 12 p. 116

Per strada

Mentre Paola e Franca stanno andando a casa di Sandro per preparare la loro relazione sul Palio parlano dei progetti futuri. Indicate le forme giuste.

Paola: Stasera, quando ■ (avremo finito/avremmo finito/finirà) la nostra relazione, mi ■ (sarò incontrata/sarei incontrata/incontrerò) con Enzo e Said. ■ (Andremmo/Andremo/Saremmo andati) in discoteca – vuoi venire anche tu?

Franca: Mi piacerebbe tanto, ma non posso. Devo aiutare mia madre a preparare la festa di compleanno di mio fratello. Appena ■ (sarò tornata/sarei tornata/tornerò) a casa, dovrò fare la spesa, mettere in ordine il salotto, pulire il bagno …

Paola: Poverina! Questi lavori non mi ■ (piaceranno/piacerebbero/saranno piaciuti) proprio!

Franca: Beh, è chiaro! Non piacciono neanche a me, ma non ci posso fare niente. A mio fratello ■ (sarebbe dispiaciuto/sarà dispiaciuto/dispiace) non avere una festa.

Paola: Sì, certo, si capisce. Un compleanno senza festa – che compleanno è?

Franca: Mio fratello non ■ (ci perdona/ci perdonerà/ci avrebbe perdonato) mai.

Paola: Hai già un regalo per lui?

Franca: No! Accidenti!! L'ho completamente dimenticato! ■ (Avrei potuto comprare/Avrò potuto comprare/Comprerò) qualcosa per lui nel suo negozio preferito.

• Accidenti!: *Verflixt!*

Paola: ■ (Avresti dovuto dirmelo/Mi dirai/Mi avrai detto) prima!

Franca: Insieme ■ (sceglieremo/avremmo potuto scegliere/avremo scelto) un bel regalo per lui.

Paola: Sì ■ (sarà/sarebbe stata/sarà stata) un'occasione perfetta.

Franca: Hai ragione. Ma adesso è troppo tardi.

Paola: Sì, è troppo tardi. Sandro ci aspetta già.

Lezione 6

E 1 p. 122

Prof per sempre!

E3

1. Abbina la frase alla spiegazione e aggiungi la riga in cui trovi la frase.

frase	riga	spiegazione
1. I prof dovevano fare la lezione agli alunni anche sotto casa degli alunni.	■	a. I prof rimangono prof per sempre.
2. I prof si sporcavano la bocca come tutti gli altri.	■	b. Anche i prof possono essere curiosi.
3. Il prof voleva sapere che cosa gli fosse successo il giorno prima.	■	c. I prof devono sempre spiegare tutto a tutti.
4. I prof sono come i boa.	■	d. I prof amano anche aiutare gli altri.
5. Il prof chiedeva se forse avesse bisogno di una mano.	■	e. I prof non mangiano in modo strano.

E2 p. 123 **Il discorso indiretto del passato**

E4 **3.** Metti al discorso indiretto anche le altre frasi al discorso diretto che trovi nel testo A1. Le seguenti espressioni ti aiutano.

discorso diretto	discorso indiretto
1. Leo chiede: Salve, prof! Cosa ho fatto?	a. Leo ha risposto al prof cosa gliene importasse a lui.
2. Leo dice: Il suo blog è bello, a volte un po' filosofico, ma quando posso lo leggo.	b. Il prof ha domandato a Leo cosa gli fosse successo il giorno precedente.
3. Il prof domanda: Allora, cosa ti è successo l'altro giorno?	c. Leo ha salutato il prof e gli ha chiesto cosa avesse fatto.
4. Leo risponde: Ma a lei che gliene importa, prof?	d. Leo ha detto al prof che il suo blog era bello, che a volte era un po' filosofico, ma che quando poteva lo leggeva.

E4 p. 124 **Intervista con D'Avenia**

E5–7 **1.** Che cosa gli hanno chiesto i ragazzi tedeschi? Formula le domande che loro gli hanno fatto sul suo blog www.profduepuntozero.it.

Senden Drucken Anhang

An: alessandrodavenia@profduepuntozero.it

Betreff: Domande all'autore

Caro Professor D'Avenia,

siamo un gruppo di studenti tedeschi e amiamo molto i Suoi libri. Sarebbe bello sapere un po' di più su di Lei e sul Suo lavoro.

1. Ultimo libro – leggere
2. *Bianca come il latte rossa come il sangue* – scegliere – tema – difficile
3. Identificarsi – professore
4. Vivere – inizio – fine – libro
5. Fare – non – scrivere
6. Oggi – scrivere
7. Consigliare – giovani – scrittori
8. Avere – nuovo – progetto

Strategie

1. Briefe schreiben

1. Einen formellen Brief schreiben

Max hat Sehnsucht nach seiner römischen Gastfamilie und würde gern in seinen Osterferien wieder nach Rom fahren, um diese zu besuchen. Er möchte auch gern wieder dort zur Schule gehen und muss daher bei der Schulleitung schriftlich um eine Genehmigung bitten.

Beispiellösung:

Max Lindner
Remscheider Str. 23
40110 Köln

Köln, lì 5 novembre 20..

Al Dirigente Scolastico del Liceo
Via …
CAP Roma

Ogg.: Richiesta di frequentare il Liceo … durante il periodo 25/3/-10/4/20…

Egregio Signor Preside,

l'anno scorso sono stato ospite della famiglia Schiatti e ho frequentato la classe 1ªC insieme a Giuliano Schiatti. Il soggiorno a Roma mi è piaciuto talmente tanto che ho nostalgia di tornare a Roma. Ho fatto tante esperienze interessanti e ho conosciuto tante persone simpatiche. La famiglia Schiatti mi ha invitato a tornare l'anno prossimo e così ho pensato di venire durante le mie vacanze di Pasqua (dal 25 marzo al 10 aprile 20..). Visto che in Italia non ci sono vacanze, Le chiedo cortesemente di poter frequentare di nuovo le lezioni in quel periodo insieme a Giuliano Schiatti.

Sarei felice di ricevere una Sua risposta positiva.

Cordiali saluti

Max Lindner

E1 Tocca a te

Du findest Max' Idee super und möchtest in deinen nächsten Osterferien auch an einer Schule in Italien am Unterricht teilnehmen. Deshalb hast du dir über das Internet eine Schule in der Stadt deiner Wahl ausgesucht. Da du aber niemanden dort kennst, fragst du auch gleichzeitig, ob die Schule dir eine Gastfamilie für diesen Zeitraum vermitteln kann.

Natürlich bist du bzw. sind deine Eltern auch bereit, für die Unkosten aufzukommen oder im Gegenzug den italienischen Schüler/die italienische Schülerin in Deutschland aufzunehmen. Schreibe einen entsprechenden Brief an den Schulleiter der Schule deiner Wahl.

Die folgenden inhaltlichen Elemente und sprachlichen Mittel können in deinem Brief vorkommen:

- Eigene Adresse (rechte Ecke des Briefes)
- Ort, Datum (darunter)
- Adresse des Empfängers (linker Briefrand)
- Betreffzeile (fettgedruckt: Ogg.:)
- Begrüßungsformel (Gentili signori e signore ..., Egregio Signor Preside ..., Gentile Signor Romei ...)
- Verwendung der Höflichkeitsform (Lei ... la Sua ... Le chiedo ... la Vostra scuola ...)
- Verwendung von höflichen Ausdrücken und Formulierungen (chiedo cortesemente ..., vorrei ..., sarei felice ...)
- evtl. Bezug auf ein Telefonat oder auf einen letzten Aufenthalt (mi riferisco alla nostra telefonata ...) oder sich kurz vorstellen
- Grund des Schreibens (con la presente ... Le scrivo perché ...)
- Argumente liefern, warum die Anfrage genehmigt werden sollte
- Hoffen auf positive Rückmeldung (In attesa di una risposta positiva ... aspetto una Sua risposta ... spero di ricevere una risposta positiva)
- Abschlussfloskel (cordiali saluti ... porgo i miei più distinti saluti ...)

2. Einen informellen Brief schreiben

Max ist wieder zurück in Deutschland und möchte am eTwinning Projekt seiner Schule teilnehmen. Jeder Schüler soll sich vorstellen und einen Brief für die italienischen Partnerschüler verfassen. Folgende Elemente sollten in diesem Brief, der natürlich in der Du-Form verfasst ist und gerne auch umgangssprachliche Elemente enthält, vorkommen:

- Begrüßungsfloskel (Caro/a ... Ciao, ...)
- Sich selbst vorstellen (nome, età, data di compleanno, ...)
- Familie/Haustiere vorstellen (genitori, fratelli, nonni, animali domestici, ...)
- Wohnort vorstellen (la mia città, la nostra casa, la mia camera, ...)
- Schule vorstellen (tipo di scuola, amici, prof, materie preferite, ...)
- Über Hobbys und Interessen berichten (fare sport, suonare uno strumento, nel mio tempo libero ...)
- Andere wissenswerte Dinge über dich hinzufügen (piatto preferito, vegetariano, musica preferita ...)
- Evtl. Fragen stellen – was möchtest du über deinen Partner wissen?
- Abschlussfloskel (Tanti cari saluti, a presto, non vedo l'ora di ..., spero di...)

E2 Tocca a te.

Du möchtest ebenfalls am eTwinning Projekt teilnehmen. Verfasse einen Brief an einen imaginären Partner, in welchem du dich vorstellst.

2. Sprachmittlung

Die italienische Lerngruppe bereitet ein Projekt über berühmte italienische Personen vor. Max' Partner soll die Sängerin und Entertainerin Michelle Hunziker vorstellen, die als gebürtige Schweizerin auch im deutschen Fernsehen sehr berühmt geworden ist. Max' Partner interessiert sich insbesondere für Michelle Hunzikers Beziehung zu ihrer ältesten Tochter Aurora und bittet Max um Hilfe. Max hat ein interessantes Interview zu diesem Thema gefunden und soll für seinen Partner die folgenden Informationen entnehmen und ihm diese per E-Mail zuschicken:

1. Wie ist Michelle Hunziker als Mutter?
2. Wie beschreibt sie ihre Tochter Aurora?
3. Wie ist das Verhältnis zwischen Michelle und ihrer Tochter Aurora?

Dabei geht Max folgendermaßen vor:

- Prüfen, ob es sich um eine zuverlässige Quelle handelt.
- Deutschen Ausgangstext genau durchlesen!
- Für den Adressaten relevante Informationen von den unwichtigen trennen und im Text markieren/unterstreichen (also: Beziehung/Verhältnis zwischen Michelle und Aurora)
- Wichtigste Informationen auf Deutsch auf ein Notizblatt schreiben (= *Mapping*)
- Notizen in eine sinnvolle Ordnung bringen (wie soll mein Text beginnen/enden?)
- Welche Textform: Brief, E-Mail? An entsprechende Begrüßungs- und Abschiedsfloskeln denken sowie an den Adressatenbezug (für wen schreibe ich?).
- Nicht wörtlich übersetzen, sondern wichtigste Aspekte zusammenfassen. Unbekannte Wörter umgehen bzw. versuchen zu umschreiben! Typisch deutsche Aspekte dem Partner erklären.
- Konzept auf Italienisch verfassen und danach nochmals Korrektur lesen.
- Reinschrift anfertigen.

Michelle Hunziker

Zwischen Schwangerschaft und Teenager-Rebellion: Michelle Hunziker über ihre Familienplanung, das Verhältnis zu ihrer großen Tochter – und die eigene Pubertät (29.10.2014)

An einem Mangel an Glückshormonen leidet diese Frau zurzeit garantiert nicht: Michelle Hunzikers Traumhochzeit mit Tomaso Trussardi liegt erst ein paar Wochen zurück, Nesthäkchen Sole entwickelt sich prächtig, und ihre dritte Tochter kommt im März zur Welt.

Sind Sie eine strenge Mutter?
Ich gewähre Auri so viele Freiräume wie möglich. Wenn sie aber meine Gutmütigkeit ausnutzt, kann ich sehr streng sein. In diesem Sommer kam sie nach einer Party viel zu spät nach Hause. Da gab es Hausarrest. Feste Regeln müssen sein. Ich möchte meine Tochter so gut es geht beschützen. Aber ich muss mich wohl daran gewöhnen, dass sie häufig auf Partys geht und sich ausprobiert. Denn die Welt da draußen wird ja leider immer verrückter und gefährlicher.

Im Dezember wird Aurora volljährig …
… und dann kann es passieren, dass sie mir sagt: „Mama, ich komme nach Hause, wann ich will!“ Dann werde ich ihr antworten: „Solange du unter meinem Dach lebst, hältst du dich an meine Regeln und bist spätestens um drei Uhr morgens daheim.“

Steckt sie in ihrer rebellischen Phase?
Die hat Auri schon hinter sich, und zum Glück war sie relativ kurz. Wir haben viel diskutiert und auch temperamentvoll gestritten, aber es blieb immer respektvoll. Sie hat mich nie angeschrien oder wüst beschimpft. Und auch nie mit Türen geknallt […]. Wenn ich daran denke, was ich meiner Mama früher so alles an den Kopf geworfen habe. Dafür schäme ich mich heute noch.

Wie würden Sie reagieren, wenn Ihre Tochter in einem Jahr zu Ihnen kommt und sagt: „Mama, ich bin schwanger!“?
Ich wäre die glücklichste Frau der Welt und würde mit ihr auf die tolle Nachricht anstoßen und feiern.

Es wäre kein Problem für Sie, dass Aurora dann noch so jung wäre?
Warum sollte es? Es war eine der schönsten Erfahrungen meines Lebens, dass ich Aurora schon mit 19 bekommen habe.

Sie wären mit Ende 30 bereits Oma …
Ich würde es lieben, eine so junge Großmama zu sein. Und Sole wäre dann mit zwei Jahren eine der jüngsten Tanten aller Zeiten. Das ist doch super!

Alexander Nebe, www.gala.de (Ausgabe 45/14)

Mapping (Herausschreiben der relevanten Informationen auf Deutsch):
Einleitung – Angabe, aus welcher Zeitung die Informationen stammen

- Michelle lässt ihrer Tochter viele Freiräume, aber sie muss sich auch an gewisse Regeln halten, sonst hat es Konsequenzen wie z. B. Hausarrest.
- Michelle möchte ihre Tochter beschützen, da die Welt immer verrückter wird, muss aber akzeptieren, dass sie auf Partys geht und vieles ausprobiert.
- Die rebellische Teenie-Phase war sehr kurz – Aurora hat nie Türen geknallt oder die Mutter angeschrien oder sich respektlos verhalten.
- Michelle hätte kein Problem damit, wenn Aurora früh Kinder bekäme (sie selbst ist ja auch sehr früh Mutter geworden) – sie wäre gern eine junge Oma.

Was nicht in die Mediation gehört:

- Hintergrundinformationen über Michelles Hunzikers Familie (Zeilen 1–3).
- Informationen (z. B. Allgemeinwissen: Aurora ist die Tochter aus erster Ehe von Michelle Hunziker mit Eros Ramazzotti), die nicht im Text stehen.
- Verhältnis zwischen Michelle Hunziker und ihrer Mutter

E1 Tocca a te

Dein italienischer Partner bereitet eine Präsentation zum Thema „Casting" vor. Bitte deinen Lehrer um den Text „Mein Leben, eine Casting-Show" oder suche ihn im Internet und schreibe, von welcher Art „Casting" der Text handelt.

3. Fehlerkorrektur und Wortbildung

1. Fehlerkorrektur

Obwohl Max ein Jahr in Italien verbracht hat, ist sein Italienisch noch lange nicht perfekt. Er hat einige seiner fehlerhaften Sätze (1.–6.) zusammengetragen und den Fehlertyp analysiert (rechte Spalte), um zu verstehen, wo seine Schwächen liegen.

Fehlerkorrektur – Tipps zur Vorgehensweise

- Bitte deinen Lehrer/deine Lehrerin, bei der nächsten Hausaufgabe nur die Fehler anzustreichen (ohne den Fehlertyp dazu zu schreiben).
- Versuche den Fehlertyp selbst zu erkennen. Falls du Probleme hast, bitte die Lehrkraft um Hilfe.
- Lege dann eine Liste mit deinen persönlichen Fehlern an indem du versuchst, die Fehler zu katalogisieren wie in der rechten Spalte.
- Welche Fehler treten gehäuft auf? Lies dir nochmals in der Grammatik die entsprechenden Kapitel durch. In manchen Grammatiken gibt es auch entsprechendes Übungsmaterial (mit Lösungen).

E1 Tocca a te

1. Häufig vorkommende Grammatikfehler
Decke die rechte Seite ab und versuche die Fehler in den Sätzen 1.–6. zu finden. Falls du den Fehler nicht auf Anhieb entdeckst, schau in der rechten Spalte nach, welcher Fehlertyp es ist. Vielleicht hilft dir die Charakterisierung des Fehlers, ihn leichter zu finden.

1. In Italia ci sono molte grande città.	Angleichung
2. Prendo un aranciata e un tè.	Artikel
3. La mostra non mi ha piaciuto.	Passato prossimo
4. Mio nonno è stato un uomo simpatico.	Zeit
5. Vuoi leggere il libro? Sì, voglio lo leggere.	Objektpronomen/Stellung
6. La mia madre mi aiuta spesso.	Possessivpronomen/Familie

2. Häufig vorkommende lexikalische Fehler (*falsi amici*)
Finde heraus, welches die korrekte Form ist und übersetze dann den Satz ins Deutsche.

1. **Gioco/Suono** il pianoforte.
2. Abito dai miei **parenti/genitori.**
3. È una **perspettiva/prospettiva** interessante.
4. Dov'è la **cantina/mensa** scolastica?
5. Se vieni troppo tardi devi portare una **scusa/giustificazione.**
6. Mia sorella ha vinto **uno stipendio/una borsa di studio.**
7. Domani **visitiamo/andiamo a trovare** i nonni.
8. Noi non prendiamo la macchina **andiamo/camminiamo.**

2. Wortbildungsmechanismen

E2 Suffixe

Über Suffixe (Silben, die an ein Wort angehängt werden) kann man im Italienischen viel ausdrücken, z.B. Verkleinerung, Vergrößerung, Verniedlichung und Verachtung. Finde heraus, welches Suffix welche Bedeutung trägt.

Beispielsätze:
1. Fabio, il fratello di Franca, è abbastanza cattivo, è veramente un **ragazzaccio.**
2. Tutti ridono di Cinzia perché ha un naso molto grande. Ha veramente un **nasone.**
3. Paolo è un bambino veramente carino. Perciò tutti lo chiamano **Paoletto.**
4. Giorgia è la sorella minore di Carlo. Carlo vuole molto bene alla sua **sorellina.**

N.B. Die Suffixe können nicht an alle Substantive angehängt werden (s. Grammatik).

E3 Präfixe

Präfixe sind Silben, die vor ein Wort gestellt werden. Was drücken die folgenden Vorsilben aus? Könnt ihr eine Regel zur Bildung mit in-, im-, ir-, il- finden?

felice – **in**felice possibile – **im**possibile regolare – **ir**regolare leggibile – **il**leggibile	fedele – infedele parziale – imparziale reale – irreale legale – illegale	contento – **s**contento ordine – **dis**ordine simpatico – **anti**patico	piacere – dispiacere

E4 Bildung von Substantiven

Mit Hilfe welcher Suffixe werden die folgenden Substantive gebildet?

conoscere – conoscenza	violento – violenza	mancare – mancanza
reale – realtà	crudele – crudeltà	povero – povertà
andare – andamento	cambiare – cambiamento	insegnare – insegnamento
inventare – invenzione	organizzare – organizzazione	associare – associazione

4. Bildbeschreibung

Max weiß, dass Fabrizio sich für Lady Gaga interessiert und möchte ihm ein Bild beschreiben, das er auf einem Poster gesehen hat. Im Internet findet er Tipps und nützliches Vokabular zur Bildbeschreibung und Bildanalyse.

Vorgehensweise:

1. Beschreibe zuerst, was du wo siehst. Was steht im Mittelpunkt des Bildes, was im Hintergrund? Wende dich anschließend den Details zu und beschreibe sie. Kannst du etwas über die Farben sagen?
2. Analysiere das Bild. Erkennst du Personen, Symbole oder Hinweise?
3. Weißt du, wann, wo oder auch weshalb das Foto gemacht wurde?
4. Wie interpretierst du das Bild? Was will der Maler/Fotograf deiner Meinung nach ausdrücken/betonen/anprangern?
5. Wie wirkt das Bild auf dich? Wie ist deine persönliche Meinung zum Bild?

Redemittel für die Bildbeschreibung:

- Nel quadro/Nella foto si vede/si vedono
- C'è/Ci sono
- Il colore … è dominante.
- In primo piano/Sullo sfondo
- In alto/In basso
- A sinistra/A destra
- Nell'angolo/Al centro/Dietro

Redemittel für die Bildanalyse und -interpretation:

- Il messaggio dell'immagine …
- Il fotografo/Il pittore vuole esprimere …/vuole criticare/lodare …
- L'espressione del viso …
- L'immagine ha un effetto positivo/negativo su di me perché …
- L'immagine mi ricorda/mi fa pensare a …
- Secondo me …
- L'immagine/La foto/Il quadro mi piace/non mi piace perché …

E 1 Tocca a te

Scegli una foto/un quadro da descrivere, analizzare e interpretare.

5. Mündliche Präsentation

Max soll berichten, wie Ostern in der Gastfamilie gefeiert wurde und welches seiner Meinung nach die Hauptunterschiede zu Ostern in Deutschland sind.

Für die Vorbereitung seiner Präsentation ist Max folgendermaßen vorgegangen:
- Max macht eine kleine Internetrecherche, um interessante Fakten über das Osterfest zusammenzutragen. (Recherchiere ebenfalls im Internet oder informiere dich auf den *Pagine Extra Pasqua*.)
- Er wählt Fotos aus, um die Präsentation mit Bildmaterial zu unterstützen.
- Brainstorming: Welche Aspekte sind interessant für die Zuhörer?
- Er fügt auch persönliche Erlebnisse und seine Meinung hinzu.
- Er strukturiert seine Präsentation (Einleitung, Hauptteil, Schluss).
- Auf einer Karteikarte notiert er dann die wichtigsten Punkte. Er schreibt keine ganzen Sätze, um während seiner Präsentation flexibel zu sein und so frei wie möglich zu sprechen, damit sein Vortrag lebendig wirkt.

Max könnte die folgenden Redemittel benutzen:

1. Einleitung/Thema nennen:
   Oggi io vorrei parlare di …
   Ho scelto il tema … perché …

2. Einige interessante Daten zum Thema vorbringen
   Prima di tutto vorrei presentare …
   Vorrei cominciare con alcuni dati/fatti importanti su …

3. Bildmaterial einbringen
   Vi ho portato alcune foto/immagini …
   Come vedete in questa foto …
   Guardate …/ Ecco …/Vi faccio vedere …

4. Neue Aspekte/Argumente einleiten
   Un altro aspetto interessante …
   Adesso vorrei parlare di un'altra cosa che …
   Bisogna (anche) considerare che …

5. Deutsche Konzepte erklären/Dinge umformulieren
   Non c'è una traduzione per "…", ma adesso vi spiego cos'è …
   Bisogna sapere che in Germania è diverso …/Dovete sapere che …
   In Italia al contrario …/è diverso.
   In altre parole …
   Quello che voglio dire è …/Mi spiego …

6. Aufmerksamkeit der Zuhörer sichern
   Mi sono spiegato bene? Riuscite a seguirmi?
   Avete capito quello che voglio dire?
   Avete delle domande?/Ci sono delle domande? È tutto chiaro?

7. Präsentation abschließen
   Secondo me …
   Devo dire che personalmente …
   Quello che mi piace/mi ha colpito …
   Per finire/Per concludere vorrei dire che …
   Alla fine vorrei aggiungere …
   Vi ringrazio della vostra attenzione/Grazie per l'ascolto
   Se avete ancora delle domande …

Für seine Präsentation sammelt Max Stichpunkte auf Karteikarten.

Introduzione:	tema: Pasqua Italia/Germania
	festa più importante: risurrezione di Gesù Cristo
	proverbio: Natale con i tuoi, Pasqua con chi vuoi.
Parte centrale:	tradizioni in Germania: Osterhase, colorare le uova,
	nascondere le uova
	tradizioni in Italia: enormi uova di Pasqua di
	cioccolato con la sorpresa
	Esperienza personale in Italia: domenica di Pasqua,
	pranzo, gita ... Pasquetta
Conclusione:	mi piace ...
	spero di ...
	Domande?

Nachdem sich Max Stichpunkte gemacht hat, probt er zu Hause vor dem Spiegel. So kann er testen, ob er flüssig spricht und ob er noch etwas an seiner mündlichen Darstellung verbessern muss. Dabei versucht er an folgende Dinge zu denken:

- Langsam, klar und deutlich sprechen!
- Nervosität unter Kontrolle halten und die wichtigsten grammatikalischen Grundregeln im Hinterkopf behalten!
- Kein ausgefallenes Vokabular aus dem Wörterbuch benutzen, sondern den Wortschatz, den auch nicht muttersprachliche Zuhörer problemlos verstehen können!
- Blickkontakt mit den Zuhörern halten!
- Während des Sprechens an Gestik und Mimik denken, um die Präsentation so ansprechend und kurzweilig wie möglich zu gestalten!
- Das benötigte Material bereit legen und die Notizkarten nicht vergessen!

E1 Tocca a te

Scegli un tema per fare una presentazione, per esempio:

- un evento o una festa importante nella tua città/in Germania
- il tuo libro/film, sport, hobby preferito

6. Leseverstehen und Kreatives Schreiben

1. Leseverstehen

Max' Eltern haben bemerkt, dass er von seiner italienischen Freundin Elisa immer wieder per *WhatsApp* Seiten aus einem Buch bekommt. Um ihn für das Lesen zu begeistern, schenken sie ihm dieses Buch. Max beginnt sofort mit der Lektüre, kennt jedoch nicht alle Wörter. Er versteht aber durchaus, worum es in dem Textauszug geht und verwendet hierbei verschiedene Lesetechniken – welche Technik er benutzt, hängt davon ab, was sein Leseziel ist.

Techniken zum Leseverständnis

1. Skimming
Beim *Skimming* überfliegst du den Text, um die wichtigsten Informationen zu erkennen

- Lies dir die Überschriften sowie die ersten und letzten Sätze des Textes kurz durch – sie geben dir wichtige Informationen, worum es in dem Text geht.
- Lies nicht jedes Wort des Textes, sondern konzentriere dich auf Schlüsselwörter.

2. Scanning
Beim *Scanning* sollen spezifische Informationen herausgefiltert werden

- Suche den Text nach Wörtern ab, die mit deiner gesuchten Information zu tun haben, z. B.
  Chi ? Von welchen Personen ist im Text die Rede? Werden Eigennamen genannt?
  Dove? Wo, in welcher Stadt, befinden sich die Personen? Wird ein Land oder eine Stadt erwähnt oder spielt die Geschichte in einem geschlossenen Raum (Haus, Bar …)?
  Che cosa? Was passiert in dem Text? Was machen die Personen?
- Ignoriere die unwichtigen bzw. detaillierteren Informationen – sie sind erst später für das detaillierte Leseverständnis relevant.

3. Close reading
Beim *Close reading* wird das Detailverständnis getestet. Hier kommt es auf jedes Wort an. Daher ist es wichtig, den Text nochmals genau durchzulesen.

- Lies den Text Absatz für Absatz durch, unterstreiche die wichtigsten Informationen oder schreibe dir wichtige Dinge auf ein Notizblatt.
- Versuche, unbekannte Wörter herzuleiten oder durch den Kontext zu erschließen.
- Schlage Schlüsselwörter im Wörterbuch nach.
- Bearbeite den Aufgabenkatalog.

E 1 Probiere die verschiedenen Techniken zum Leseverständnis am Textauszug aus *Bianca come il latte, rossa come il sangue* (Text A1 der Lektion 6 A) auf Seite 122 aus.

2. Kreatives Schreiben

Beim Kreativen Schreiben ist es wichtig, sich vorher zu folgenden Aspekten Gedanken zu machen:

Handlung:	Worum soll es in der Geschichte gehen? Wie baue ich diese auf? Wie beginne und wie beende ich meine Geschichte?
Zeit und Ort:	Wo und wann soll die Geschichte spielen? Gibt es nur einen Ort oder verschiedene Orte? Soll die Geschichte eine Rückblende haben?
Perspektive:	Wer erzählt die Geschichte? Ein Ich-Erzähler oder ein anderer Erzähler, der von außen auf das Geschehen blickt?
Charakterisierung:	Welche Personen kommen in der Geschichte vor? Wie sehen sie aus? Was machen die Personen? Welche Charaktereigenschaften sollen sie haben?

Höhepunkt:	Versuche, deine Geschichte so interessant wie möglich zu gestalten. Deute an, aber verrate nicht zu viel, um das Ende nicht vorhersehbar zu machen. Plane einen Höhepunkt/ Wendepunkt ein.

E2 Continua il dialogo fra prof e studente.

Der Dialog zwischen Lehrer und Schüler endet plötzlich, und es stellt sich die Frage, wie das Gespräch bzw. die Geschichte weitergehen könnte.
Beginne mit einem Brainstorming und mache dir Notizen.

- Worüber könnten Lehrer und Schüler sprechen?
- Sind sie unterschiedlicher Meinung? Gibt es evtl. Streit?
- Welche Charaktereigenschaften möchtest du Lehrer und Schüler zuteilen?
- Überlege dir das Ende deines Dialogs/deiner Geschichte.

Nützliche Strategien und Vokabular für das Verfassen von produktiven Schreibtexten:

1. Übergänge zwischen den Sätzen bzw. Textabschnitten schaffen z. B. durch:
   - Übergangswörter, die einen Gegensatz ausdrücken: ma, però, anzi, al contrario
   - Übergangswörter, die eine Folge/Konsequenz ausdrücken: perciò, per questo, di consequenza, quindi, dunque

2. Bei den Satzanfänge variieren, z. B. durch:
   - Füllwörter: comunque, tutto sommato, insomma …
   - Hervorhebungen: è stato Paolo ad avere l'idea …/Neanche Paolo …

3. Text strukturieren, z. B. durch Strukturwörter oder mehrteilige Konjunktionen wie:
   - prima … poi … dopo …
   - all'inizio … alla fine …
   - da una parte … dall'altra parte
   - non solo … ma anche …

4. Komplexere Sätze bilden z. B. durch Benutzung
   - des Gerundiums oder
   - von Konjunktionen z. B.
     - anreihende Konjunktionen (e, pure, anche, inoltre …)
     - ausschließende Konjunktionen (o, oppure, altrimenti …)
     - entgegensetzende Konjunktionen (ma, però, anzi, invece, tuttavia …)
     - erklärende Konjunktionen (infatti, cioè …)
     - abschließende Konjunktionen (quindi, dunque, perciò, per questo …)

Vocabolario

Im folgenden Vokabelverzeichnis findet ihr die neuen Wörter jeder Lektion aufgeführt. Diese bilden den Lernwortschatz und werden in der Folge als bekannt vorausgesetzt.

In der ersten Spalte findet ihr das neue italienische Wort oder einen neuen italienischen Ausdruck, die deutsche Entsprechung dazu in der zweiten Spalte. In der dritten Spalte schließlich stehen Beispielsätze, Lerntipps und Verweise auf andere Sprachen, also alles, was euch dabei hilft, die neuen Wörter leichter zu behalten.

Die Wörter, die dort mit einem Ausrufezeichen gekennzeichnet sind, sind zwar sprachgeschichtlich mit dem entsprechenden italienischen Wort verwandt, haben aber eine andere Bedeutung als im Italienischen.

Am Ende des Buchs befindet sich ein Register mit einer alphabetischen Auflistung des gesamten Wortschatzes von ***Scambio 1 und 2***. Hinter jedem Eintrag wird auf die Lektion verwiesen, in der das Wort/der Ausdruck erstmals vorkommt.

Im Anschluss folgt eine Übersicht über die grammatischen Begriffe und ihre Abkürzungen, die in Lektions- und Vokabelteil verwendet werden – auf Italienisch und Deutsch!

Per parlare della lingua

la (prima, seconda, ...) persona		die (erste, zweite, ...) Person	
l'abbreviazione *f*		die Abkürzung	
l'accento		der Akzent	
l'aggettivo	*agg.*	das Adjektiv	*Adj.*
analogo		analog, ähnlich	
l'articolo		der Artikel	
l'ausiliare *m*		das Hilfsverb	
l'avverbio	*avv.*	das Adverb	*Adv.*
la comparazione		der Vergleich	
il complemento (di tempo)		Objekt (der Zeit)	
il condizionale (presente/passato)		das Konditional (der Gegenwart/ Vergangenheit)	
il congiuntivo (presente/passato)		der Konjunktiv (Präsens/Perfekt)	
la congiunzione		die Konjunktion	
la coniugazione; coniugare		die Konjugation; konjugieren	
la desinenza		die Endung	
il discorso diretto/indiretto		die direkte/indirekte Rede	
l'espressione di luogo/quantità/tempo		die Orts-, Mengen-, Zeitangabe	
femminile	*f.*	feminin; weiblich	*f.*
la forma (verbale/del verbo, della preposizione, ...)		die Form (des Verbs, der Präposition, ...)	
la forma di cortesia		die Höflichkeitsform	
la frase (principale/subordinata)		der (Haupt-/untergeordneter Neben-)Satz	

il futuro (semplice); il futuro anteriore	*fut.*	das Futur (I), das Futur II	
il gerundio		das Gerund	
l'imperativo	*imp.*	der Imperativ, die Befehlsform	
l'imperfetto	*impf.*	das Imperfekt	
(in)definito		(un)bestimmt	
l'indicativo	*ind.*	der Indikativ	
l'infinito	*inf.*	der Infinitiv	*Inf.*
irregolare		unregelmäßig	
maschile	*m.*	maskulin; männlich	*m.*
la messa in rilievo		die Hervorhebung	
monosillabo		einsilbig	
la negazione		die Verneinung	
l'oggetto		das Objekt	
l'ordine della frase		die Satzstellung	
l'ortografia		die Rechtschreibung	
la particella (pronominale)		die (Pronominal-)Partikel	
il participio (presente/passato)	*part. (pres./pass.)*	das Partizip (Präsens/Perfekt)	
partitivo		Teilungs-	
il passato (prossimo/remoto)	*pass. pross./rem.*	das Perfekt	
il passivo		das Passiv	
il periodo ipotetico		der Bedingungssatz	
il plurale	*pl.*	der Plural	*Pl.*
il prefisso		das Präfix, die Vorsilbe	
la preposizione (temporale/locale)	*prep.*	die Präposition (der Zeit/des Orts)	
il presente	*pres.*	das Präsens	
il pronome (personale, possessivo, relativo, indefinito)	*pron. (pers., poss., rel., indef. ...)*	das (Personal-, Possessiv-, Relativ-, Indefinit-)Pronomen	
qualcosa	*qc.*	etwas	
qualcuno/a qualcuno	*qn./a qn.*	jemanden (Akkusativ)/jemandem (Dativ)	*jdn./ jdm.*
regolare		regelmäßig	
il raddoppiamento		die Verdoppelung	
la sillaba		die Silbe	
il singolare	*sg.*	der Singular	*Sg.*
il soggetto		das Subjekt	
il sostantivo	*sost.*	das Substantiv	
il suffisso		das Suffix, die Endsilbe	
il superlativo (relativo/assoluto)	*sup.*	der (relative/absolute) Superlativ	
il trapassato prossimo		das Plusquamperfekt	
l'uso		der Gebrauch	
il verbo (ausiliare/modale)	*vb.*	das (Hilfs-/Modal-)Verb	*V.*

Lezione 1

Ingresso

la vacanza, le vacanze	der Urlaub, die Ferien	**L** vacare **F** les vacances **E** vacation › Durante le vacanze non devo andare a scuola e ho più tempo per i miei amici.
la campagna	das Land (*als Gegensatz zur Stadt*); die Kampagne	**L** campus **F** la campagne **E** campaign › Spesso i giovani trovano noiosa la vita in campagna, preferiscono la vita in città.
la montagna	das Gebirge; die Berge	**L** mons **F** la montagne **E** mountain
il mare *m.*	das Meer	**L** mare **F** la mer › Vai in montagna o al mare?
l'albergo	das Hotel	› Gli alberghi sono tutti pieni in agosto.
l'agriturismo	der Agriturismus, Urlaub auf dem Bauernhof	**L** ager › Le famiglie preferiscono andare all'agriturismo.
l'ostello	die (Jugend-)Herberge	**L** hospitium **E** hostel
la tenda	das Zelt	**L** tendere **F** la tente **E** tent › Chi non vuole spendere tanti soldi per un albergo va in tenda.
la cima	der Gipfel	› Le cime sono i punti più alti dei monti.
la barca	das Boot	**F** la barque › Quanto mi piacciono i viaggi in barca!
la spiaggia	der Strand	› Le spiagge della Sardegna sono famose.
la canoa	das Kanu	**F** le canoë › La canoa è un tipo di barca.
il campeggio	das Camping, der Campingplatz	**L** campus **F** le camping **E** camping
la visita guidata	die Führung, Besichtigungstour	**L** visitare **F** la visite guidée **E** guided tour › – Quanto viene una visita guidata? – Venti euro a persona.
il centro (storico)	das (historische) Zentrum, die (Stadt-)Mitte	**F** le centre **E** centre › Niente macchine nei centri storici!
gli scavi *pl.*	die Ausgrabungen	**L** excavare **E** excavation › Gli scavi di Pompei sono famosissimi in tutto il mondo.
godersi; godere	genießen	**L** gaudere
notturno, -a	nächtlich, Nacht-	**L** nocturnus **F** nocturne
il fiume *m.*	der Fluss	**L** flumen **F** le fleuve
il lago	der See	**L** lacus **F** le lac **E** lake › Italia è ricca di fiumi e laghi.
scambiare	austauschen	
A1 **piovere**	regnen	**L** pluit › Ma quanto è piovuto ieri sera!
scolastico, -a	schulisch, Schul-	**L** schola **E** school
la fretta	die Eile	› Guarda, ho fretta! Parliamo dopo, ok?
la sorellina	die kleine Schwester	**L** soror
entusiasta *agg.*	begeistert	**E** enthusiastic › Giuliano è entusiasta del calcio. Guarda tutte le partite.

l'esperienza	die Erfahrung	**L** experiri **E** experience › Il programma dell'eTwinning è un'esperienza molto positiva per gli studenti.
il tema ***m.***	das Thema	**E** theme
interessare a	jdn. interessieren	**L** interesse **F** intéresser qn **E** interest › Quali temi interessano a Carlotta e Cinzia?
segreto, -a	geheim, heimlich	**L** secretus **F** secret, ète **E** secret
mitico, -a	super, fantastisch	**F** mythique **E** myth › I giovani sono entusiasti della cantante, la trovano mitica.
la pietà	die Gnade, Barmherzigkeit	**L** pietas
il grado	das Grad; der Grad, der Rang	**L** gradus **E** grade (!)
di preciso ***avv.***	genau	**F** précis, e **E** precisely › Gli studenti non sanno ancora di preciso come funziona l'eTwinning.
boh ***escl.***	Keine Ahnung!	
uno ***pron. indef.***	einer, jemand	
persino/perfino ***avv.***	sogar	› Tutti vogliono andare al mare, persino gente che non sa nuotare.
girare	unterwegs sein, umhergehen, -fahren	**L** ire › Ai giovani piace girare in città.
la realtà	die Wirklichkeit	**L** res **F** la réalité **E** reality
ben poco	herzlich wenig	
mettersi d'accordo su qc.	etwas vereinbaren	**F** se mettre d'accord › Alla fine i ragazzi si sono messi d'accordo.
E1 **indicare**	angeben, anzeigen	**L** indicare **E** to indicate › Indichi tu la strada giusta a Paola?
la riga	die Zeile	
l'e-mail ***f.***	die E-Mail	
la mappa concettuale	das Mindmapping	
E2 **il passato**	die Vergangenheit	**L** passus **F** le passé **E** past *ant.* il futuro
tradurre *part. pass.* **tradotto**	übersetzen	**L** transducere › Burkhart Kroeber ha tradotto il famoso romanzo *Il nome della rosa,* così tutti i tedeschi possono leggerlo.
proporre *part. pass.* **proposto**	vorschlagen	**L** proponere **F** proposer **E** propose › propongo, proponi, …, propongono
controllare	überprüfen, kontrollieren	**E** control **F** contrôler
E3 **ricordarsi; ricordare**	sich erinnern; erinnern	**L** re + cor **E** record (!) › Max si ricorda volentieri del suo soggiorno a Roma.
fotografare	fotografieren	
insegnare	unterrichten, beibringen	**L** signum **F** enseigner
il corso	der Kurs; der Verlauf	**L** cursus **F** le cours **E** course › Prima di andare in Italia Johannes vuole fare un corso di lingua.

	il sorriso	das Lächeln	**L** ridere **F** le sourire › Chi non conosce il sorriso della Mona Lisa?
	l'aperitivo	der Aperitif	**L** aperire
	innamorato, -a	verliebt	**L** amor **F** amoureux, se › La Prof. Wagner si è innamorata di Pisa.
	restare	bleiben	**L** restare **E** stay › Oggi non usciamo, restiamo a casa.
E4	**l'azione *f.***	die Handlung, Aktion	**L** actio **F** l'action *f.* **E** action
	l'emozione *f.*	das Gefühl, die Emotion	**L** ex + movere **F** l'émotion *f.* **E** emotion
	certo, -a *agg.*	gewiss, bestimmt, sicher	
	la ripetizione *f.*	die Wiederholung	**L** repetere **F** la répétition **E** repetition
	l'abitudine *f.*	die Gewohnheit	**F** l'habitude *f.* **E** habit › Giorgio si alza sempre alle sei anche la domenica, è un'abitudine.
	la spiegazione *f.*	die Erklärung	**F** l'explication *f.*
	notare	bemerken	**L** notare **E** note › Giuliano ascolta musica, non nota sua sorella.
E5	**sorpreso, -a**	überrascht	**F** surpris, e **E** surprise › Per questo è sorpreso quando Carlotta entra nella sua stanza.
	partecipare a	teilnehmen an	**L** pars **F** participer à **E** participate › La classe di Max partecipa al programma dell'eTwinning.
E7	**rileggere** *part. pass.* **riletto**	nochmals lesen	**L** re + legere
	la frase *f.*	der Satz	**E** phrase (!) › Ragazzi, scrivete frasi complete, non solo una parola!
	lo scambio	der Austausch	**F** l'échange *m.* › L'eTwinning prepara scambi.
	identico, -a	der-/die-/dasselbe	**L** idem **F** identique **E** identical › Questi gemelli sono quasi identici!
	differente *agg.*	unterschiedlich	**L** differre **E** different
E8	**farsi vivo**	sich melden, ein Lebenszeichen von sich geben	› Max si fa vivo presso gli amici con delle e-mail.
E9	**le chiacchiere *pl.***	das Gerede, das Geschwätz	
	telefonare a qn.	jdn. anrufen	**F** téléphoner à qn. **E** (tele)phone › Giuliano preferisce telefonare ai suoi amici.
	il bacio	der Kuss	**L** basium **F** le baiser
	sbagliato, -a	falsch	› Max non può scrivere a Cinzia perché ha un indirizzo sbagliato.
	realizzare	verwirklichen	**L** res **F** réaliser **E** realise (!) › Speriamo di potere realizzare il nostro progetto.
	il progetto	das Projekt; der Plan, das Vorhaben	**L** proicere **F** le projet **E** project
	promettere (di scrivere) *part. pass.* **promesso**	versprechen (zu schreiben)	**L** promittere **F** promettre **E** to promise

E10	**raggruppare**	anordnen, gruppieren	
	il/la miglior(e) (amico/a)	der/die beste (Freund/in); der/die Bessere	**L** melior › Simone è il miglior amico di Giuliano.
	i parenti ***pl.***	die Verwandten	**L** parentes (!) **F** les parents (!) **E** parents (!)
	la trappola	die Falle	
A2	**egregio,-a**	herausragend; sehr geehrte/r	**L** egregius › Egregia Signora, oggi Le scrivo …
	il motivo	der Grund; das Motiv	**L** movere **F** le motif **E** motive
	il/la collega; ***pl.*** **i colleghi/le colleghe**	der Kollege, die Kollegin	**L** collega **F** le/la collègue **E** colleague
	l'insegnante ***m./f.***	der Lehrer, die Lehrerin	**L** signum **F** l'enseignant *sin.* il/la prof
	l'ospite ***m./f.***	der Gast; der/die Gastgeber/in	**L** hospes **F** l'hôte › Max è stato l'ospite della famiglia Schiatti.
	l'altro ieri ***avv.***	vorgestern	**L** alter + heri
	l'inizio	der Anfang	**L** initium
	superare	überwinden	**L** superare › Hai già superato il tuo problema di ieri?
	la Commissione Europea	die Europäische Kommission	**E** European Commission **F** la Commission Européenne
	la piattaforma	die Plattform	**E** platform
	comunicare	kommunizieren, sich verständigen	**L** communis **E** communicate › Quale piattaforma usi tu per comunicare in internet?
	la tematica	der Themenbereich	
	la fine ***f.***	das Ende	**L** finis **F** la fin **E** final
	il concorso	der Wettbewerb	**L** concurrere **F** le concours
	allegare	anhängen, einen Anhang hinzufügen	**L** ad + legare › Max allega una foto alla sua e-mail.
	inviare	senden, schicken	**L** in + viam **F** envoyer › Poi l'invia a Giuliano.
	il saluto	der Gruß	**L** salutare **F** le salut
E12	**l'uso**	der Gebrauch, die Nutzung	**L** usus **F** l'usage *m.* **E** use
E13	**il marito**	der (Ehe-)Mann	**L** maritus **F** le mari › Il signor Schiatti è il marito della signora Bianchi.
	corretto, -a	korrekt, richtig	**L** correctum **F** correct **E** correct
	il caos ***m.***	das Chaos	**F** le chaos **E** chaos
E14	**l'importanza**	die Wichtigkeit	**L** in + portare **F** l'importance *f.* **E** importance
E15	**dare del Lei a qn.**	jdn. siezen	› Gli studenti danno del Lei alla Prof.ssa Wagner.
	ufficiale ***agg.***	offiziell, formell	**L** officium **E** official
	la formula (iniziale/di saluto)	die (Einleitungs-/Schluss-) Floskel	› Una formula di saluto in una lettera può essere "cordiali saluti".
E16	**la telefonata**	der Anruf, das Telefongespräch	**E** telephone
	l'accesso a qc.	der Zugang	**L** accedere **F** l'accès *m.* **E** access › Quando sono in viaggio non ho sempre accesso a internet.

	la volontà	der Wille, die Absicht	**L** voluntas **F** la volonté **E** voluntary
E18	**la comunicazione *f.***	die Kommunikation, die Verständigung	**L** communis **F** la communication **E** communication
	gli Stati Uniti	die Vereinigten Staaten	**E** United States **F** les Etats-Unis
	l'interesse *m.*	das Interesse	**L** interesse **F** l'intérêt *m.* **E** interest
	reale *agg.*	wirklich, real	**L** res **E** real
	di sicuro *avv.*	sicherlich	
B1	**stampare**	drucken	
	perdere *part. pass.* **perso**	verlieren; verpassen	**L** perdere **F** perdre › Sara ha perso il suo grande amore. È tristissima.
	ora *avv.*	jetzt	**L** hora *sin.* adesso
	tremendo, -a *agg.*	irre; irrsinnig, wahnsinnig	› Sei tremenda! Per questo ti amo.
	il piacere	die Freude; der Genuss	**L** placere **F** le plaisir › Mi farebbe molto piacere rivederti.
	attivo, -a	aktiv	
	indipendente *agg.*	unabhängig	**F** indépendant, e **E** independent › Carlotta fa quello che vuole: è una ragazza indipendente.
	interessato, -a	interessiert	**L** interesse **F** intéressé, e › Carlotta non è interessata a quello che fanno gli altri.
	lasciare (indietro)	(zurück)lassen	**F** laisser › Lascia indietro quelli noiosi.
	senz'altro	ohne weiteres; ganz sicher	
	l'aereo	das Flugzeug	**L** aer **E** airplane › Prendo il treno e non l'aereo, è più ecologico.
	la possibilità	die Möglichkeit	**L** possibilis **F** la possibilité **E** possibility › Guarda quante possibilità ti offre il futuro!
	rendere (felice)	(glücklich) machen; zurückbringen	**L** reddere › L'idea dello scambio rende felice tutta la classe.
	la forza; forza!	die Kraft; auf geht's! Nur Mut!	**L** fortis **E** force (!)
E2	**sottolineare**	unterstreichen, betonen	
	completo, -a	vollständig	**L** complere **F** complet, ète **E** complete
E3	**naturalmente**	natürlich, selbstverständlich	**L** natura **F** naturellement **E** naturally
	la mostra	die Ausstellung	**L** monstrare
	il/la regista *m./f.*	der/die Regisseur/in	**L** regere › Fellini è uno dei registi italiani più famosi.
	rimanere *part. pass.* **rimasto**	bleiben	**L** remanere **E** remain › rimango, rimani, …, rimangono
E4	**il pianoforte**	das Klavier	**E** piano **F** le piano
	navigare (in internet)	segeln; (im Internet) surfen	**F** naviguer › Navigo in internet per fare una ricerca.
	la stanza	das Zimmer	**L** stare *sin.* la camera
B2	**I gusti sono gusti.**	Über Geschmack lässt sich nicht streiten.	
	la fortuna	das Glück	**L** fortuna **F** la fortune › Non ho perso il treno. Che fortuna!
	la zona	das Gebiet, die Zone	**F** la zone **E** zone

	morire *part. pass.* **morto, -a**	sterben	**L** mori ❯ muoio, muori, muore, moriamo, morite, muoiono; *ant.* vivere
	la grotta	die Grotte	**F** la grotte ❯ Le Grotte di Frasassi si trovano nelle Marche.
	meraviglioso, -a	wunderbar	**F** merveilleux, -se **E** marvellous *sin.* stupendo, magnifico
	cadere *part. pass.* **caduto**	fallen, hinfallen	**L** cadere ❯ Sono caduta, ma non mi sono fatta male.
	parecchio, -a ***agg./avv.***	ziemlich viel	❯ – Hai paura? – Sì, parecchia.
	la volta	das Mal	❯ È la prima volta che gli studenti italiani organizzano un progetto con studenti tedeschi.
	difficile ***agg.***	schwierig	**L** difficilis **F** difficile **E** difficult *ant.* facile
	abbastanza ***avv.***	ziemlich; genügend	❯ Per alcuni ragazzi è abbastanza difficile scrivere in una lingua straniera.
	entro ***prep.***	innerhalb, binnen	**L** intra
	straniero, -a ***agg.***	ausländisch; fremd	**L** extra + natus **E** strange (!) ❯ Oggigiorno è importante conoscere le lingue straniere.
	fra un po'	in Kürze, bald	
	l'allenatore/l'allenatrice	der/die Trainer/in	
	anziano, -a	alt (*auf Menschen bezogen*)	**L** antea **E** ancient (!) ❯ Non soltanto i giovani, anche le persone anziane navigano in internet.
	stancarsi	müde werden	❯ Sei sempre attivo? Ma non ti stanchi mai?
	la scusa	die Entschuldigung; die Ausrede	**F** l'excuse f. **E** excuse ❯ Il prof non accetta più certe scuse dei ragazzi.
E7	**l'affermazione** ***f.***	die Aussage, Behauptung	**L** affirmare **F** l'affirmation *f.* **E** affirm
	tradizionale ***agg.***	traditionell, herkömmlich	**L** tradere **F** traditionnel, -le **E** traditional
	riassumere *part. pass.* **riassunto**	zusammenfassen	**L** re + sumere ❯ Alla fine della lezione la prof riassume i risultati.
	la caratteristica	das Merkmal	**E** characteristic
	l'elenco	die Liste	❯ Per preparare la gita i ragazzi fanno un elenco delle cose da non dimenticare.
E9	**formare**	formen, bilden	**L** forma **E** form
	grammaticale ***agg.***	grammatikalisch	**F** grammatical, -e **E** grammatical
	succedere *part. pass.* **successo**	vorfallen, passieren	**L** succedere **E** succeed (!) ❯ Durante il viaggio non è successo niente – per fortuna!
E11	**appena** ***avv.***	sobald; mit Mühe, kaum; gerade	**F** à peine ❯ Cinzia era appena tornata quando ha visto il regalo.
E13	**trasformare**	umwandeln, -formen	**L** transformare **F** transformer **E** transform
	ideale ***agg.***	ideal	**F** idéal, e **E** ideal
E17	**il consiglio**	der Rat(schlag), Tipp	**L** consilium **F** le conseil **E** counsel ❯ Non so quale degli alloggi prendere. Puoi darmi un consiglio?

la ricetta	das Rezept	**L** recipere **F** la recette **E** recipe ❯ Mi dai la ricetta del tiramisù? È buonissimo!

Lezione 2

Ingresso

il mestiere	der Beruf	**F** le métier ❯ I giovani vogliono un mestiere interessante e ben pagato.
la professione *f.*	der Beruf	**L** profiteri **F** la profession *sin.* il mestiere
la descrizione *f.*	die Beschreibung	**L** describere **F** la description
l'archeologo	der Archäologe	**F** l'archéologue **E** archeologist ❯ A Paolo piacciono gli scavi. Vuole fare l'archeologo.
l'impiegato/a	der/die Angestellte	
il medico	der Arzt	**L** medicus **F** le médecin **E** medical ❯ Mia sorella fa il medico. Lavora in un grande ospedale.
la velina	die TV-Assistentin	
il/la giardiniere/a	der/die Gärtner/in	**F** le jardinier **E** gardener ❯ I giardinieri amano coltivare e curare le piante.
l'ospedale *m.*	das Krankenhaus	**L** hospes **F** l'hôpital *m.* **E** hospital
lo studio	die (Arzt-)Praxis, das Studio; das Arbeitszimmer	**L** studere **E** study ❯ Per lavorare bene in uno studio ci deve essere la calma.
costruire, -sc-	bauen	**L** construere
progettare	planen	**L** proicere **F** projeter ❯ Stiamo progettando un viaggio in Canada.
la carta bancomat	die Bankkarte, Girokarte	**F** la carte bancaire
oppure	oder	*sin.* o
servire	(be)dienen; nötig sein	**L** servire **E** serve ❯ Mi serve una carta bancomat quando non voglio portare tanti soldi in tasca.
magro, -a	mager	**F** maigre **E** meagre
la passione *f.*	die Leidenschaft	**L** pati **F** la passion **E** passion ❯ Giulio ha una grande passione per la letteratura. Conosce tantissimi libri.
l'albero	der Baum	**L** arbor **F** l'arbre *m.*
l'architettura	die Architektur	**F** l'architecture *f.* **E** architecture
A1 **la criminalità**	die Kriminalität, das Verbrechertum	**L** crimen **F** la criminalité **E** criminal
l'autore/l'autrice	der/die Autor/in, Schriftsteller/in	**L** auctor **F** l'auteur *m.* **E** author ❯ Quest'autore ha una grande passione per l'architettura: scrive molto sull'arte di costruire case.
crescere *part. pass.* **cresciuto**	(auf)wachsen	**L** crescere
la pubblicazione *f.*	die Veröffentlichung	**L** publicus **F** la publication **E** publication

	improvvisamente ***avv.***	unvorhergesehenermaßen, auf einen Schlag	**L** in + providere ❯ Improvvisamente la prof entra nell'aula.
	la scorta	der Begleit-, Personenschutz	**E** escort ❯ Alcuni politici hanno la scorta che li protegge.
	il poliziotto	der Polizist	**F** le policier **E** police
	il dottore/la dottoressa	der/die Doktor/in, der Arzt/ die Ärztin	**L** docere **F** le docteur **E** doctor *sin.* il medico
	velocemente ***avv.***; **veloce** ***agg.***	schnell	**L** velox ❯ Non abbiamo tempo, dobbiamo partire velocemente.
	tutto sommato	alles in allem, kurz gesagt	
	arrendersi	aufgeben, resignieren	**E** surrender ❯ Non capisco questo problema di matematica – mi arrendo.
	l'indagine ***f.***	die Ermittlung, Untersuchung	❯ La scuola ha fatto un'indagine: gli studenti preferiscono l'italiano all'inglese.
	mondiale ***agg.***; **i mondiali**	Welt-; die Weltmeisterschaften	**L** mundus **F** mondial, e ❯ Chi ha vinto gli ultimi mondiali?
	attuale ***agg.***	aktuell	**F** actuel, le
E1	**straordinario, -a**	außergewöhnlich	**L** extra + ordo **E** extraordinary *ant.* normale
	l'età	das Alter	**L** aetas **F** l'âge *m.* **E** age ❯ Giuliano e Carlotta hanno la stessa età.
	la regione ***f.***	die Region, das Gebiet	**L** regio **F** la région **E** region ❯ L'Italia ha venti regioni.
	l'origine ***f.***	der Ursprung, die Herkunft	**L** origo **F** l'origine *f.* **E** origin ❯ All'origine dell'italiano c'è il latino.
	la particolarità	die Besonderheit	**L** pars **F** la particularité **E** particularity ❯ Le parole lunghe sono una particolarità del tedesco.
	inscenare	inszenieren	
E2	**la teoria**	die Theorie, Vermutung	**F** la théorie **E** theory
	cattivo, -a	böse, schlecht	*ant.* buono
E3	**finale** ***agg.***; **le finali**	letzte(r), Abschluss-; die Endspiele	**L** finis **F** final, e **E** final ❯ – Sono già finiti i mondiali? – No, mancano le finali!
	fortunato, -a	glücklich (im Sinne v. „Glück gehabt")	**L** fortuna **E** fortunate ❯ C'è tanto sole, siamo fortunati con il tempo.
	cordiale ***agg.***	herzlich	**L** cor **F** cordial, e **E** cordial ❯ Cinzia è una persona cordiale – pensa sempre agli altri.
	il personaggio	die Persönlichkeit	**F** le personnage
	metterci (molto tempo)	(viel Zeit für etwas) brauchen	❯ Per fare bene questo compito d'italiano gli studenti ci mettono molto tempo.
	impegnarsi	sich anstrengen, sich engagieren	❯ I ragazzi si sono impegnati molto per il progetto.
E5	**la situazione** ***f.***	die Situation	**L** situs **F** la situation **E** situation
A2	**qualche** ***agg. con singolare!***	mancher; manche	❯ Qualche studente non sa che argomento scegliere per il progetto.

	dipendere; dipende da *part. pass.* **dipeso**	abhängen; das kommt darauf an	**L** dependere **F** dépendre **E** depend › Com'è la lezione dipende anche da te!
	in genere	im Allgemeinen	**F** en général
	fortunatamente	zum Glück	**E** fortunately
	l'ufficio	das Büro, Amt	**L** officium **E** office › Un impiegato lavora spesso in un ufficio.
	scavare	(aus)graben	**L** excavare **E** excavate › Un archeologo scava oggetti antichi.
	affascinare	faszinieren	**F** fasciner **E** fascinate
	fermare; fermarsi	an-, aufhalten; sich aufhalten	› Il treno non ferma automaticamente a tutte le fermate.
	lì/là *avv.*	dort	**F** là
	prezioso, -a	wertvoll	**L** pretium **F** précieux, se **E** precious › Gli oggetti scavati dall'archeologo sono preziosi.
	sicuramente	sicherlich	
E7	**simile** *agg.*	ähnlich	**L** similis **E** similar › L'italiano è simile al latino.
	diverso, -a	unterschiedlich	**L** diversus **F** divers, e **E** diverse › Ma il tedesco è diverso dall'italiano.
E8	**smettere (di parlare)** *part. pass.* **smesso**	aufhören (zu reden)	*sin.* finire › La prof dice ai ragazzi: "Smettete di chiacchierare!"
	la maturità	die Reife; das Reifezeugnis, das Abitur	**L** maturus
E9	**esistere** *part. pass.* **esistito**	existieren	**L** existere **E** exist
	l'alunno	der/die Schüler/in der Grund- oder Mittelschule	**L** alere **F** l'élève *sin.* studente
	la scuola primaria/ elementare	die Grundschule	**E** primary/elementary school
	l'istituto	das Institut, (schulische) Einrichtung	**L** institutum **F** l'institut *m.* **E** institution
	artistico, -a	künstlerisch, Kunst-	**L** ars **F** artistique **E** artistic *sost.* arte
	classico, -a	klassisch; humanistisch	**L** classis **F** classique **E** classical › Lucia studia il greco e il latino perché frequenta il liceo classico.
	musicale *agg.*	musisch, musikalisch	**E** musical **F** musical, e *sost.* la musica
	settimanale *agg.*	wöchentlich, Wochen-	**L** septem *sost.* settimana
	economico, -a	wirtschaftlich, Wirtschafts-; billig	**E** economic **F** économique
	tecnologico, -a	technologisch	**F** technologique **E** technological
	l'industria	die Industrie	**L** industria **F** l'industrie *f.* **E** industry
	l'esame *m.*	die Prüfung	**L** examen **F** l'examen *m.* **E** exam › La maturità è l'esame finale al liceo.
	zero	null	**F** zéro **E** zero › La nostra squadra ha vinto uno a zero.
	soddisfacente *agg.*	befriedigend	**L** satisfacere **F** satisfaisant, e **E** satisfying

sufficiente *agg.*	ausreichend	**L** sufficere **F** suffisant, e **E** sufficient
giù *avv.*	unten; herunter	*ant.* su
E 10 **il rapporto**	das Verhältnis, die Beziehung	**F** le rapport ❯ Claudio non ha un ottimo rapporto con i suoi genitori, litigano spesso.
A 3 **la rivoluzione** *f.*	die Revolution	**L** re + volvere **F** la révolution **E** revolution
(per) se stesso, -a	(für) sich selbst	❯ In un compito in classe ognuno lavora per se stesso.
faticoso, -a	anstrengend	**L** fatigare **F** fatigant, e ❯ Preparare un esame può essere faticoso.
programmare	programmieren, planen	**F** programmer **E** programme
oltre *prep./avv.*	über … hinaus, jenseits, außer	**L** ultra ❯ Oltre ai vocaboli i ragazzi imparano la grammatica per il compito in classe.
il comando	der Befehl	**L** mandare **E** command
nulla *pron. indef.*	nichts	**L** nullus *sin.* niente
utilizzare	nutzen, verwenden	**L** uti **F** utiliser **E** utilize ❯ Gli studenti non possono utilizzare il cellulare in classe.
l'occhio	das Auge, Augenmerk	**L** oculus **F** l'oeil *m.* ❯ Il prof ha gli occhi aperti e vede tutto.
disponibile *agg.*	erhältlich, verfügbar; entgegenkommend	**L** disponere **F** disponible **E** disposal ❯ Oggi sono disponibile, ho tempo per aiutarti con i tuoi compiti.
vario, -a	verschieden, vielfältig	**L** varius **F** varié, e **E** various
il naso	die Nase	**L** nasus **F** le nez **E** nose
flessibile *agg.*	flexibel	**L** flectere **F** flexible **E** flexible
il dito; *pl.* **le dita**	der Finger	**L** digitus **F** le doigt ❯ Fabrizio ha scritto un testo lungo – adesso gli fanno male tutte le dita.
il braccio; *pl.* **le braccia**	der Arm	**L** brachium **F** le bras ❯ Franca è triste, per questo Tiziana la prende tra le sue braccia e dice: "Non essere triste, cara!"
riprodurre; riproduco *part. pass.* **riprodotto**	nachbilden; ich bilde nach	**L** re + producere **F** reproduire **E** reproduce
il movimento	die Bewegung	**L** movere **F** le mouvement **E** movement
umano, -a	menschlich	**L** humanus **F** humain, e **E** human
la gamba	das Bein	**F** la jambe
permettere *part. pass.* **permesso**	erlauben, ermöglichen	**L** permittere **F** permettre **E** permit ❯ La scuola di Max ha permesso uno scambio con l'Italia.
la bocca	der Mund	**F** la bouche
la lingua	die Sprache; die Zunge	**L** lingua **F** la langue **E** language ❯ La lingua si trova nella bocca.
sia … sia	sowohl … als auch	❯ Sia gli studenti sia i prof sono contenti di quest'incontro.

	l'aspirapolvere ***m.***	der Staubsauger	**F** l'aspirateur *m.* › Per pulire l'appartamento Carlotta prende l'aspirapolvere.
	il ventilatore ***m.***	der Ventilator	**L** ventus **F** le ventilateur
	la testa	der Kopf	**F** la tête
	la spalla	die Schulter	**F** l'épaule *f.*
	la tecnologia	die Technologie	**F** la technologie **E** technology
	l'orecchio; ***pl.*** **le orecchie**	das Ohr	**L** auris **F** l'oreille *f.* › Le orecchie delle persone anziane sono spesso molto grandi – nessuno sa perché.
	impressionare	beeindrucken	**L** imprimere **F** impressionner **E** impress
	la faccia	das Gesicht	**L** facies **E** face › Gli devi dire in faccia che non si può comportare così.
	la villa	die Villa	**L** villa
	il metro quadro	der Quadratmeter	**F** le mètre quarré **E** square metre › Il nostro appartamento ha 80 metri quadri.
	il muscolo	der Muskel	**F** le muscle **E** muscle › Quando fai molto sport, hai i muscoli.
	largo, -a	breit, weit	**L** largus **F** large **E** large
	il/la bambino/a	das Kind; kleiner Junge, kleines Mädchen	
	i capelli (il capello)	die Haare	**L** capillus **F** les cheveux *(m.)*
	magnifico, -a	großartig	**L** magnificus **F** magnifique **E** magnificent
	il labbro; ***pl.*** **le labbra**	die Lippe	**L** labrum **F** les lèvres › Paolo ha mangiato delle ciliege – adesso ha le labbra rosse.
	(parlare) piano	leise; langsam (sprechen)	
	lo spazio	der Raum	**F** l'espace *m.*
E 11	**la pubblicità**	die Werbung	**L** publicus **F** la publicité
	il campo (semantico)	das (Wort-)Feld	**F** le champ sémantique › È utile imparare i vocaboli in campi semantici.
E 16	**idiomatico, -a**	idiomatisch	**F** idiomatique **E** idiomatic
E 17	**la trasmissione** ***f.***	die Sendung	**L** trans + mittere **E** transmission
	il punto	der Punkt	**E** point › Alla fine di una frase devi mettere un punto.
B 1	**la caccia**	die Jagd	**F** la chasse
	la celebrità	die Berühmtheit	**L** celeber **E** celebrity
	guadagnare	verdienen	**F** gagner › Le celebrità in TV guadagnano tantissimi soldi, perciò sono ricche.
	pesare ***tr./intr.***	wiegen	**L** pendere **F** peser › Questa patata è grande, pesa due etti.
	la vita	das Leben; die Taille	**L** vita **F** la vie › "La vita è bella" è il titolo di un film italiano con Roberto Benigni.
	liscio, -a	glatt	
	la stoffa	der Stoff; *fig.* das Zeug	**F** l'étoffe *f*
	ricco, -a	reich	**F** riche **E** rich › Le persone ricche hanno molti soldi.

coprire *part. pass.* **coperto**	(be)decken	**L** operire **E** cover ❯ Copriti bene perché fa freddo.
definitivo, -a	eindeutig, endgültig, definitiv	**F** définitif, ve
ridicolo, -a	lächerlich	**L** ridere **F** ridicule **E** ridiculous ❯ Ma questo è ridicolo! Non è da prendere sul serio.
lo stile ***m.***	der Stil	**F** le style **E** style
individuale ***agg.***	individuell	**L** in + dividere **F** individuel, le **E** individual
il/la parrucchiere/a	der Friseur/in	❯ Vado dalla parrucchiera per farmi tagliare i capelli.
lo specchio	der Spiegel	**L** speculum ❯ Per guardare te stesso prendi uno specchio.
l'orrore ***m.***	der Horror, Schrecken	**L** horror **F** l'horreur *f.* **E** horror ❯ La matematica è l'orrore di alcuni studenti.
(il/la) peggiore ***agg.***	schlechte/r; schlimme/r; der/die schlechteste	**L** peior ❯ Per Carlotta invece il latino è peggiore.
peggio ***avv.***	schlechter; am schlechtesten	**L** peius ❯ Io non sono bravo a cantare. Canto peggio di tutti.
E3 **il sociale; sociale**	das Sozialleben; sozial	**L** socius **F** social, e **E** social
la maggioranza	die Mehrheit; der höhere Grad	**L** maior **F** la majorité **E** majority ❯ La maggioranza degli studenti lavora bene.
la minoranza	die Minderheit; der geringere Grad	**L** minor **F** la minorité **E** minority *ant.* maggioranza ❯ Solo una minoranza di allievi non fa i compiti.
l'uguaglianza	die Gleichheit	**L** aequus **F** l'égalité *f.* **E** equality ❯ C'è un'uguaglianza tra ragazzi e ragazze che hanno talento.
E4 **il talento**	das Talent, die Begabung	**F** le talent **E** talent
l'occasione ***f.***	die Gelegenheit	**L** occasio **F** l'occasion *f.* **E** occasion
il pezzo	das Stück	**F** la pièce **E** piece
riconoscere *part. pass.* **riconosciuto**	(wieder)erkennen	**L** re + cognoscere **E** recognize ❯ Ieri ho visto Paola, ma non l'ho riconosciuta subito, era cambiata tanto.
probabile ***agg.***	wahrscheinlich	**L** probabilis **F** probable **E** probable
E5 **il calciatore/la calciatrice** ***m.***	der/die Fußballer/in	❯ Mario Balotelli è un calciatore italiano famoso.
B2 **potenziale** ***agg.***	potentiell	**F** potentiel, le **E** potential
chissà?	wer weiß?	❯ Chissà, forse anche tu sarai un calciatore famoso in futuro.
il/la candidato/a	der/die Kandidat/in	**L** candidus **F** le candidat **E** candidate ❯ Il candidato è nervoso, ha paura di non saper rispondere alle domande.
il premio	der Preis, Gewinn	**L** praemium **F** le prix ❯ Il premio Nobel è un premio per una ricerca geniale.
la medicina	die Medizin	**L** medicina **E** medicine ❯ C'è anche un premio Nobel per la medicina.

il cervello	das Gehirn	**L** cerebrum **F** le cerveau
abituarsi a	sich gewöhnen an	**F** s'habituer à **E** habit › Dopo le vacanze devo abituarmi ad alzarmi alle sei.
geniale ***agg.***	genial	**L** genius **F** génial, e
la candidatura	die Bewerbung	**L** candidus **F** la candidature
orgoglioso, -a	stolz	› Chi ha il Premio Nobel può essere molto orgoglioso del suo lavoro.
il/la paziente ***m./f.***	der/die Patient/in	**L** pati **F** le patient **E** patient › Un paziente è una persona malata.
dedicare	widmen	**L** dedicare **E** dedicate › L'autrice ha dedicato il libro a suo marito.
l'anima	die Seele	**L** anima
lasciare	(ver)lassen	**F** laisser › Dopo un anno a Roma Max ha lasciato l'Italia per continuare la scuola in Germania.
adorare	anbeten, verehren	**L** adorare **F** adorer **E** adore › Adesso Max è entusiasta dell'Italia, l'adora.
l'energia	die Energie	**F** l'énergie *f.* **E** energy
tenere	(be)halten	**L** tenere › tengo, tieni, tiene, teniamo, tenete, tengono
il dolore ***m.***	der Schmerz	**L** dolor **F** la douleur › A Fabrizio fanno male le dita, sente un dolore forte.
la paura	die Angst	**L** pavor **F** la peur
E6 **litigare**	streiten	**L** lis › Gli amici non riescono a mettersi d'accordo, cominciano a litigare.
E8 **l'ispirazione** ***f.***	die Inspiration	**L** inspirare **F** l'inspiration *f.* **E** inspire › Vorrei scrivere una poesia, ma mi manca l'ispirazione.
la fantascienza	Science-Fiction	
E9 **la fetta**	die Scheibe	› Giuliano ha fame, prende una fetta di prosciutto.
E10 **ricevere**	erhalten, bekommen	**L** recipere **F** recevoir **E** receive › Cinzia è felicissima perché ha ricevuto un'e-mail di Max.
E11 **la stella**	der Stern	**L** stella **F** l'étoile *f.* › Oggi puoi vedere le stelle nel cielo notturno.
confuso, -a	verwirrt, durcheinander	**L** confundere **F** confus, e **E** confuse
il pianeta ***m.***	der Planet	**F** la (!) planète **E** planet › Il nostra pianeta è la terra.
la nuvola; la nuvoletta ***dim.***	die Wolke; das Wölkchen	**L** nubes › Ci sarà pioggia – vedo già tante nuvole.
E12 **riferirsi a**	sich beziehen auf	**L** referre **F** se référer à **E** refer
E13 **dipingere** *part. pass.* **dipinto**	malen	**L** pingere **E** depict (!) › L'artista che ha dipinto *La Gioconda* è Leonardo da Vinci.
la nave ***f.***	das Schiff	**L** navis *sin.* la barca

il pranzo	das (Mittag-)Essen	› Abbiamo mangiato tre tipi di pasta a pranzo.
il/la musicista ***m./f.***	der/die Musiker/in	**F** le musicien **E** musician
il luogo; aver luogo	der Ort, die Stelle; stattfinden	**L** locus **F** avoir lieu › Il concerto avrà luogo in Vaticano, tutti i musicisti sono già emozionati.
E14 **il motorino**	das Mofa	**L** movere › Molti giovani italiani vanno a scuola non in bicicletta, ma in motorino.
il cioccolatino	die Praline	
calmare; calmare l'appetito	beruhigen; den Appetit stillen	**F** calmer **E** calm › Ragazzi, calmatevi! Non fate tanto rumore!
il biscotto	der Keks, das Plätzchen	**E** biscuit
delizioso, -a	köstlich	**L** deliciae **F** délicieux, se **E** delicious › I gelati da "Giolitti" sono deliziosi.
E15 **il quartiere** ***m.***	das (Stadt-)Viertel	**L** quartus **F** le quartier **E** quarter › Il quartiere dove si trova "Giolitti" si chiama Campo Marzio.
il/la pizzaiolo/a	der/die Pizzabäcker/in	
preciso, -a	genau	**F** précieux, se **E** precious › Gli studenti non hanno ancora un'idea precisa del progetto.
addirittura ***avv.***	sogar, geradezu; wirklich!	
E16 **identificare**	identifizieren	**L** idem **F** identifier **E** identify

Lezione 3

Ingresso

la veduta	die Ansicht; die Aussicht	**L** videre › Dalla mia finestra ho una magnifica veduta sul Lago Maggiore.
ridere *part. pass.* **riso**	lachen	**F** rire › Gli amici si divertono e ridono molto.
industrializzato, -a	industrialisiert	**F** industrialisé **E** industrialized
la produzione ***f.***	die Produktion, Herstellung	**L** producere **F** la production **E** produce
i grissini	die Grissini	
il sentimento	das Gefühl	**L** sentire **F** le sentiment **E** sentiment › L'amore è un sentimento forte.
il dubbio	der Zweifel	**L** dubium **F** le doute **E** doubt › Carlo non è assolutamente sicuro, ha ancora dubbi sul progetto.
A1 **la pace** ***f.***	der Frieden; die Ruhe	**L** pax **F** la paix **E** peace
il permesso	die Erlaubnis	**L** permittere **F** la permission **E** permission › Prima di fare una gita scolastica i ragazzi devono chiedere il permesso ai loro genitori.
alzare (il volume)	heben, erhöhen; *hier:* lauter stellen	

ribelle *agg.*	rebellisch, aufmüpfig	**L** rebellare **F** rebelle **E** rebellious › Quando Tiziana non ha voglia di fare una cosa, diventa ribelle e non la fa.
tranne *prep.*	außer	› Tutti vanno al concerto tranne Giorgia, è ancora troppo piccola.
l'impressione *f.*	der Eindruck	**L** imprimere **F** l'impression *f.* **E** impression
il/la poverino/a; povero, -a	der/die Arme; arm	**L** pauper **F** pauvre **E** poor › Poverina! Anche lei vorrebbe andare al concerto, ma non può!
il fantasma *m.*	der Geist	› Perché guardi così? Hai visto un fantasma?
la guerra	der Krieg	**F** la guerre
il/la corrispondente *sost./agg.*	der/die Austauschpartner/in; entsprechend	**L** cum + respondere **F** le correspondant **E** corresponding
minimo, -a *agg.*	sehr gering; geringste(r)	**L** minimus › Per Giorgia non c'è la minima possibilità di andare al concerto.
caotico, -a	chaotisch	**F** chaotique **E** chaotic
il lato	die Seite	**L** latus › Per i corrispondenti tedeschi i ragazzi vogliono presentare i lati positivi del loro paese. Vogliono far vedere la bellezza dell'Italia.
la bellezza	die Schönheit	**F** la beauté
l'aspetto (positivo/negativo)	der (positive/negative) Aspekt, Gesichtspunkt	**L** aspicere **F** l'aspect *m.* **E** aspect › Si concentrano sugli aspetti positivi.
attraverso *avv.*	über, mit Hilfe von, durch	
la melodia	die Melodie	**F** la mélodie **E** melody
inoltre *avv.*	außerdem	**L** ultra › Gli studenti italiani vogliono conoscere i loro corrispondenti tedeschi, inoltre vogliono informarli sulla loro città.
un sacco *sost./avv.*	eine große Menge; sehr	› Gli danno un sacco di informazioni.
il mito	der Mythos	**E** myth
dubitare	zweifeln	**L** dubitare **F** douter **E** doubt › Dubito che tu abbia ragione. Non ti credo.
la traduzione *f.*	die Übersetzung	**L** trans + ducere **F** la traduction › Non capisco il testo originale, ho bisogno di una traduzione.
l'odore *m.*	der Geruch	**L** odor **F** l'odeur (f!) › Che buon odore di cornetti. Posso averne uno?
E2 **la colonna**	die Säule; die Spalte	**L** columna **F** la colonne **E** column › Una pagina di giornale ha varie colonne.
l'ingrediente *m.*	die Zutat	**F** l'ingrédient *m.* **E** ingredient

l'opinione *f.*	die Meinung	**L** opinio **F** l'opinion *f.* **E** opinion › Franca la pensa come Tiziana – è della stessa opinione.
la speranza	die Hoffnung	**L** sperare **F** l'espoir *m.*
sperare	hoffen	**L** sperare **F** espérer
temere	fürchten	**L** timere *sin.* avere paura › Temo che sia successo qualcosa.
augurarsi	sich wünschen	**L** augur
felice	glücklich	**L** felix › Tiziana è felice di poter andare al concerto con Carlo.
E3 **il/la chiacchierone/a**	der/die Schwätzer/in, Vielredner/in	› Dopo il concerto racconta tutto alle sue amiche – è una vera chiacchierona!
convinto, -a; *agg.;* **convincere** *part. pass.* **convinto**	überzeugt; überzeugen	**L** convincere **F** convaincu, e; convaincre; **E** convinced; convince › Tiziana è convinta che Rocco Hunt è un cantante mega.
E4 **serio, -a; prendere sul serio**	ernst; ernst nehmen	**L** serius **F** sérieux, se **E** serious › Per questo prende sul serio i commenti su Rocco nei blog.
la pausa	die Pause	**F** la pause **E** pause
creativo, -a	kreativ	**L** creare **F** creátif, ve **E** creative
E5 **discutere** *part. pass.* **discusso**	diskutieren	**L** discutere **E** discuss › Gli studenti discutono molto sullo scambio.
A2 **la curiosità**	die Neugierde; das Kuriosum, die Besonderheit	**L** cura **F** la curiosité **E** curiosity
il materiale	das Material	**L** materia **F** le matériel **E** material
il disordine *m.*	die Unordnung	**L** dis + ordo **F** le désordre **E** disorder › Nella camera di Carlo c'è tanta roba. C'è un disordine enorme.
la maschera	die Maske	**E** masque › A carnevale molti portano una maschera.
il simbolo	das Symbol	**F** le symbole **E** symbol
il viso	das Gesicht	**L** videre **F** le visage *sin.* faccia › Porta una bella maschera sul viso.
rappresentare	darstellen	**F** représenter › Questo quadro rappresenta Gesù ed i dodici apostoli.
la tradizione *f.*	die Tradition	**L** tradere **F** la tradition **E** tradition
la manifestazione *f.*	die Veranstaltung	**L** manifestus **F** la manifestation › Il concerto di Rocco Hunt è una manifestazione importante per i giovani.
all'aperto	im Freien	
il patrono	der Patron; *hier:* der Stadtheilige	**L** patronus **E** patron › San Gennaro è il patrono di Napoli.
il sangue *m.*	das Blut	**L** sanguis **F** le sang

sciogliere; sciogliersi	auftauen; schmelzen, *hier:* verflüssigen	› sciolgo, sciogli, scioglie, sciogliamo, sciogliete, sciolgono
la sfortuna	das Unglück	*ant.* la fortuna
il portafortuna ***m.***	der Glücksbringer	**L** portare fortunam › Un portafortuna è una cosa o un animale che attira la fortuna.
Info		
influenzare	beeinflussen	**L** influere **F** influencer **E** influence › Non farti influenzare dagli altri, solamente tu puoi decidere.
il gesto	die Tat; die Geste	**L** gerere **F** le geste **E** gesture
il fenomeno	das Phänomen	**F** le phénomène **E** phenomenon
la superstizione	der Aberglaube	**L** superstitio **F** la superstition **E** superstition › La superstizione è un fenomeno conosciuto al sud d'Italia.
allontanare	entfernen	*agg.* lontano, -a
E7 **la smorfia**	die Grimasse, Fratze; *hier:* Buch zur persönl. Traumdeutung	
B1 **il/la cameriere/a**	der/die Kellner/in	› In un ristorante il cameriere porta i piatti, il cibo e le bevande.
il tavolo	der Tisch	
buffo, -a	lustig, komisch	
Caspita!	Donnerwetter!	› Fabrizio ha 10 su 10 in matematica – caspita!
la mozzarella	der Mozzarella	
goloso, -a; il golosone	gefräßig, naschhaft; das Schleckermaul	**L** gula › Carlo mangia tanti gelati, perciò i suoi amici lo chiamano golosone.
a condizione che ***congz. con cong.***	unter der Bedingung, dass	**L** condicio
il genere ***m.***	das Geschlecht; die Art	**L** genus
benché ***congz. con cong.***	obwohl	› Fabrizio va a scuola tutti i giorni benché non ne abbia tanta voglia.
la sagra	(Volks-)Fest	› Una sagra è una festa poplare con mercato. In Italia ci sono p. es. tante sagre del vino.
matto, -a	verrückt	
affinché ***congz. con cong.***	damit	› Tiziana e Carlo lavorano molto per il progetto affinché piaccia a tutti.
il ripieno; ripieno, -a	die Füllung; gefüllt	
il cioccolato	die Schokolade	**F** le chocolat **E** chocolate › A Max piacciono molto le torte con ripieno di cioccolato.
il palazzo	das Stadthaus, Mietshaus; der Palast	**L** Palatium **F** le palais **E** palace › Max conosce bene il palazzo dove abitano gli Schiatti.

Info

	l'evento	das Ereignis	**L** evenire **E** event › La sagra del vino è sempre un evento speciale per molte città italiane.
	gustare; gustarsi	schmecken, probieren; genießen	
	tipico, -a	typisch	**F** typique **E** typical
	il tartufo	der Trüffel	› Il Tartufo Nero è un prodotto tipico di Norcia, è molto costoso.
E1	**il diminutivo**	die Verkleinerungsform, das Diminutiv	**L** diminuere **F** le diminutif **E** diminish › "Libretto" è il diminutivo di "libro".
	l'accrescitivo	die Vergrößerungsform	**L** crescere
	pigro, -a	faul	**L** piger › A Simone non piace fare niente, è un tipo pigro.
E6	**offendersi** *part. pass.* **offeso**	sich beleidigt fühlen, beleidigt sein	**L** offendere **E** offend › Simone non si offende quando gli altri dicono che a lui il lavoro non piace.
E7	**collegare**	verbinden	**L** cum + ligare
	tuttavia *congz.*	dennoch, trotzdem	› Tuttavia Simone prende bei voti a scuola.
	la difficoltà	die Schwierigkeit	**L** difficilis **F** la difficulté **E** difficulty › Per questo non ha difficoltà con i suoi genitori.
E9	**il dettaglio**	das Detail, die Einzelheit	**F** le détail **E** detail › Non ti posso raccontare tutti i dettagli. Sarebbe troppo lungo.
B2	**celebrare**	feiern	**L** celebrare **F** célébrer **E** celebrate
	il festival *m.*	das Festival	**F** le festival
	il cacao	der Kakao	**F** le cacao
	lo zucchero	der Zucker	**F** le sucre **E** sugar › Quanto zucchero prendi per il tuo caffè?
	la nocciola	die (Hasel-)Nuss	**L** nux **E** nut
	produrre *part. pass.* **prodotto**	herstellen, produzieren	**L** producere **E** produce › produco, produci, produce …
	il barattolo	die Dose, Büchse, das Glas	› un barattolo di marmellata
	croccante *agg.*	knusprig	› I grissini sono croccanti.
	il bastoncino; il bastone *m.*	das Stäbchen; der Stock	**F** le bâton
	interno, -a; all'interno	innere(r), Innen-; innen, drinnen	**L** intus **F** interne **E** internal
	informare	informieren, benachrichtigen	**F** informer **E** inform
	automatico, -a	automatisch	**F** automatique **E** automatic
	attivare	in Betrieb nehmen, aktivieren	**L** agere **F** activer **E** activate
	impiegare	(ge)brauchen, beanspruchen	› Per arrivare a scuola impiego venticinque minuti.
	prenotare	reservieren, buchen	**L** prae + notare
	la fila; fare la fila	die Reihe, Schlange; sich anstellen	› Prima del concerto di Rocco Hunt gli spettatori aspettano e fanno la fila.
	fondare	gründen	**L** fundus **F** fonder **E** found

	il tetto	das Dach	**L** tectum **F** le toit ❯Il tetto è la parte più alta della casa.
	la FIAT	FIAT (populärste italien. Automarke)	FIAT = Fabbrica Italiana Automobili Torino
	il soprannome ***m.***	der Spitzname	**L** supra + nomen
E10	**il/la macchinista**	der/die Lokführer/in	
	il centesimo	der Cent; der hundertste Teil	**L** centum **F** le centime **E** cent
	l'edificio	das Gebäude	**L** aedificium **F** l'édifice *m.*
E12	**viaggiare**	reisen	**L** via **F** voyager ❯Molti italiani amano viaggiare.
E13	**gratuito, -a**	kostenlos, frei	**L** gratia **F** gratuit, e ❯L'ingresso è gratuito, non dobbiamo pagare niente.
	il latte ***m.***	die Milch	**L** lac **F** le lait
B3	**ognuno** ***pron.***	jeder	**L** omnis
	l'errore ***m.***	der Fehler	**L/E** error **F** l'erreur *m.* ❯Purtroppo questo compito è pieno di errori. Cerca di correggerli tutti!
	la seccatura	die Plage, der Ärger	
	la scelta (enorme)	die (enorme) Auswahl, Wahl	**F** le choix ❯Da "Giolitti" c'è una scelta enorme di gelati diversi.
	assaggiare	probieren, versuchen	**F** essayer ❯Nessuno ha mai assaggiato tutti i gusti.
	il pepe ***m.***	der Pfeffer	**E** pepper ❯Offrono persino un gelato al gusto di pepe!
	la coppa	der Becher; der Pokal; der Cup	**E** cup ❯Si può scegliere tra cornetto e coppa.
	in allegato	als Anhang	**E** ad + ligare ❯Max ha mandato a Carlotta un grosso file in allegato alla sua e-mail.
	grosso, -a	groß, riesig	**F** gros, se
	comune ***agg.*****; avere in comune**	allgemein, gemeinsam; etwas gemein haben	**L** communis **F** avoir qc en commun **E** common
E16	**gentile** ***agg.***	freundlich, nett	**L** gens **F** gentil, le **E** gentle (!) ❯Max è sempre molto gentile con gli altri.
E17	**la pasticceria**	die Konditorei	
	il cuore ***m.***	das Herz	**L** cor **F** le cœur
	il/la proprietario/a	der/die Eigentümer/in	**L** proprius **E** property ❯Questa bicicletta è mia, vuol dire che io ne sono il proprietario.
	la lira	die Lira (ital. Währung vor Einführung des Euro)	❯Prima del 2002 si pagava in lire e non in euro.
	la graduatoria	die Rangliste, -folge	**L** gradus
E18	**lo schermo**	der Bildschirm	**E** screen ❯Lo schermo del computer è più grande di quello del cellulare.
	la serie (televisiva)	die (TV-)Serie	
	il giallo ***sost.***	der Krimi	❯Andrea Camilleri è un autore di gialli siciliani.
	il telefilm	der Fernsehfilm	

il documentario	die Dokumentarsendung	**L** docere **F** le documentaire **E** documentary › Ieri ho visto un documentario sulla Sicilia in TV.
il telegiornale (tg)	die Fernsehnachrichten	**F** le téléjournal › Lorenzo guarda sempre il telegiornale per informarsi su quello che è successo nel mondo.
l'onda; essere in onda	die Welle; gesendet werden, auf Sendung sein	**L** unda **F** l'onde *f.* › Rocco Hunt è così amato che è molto spesso in onda.
il canale *m.*	der Kanal, der Fernsehsender	**E** channel **F** le canal

Lezione 4

Ingresso

E1 **il raccoglitore** *m.*	der Ordner	**L** colligere › Il mio raccoglitore è pieno di fogli che non mi servono più.
il quadro	das Bild	
l'opera	das Werk; die Oper	**L** opus **F** l'œuvre *f.* **E** opera › La *Divina Commedia* è l'opera più celebre della letteratura italiana.
A1 **l'amore** *m.*	die Liebe; der Liebling	**L** amor **F** l'amour *m.*
far male	weh tun	**F** faire mal
rivolere	wieder (haben) wollen	cf. volere. › Sara ha perso il suo grande amore, adesso lo rivuole.
risolvere *part. pass.* **risolto**	lösen	› Ma è un problema che non può risolvere da sola.
vale la pena	es ist es wert, es lohnt sich	**F** valoir la peine › Vale la pena parlarne con un'amica.
rubare	stehlen, wegnehmen	› Sara dice che il ragazzo ha rubato il suo cuore.
subire, -sc-	durchmachen; erleben	**L** subire › Sara ha subito un dolore grande.
la tortura	die Qual, Folter	**L** torquere **F** la torture **E** torture › È così triste che è una vera tortura.
all'improvviso *avv.*	auf einmal, plötzlich	› All'improvviso Sara comincia a piangere.
il fatto	die Tatsache	**L** factum **F** le fait **E** fact › Il fatto che il suo ragazzo l'abbia lasciata le fa male.
togliere *part. pass.* **tolto**	heraus-, wegnehmen, entfernen	**L** tollere › Il ragazzo le ha tolto il suo amore.
l'aria	die Luft; der Eindruck	**L** aer **F** l'air *m.* **E** air
meno male	zum Glück	› Meno male che gli altri non la vedono piangere.
il coraggio	der Mut	**L** cor **F** le courage **E** courage › Non ha il coraggio di parlarne con le sue amiche.
piangere *part. pass.* **pianto**	weinen	**L** plangere
prendere in giro qn.	sich über jdn. lustig machen, jdn. auf den Arm nehmen	› Sara ha paura che gli altri la prendano in giro.
il limite *m.*	die Grenze	**L** limes **E** limit

lo scherzo	der Scherz, Witz	❯ Ma non le fanno scherzi.
dolce *agg.*	süß	**L** dulcis
il pubblico; pubblico, -a	die Öffentlichkeit; das Publikum; öffentlich	**L** publicus **F** public, publique **E** public ❯ Molti preferiscono non rendere pubblico il proprio dolore.
E2 **porre** *part. pass.* **posto**	legen, stellen	**L** ponere **E** pose ❯ pongo, poni, pone, poniamo, ponete, pongono
E5 **dunque**	also, nun ja	*sin.* quindi
tanto *congz.*	sowieso	**L** tantum **F** tant
giustificare	rechtfertigen, begründen	**L** iustum facere **F** justifier **E** justify ❯ Non si può giustificare questo comportamento. Per me non ci sono motivi accettabili.
da un lato … dall'altro	einerseits … andererseits	
A2 **strappare**	reißen, zerreißen	❯ Sara vuole strappare il ricordo dal suo cuore, non vuole più pensare a questo ragazzo.
il ricordo	die Erinnerung	**L** re + cor **E** record (!)
lo strappo	der Riss, Fetzen; das Reißen; *hier:* die herausgerissene Seite	
la goccia	der Tropfen	**L** gutta **F** la goutte ❯ Comincia a piovere. Si vedono già le prime gocce.
misurare	messen	**L** metiri **F** mesurer **E** measure
buio, -a	dunkel	*contr.* chiaro ❯ Fa troppo buio. Perché non accendiamo la luce?
affondare	*intr.:* untergehen, versinken; *tr.:* versenken	**L** ad + fundum ❯ Nel 1912 è affondato il *Titanic*, quella nave gigantesca.
la fonte *f.*	die Quelle	**L** fons **E** fountain ❯ Per molti internet è ormai la fonte d'informazione più importante.
il tormento	die Qual	**L** tormentum **F** le tourment **E** torment *sin.* la sofferenza
in effetti	eigentlich, wirklich	
uccidere	töten, umbringen	**L** occidere *part. pass.* ucciso ❯ I killer hanno ucciso due uomini di un altro clan mafioso.
il proverbio	das Sprichwort	**L** verbum **F** le proverbe **E** proverb ❯ "Rosso di sera buon tempo si spera" è un proverbio.
la raccomandazione *f.*	die Empfehlung	**E** recommendation
la libertà	die Freiheit	**L** libertas **F** la liberté **E** liberty
fissarsi su	sich fixieren auf	**L** figere **E** fixate ❯ Non fissarti troppo su questo ragazzo. Ce ne sono tanti altri.
buttare (via)	(weg)werfen	❯ Sara ha buttato via il suo vecchio album per non fissarsi più su certi ricordi.
lo scooter *m.*	der (Motor-)Roller	

pentirsi di	(etw.) bereuen	**L** paenitet **E** repent ❯ Ma adesso se ne pente.
la scrittura	die Schrift	**L** scribere **E** scripture
E9 **voler bene a qn.**	jdn. gerne mögen	❯ Era un regalo di un amico che le voleva bene.
gli occhiali (da sole) ***pl.***	die (Sonnen-)Brille	**L** oculus ❯ Mettiti gli occhiali!
pericoloso, -a	gefährlich	**L** periculosus **E** perilous ❯ Guardare il sole senza gli occhiali da sole è pericoloso, fa male agli occhi.
E10 **qua** ***avv.***	hier	*sin.* qui *ant.* là
siccome ***congz.***	da, weil	*sin.* perché ❯ Siccome era già tardi non siamo più usciti.
baciare; baciarsi	küssen, sich küssen	❯ Sara e il suo ragazzo si sono baciati.
E11 **correggere** *part. pass.* **corretto**	verbessern, korrigieren	**L** corrigere **E** correct
B1 **il/la dio/dea;** ***pl.*** **gli dei**	der Gott, die Göttin; die Götter	**L** dea **F** le dieu, la déesse ❯ Nettuno è il dio del mare e Venere è la dea dell'amore.
l'illustrazione ***f.***	die Illustration, die Veranschaulichung	**L** illustris **F** l'illustration **E** illustration
il Rinascimento	die Renaissance	**F** la Renaissance **E** renaissance ❯ Il Rinascimento è iniziato nella seconda metà del XIV secolo.
rinascere *part. pass.* **rinato**	wiedergeboren werden	**L** re + nasci
la cultura	die Kultur; die Bildung	**L** cultus **F** la culture **E** culture
la galleria	die Gallerie	**F** la galerie **E** gallery
vietare	verbieten	**L** vetare ❯ Nelle gallerie e nei musei è vietato fumare.
rinascimentale ***agg.***	Renaissance-, aus der Renaissance	
lodare	loben	**L** laudare
la (bella) figura	die (gute) Figur, die (schöne) Gestalt	**L** figura **E** figure ❯ Sergio era vestito male al matrimonio di sua sorella. Non ha fatto bella figura.
seppellire, -sc- *part. pass.* **sepolto**	begraben, bestatten	**L** sepelire ❯ Si seppelliscono le persone morte nelle tombe.
la tomba	das Grab	**F** la tombe
la nascita	die Geburt	**L** nasci **F** la naissance
la conchiglia	die Muschel	❯ Un quadro famoso di Botticelli rappresenta la nascita di Venere dalla conchiglia.
nobile ***agg.***	adelig	**L** nobilis **F** noble **E** noble
sopra ***prep./avv.***	oberhalb, über; oben	**L** supra *ant.* sotto ❯ Se non trovi la tua camicia sopra la sedia guarda sotto.
la mitologia	die Mythologie	**F** la mytologie **E** mythology

	la personificazione *f.*	die Personifizierung	**F** la personification **E** personification ❯La dea Venere è la personificazione dell'amore.
	il caso	der Fall	**L** casus **F** le cas **E** case
	impressionato, -a	beeindruckt	**L** imprimere **F** impressionné **E** impressed
E1	**illustrare**	veranschaulichen	**L** illustris **F** illustrer **E** illustrate
	breve *agg.*	kurz	**L** brevis **F** bref, brève *ant.* lungo
E2	**scherzare**	Spaß machen, scherzen	
E3	**l'epoca**	die Epoche, das Zeitalter	**F** l'époque *f.* **E** epoch
E5	**appendere** *part. pass.* **appeso**	aufhängen	**L** pendere ❯I ragazzi hanno appeso i loro poster al muro.
	riscrivere	nochmals (ab)schreiben	**L** re + scribere ❯Siccome la scrittura non era bella, hanno dovuto riscrivere tutto.
E6	**rischiare**	riskieren	**E** risk
	vincere *part. pass.* **vinto**	(be)siegen, überwinden	**L** vincere **F** vaincre ❯Gli studenti vogliono vincere all'eTwinning.
	diffondere *part. pass.* **diffuso**	verbreiten	**L** diffundere
E7	**la biglietteria**	die Kasse, (Fahr-, Eintritts-) Kartenausgabe	❯C'era una lunga fila davanti alla biglietteria.
	la filosofia	die Philosophie	**L** philosophia **F** la philosophie **E** philosophy
	il visitatore/la visitatrice	der/die Besucher/in	**L** visitare **F** le visiteur **E** visitor
	la prenotazione *f.*	die Reservierung, Buchung	
	l'amante *m./f.*	der/die Liebhaber/in	**L** amare **F** l'amateur *m.* ❯A Sara piace la letteratura, dunque è un'amante di letteratura.
	semplice *agg.*	einfach	**L** simplex **F** simple **E** simple *ant.* difficile
E8	**il frattempo**	die Zwischenzeit	
B2	**generale** *agg.*	allgemein, generell	**L** genus **E** general
	la concentrazione *f.*	die Konzentration	**F** la concentration **E** concentration
	il bene; *pl.* **i beni**	das Gut	**L** bene **F** les biens
	archeologico, -a	archäologisch	**F** archéologique **E** archeological *sost.* l'archeologo
	il/la quale *pron. rel.*	der/die/das, welcher/welche/welches	**L** qualis ❯Questa è la foto la quale Sara ha strappato.
	conservare	erhalten, bewahren	**L** conservare **F** conserver **E** conserve
	ciò *pron. dimostr.*	dies(es), das	*sin.* quello ❯Non preoccuparti di ciò che pensano gli altri.
	il paesino	das Dorf, die kleine Ortschaft	
	innamorarsi (di)	sich verlieben (in)	❯Sara si è innamorata di quel ragazzo.
	proprio *agg.*	eigen	**L** proprius **E** proper
	mediterraneo, -a	mediterran, Mittelmeer-	**F** méditerranéen, ne **E** Mediterranean
	il patrimonio	das Erbe, der Reichtum	**L** patrimonium **F** le patrimoine
	intellettuale *agg.*	intellektuell, geistig	**L** intellegere **F** intellectuel, le **E** intellectual

	culturale *agg.*	kulturell	**L** cultus **F** culturel, le **E** cultural *sost.* la cultura
	far parte di	gehören zu	›L'Italia fa parte dell'Unione Europea.
	l'identità	die Identität	**L** idem **F** l'identité *f.* **E** identity
	caratterizzare	charakterisieren, kennzeichnen	**F** caractériser **E** characterize *sost.* il carattere
	il contatto	der Kontakt	**L** contingere **F** le contact **E** contact
	danneggiare	schaden, beschädigen	**L** damnum *ant.* far bene ›Il forte vento di stanotte ha danneggiato il tetto della nostra casa.
E9	**intervistare**	interviewen	**E** interview *sost.* l'intervista ›Il giornalista ha intervistato il presidente.
	la mentalità	die Mentalität	**L** mens **F** la mentalité **E** mentality
	l'economia	die Wirtschaft	**F** l'économie *f.* **E** economy
	il turismo	der Tourismus	**F** le tourisme **E** tourism ›Il turismo gioca un ruolo decisivo per l'economia italiana.
	la scheda; la schedina	die (Kartei-)Karte	
E11	**condividere (qc. con qn.)** *part. pass.* **condiviso**	(etw. mit jdm.) teilen	**L** cum + dividere ›Condividiamo le gioie ed i dolori con i nostri migliori amici.
	disturbare	stören	**L** turba **E** disturb ›Fabrizio è poco disciplinato, disturba spesso la lezione.
E14	**segnare**	kennzeichnen; (Punkte) erzielen	**L** signum
	contemporaneo, -a	zeitgenössisch	**L** cum + tempus **F** contemporain, e **E** contemporary ›Jovanotti è un cantante contemporaneo, è nato nel 1966.
	orientale *agg.*	östlich; orientalisch	**L** oriri **E** oriental
	il piano	der Plan; der Stock (eines Gebäudes)	**L** planum
E15	**migliaia di**	Tausende von	**L** milia ›Migliaia di visitatori vanno a Lucca per ammirarne il patrimonio culturale.
	esporre *part. pass.* **esposto**	ausstellen, aussetzen; darlegen	**L** exponere **E** expose cf. porre
	influire, -sc-	beeinflussen	**L** influere **E** influence ›Spesso i nostri genitori influiscono sulle nostre scelte.
	la società	die Gesellschaft	**L** socius **F** la société **E** society ›La società contemporanea è esposta a problemi gravi.
	sperimentare	experimentieren	**E** experiment
	la relazione *f.*	das Referat; die Beziehung	**L** referre **E** relation (!) ›Carlotta deve fare alcune ricerche per la sua relazione.

Lezione 5

Ingresso

l'argomento (pro/contro)	das Thema; das Argument (pro/contra)	**L** argumentum **F** l'argument *m.* **E** argument
il capitano	der Kapitän	**L** caput **F** le capitaine **E** captain
il torneo	das Turnier	**E** tournament
colpire -sc-	schlagen, treffen	
la gara	der Wettkampf, das Wettrennen	› Gli spettattori che hanno visto la gara tra le varie squadre erano tutti entusiasti.
lo spettatore/ la spettatrice	der/die Zuschauer/in	**L** spectare **F** le spectateur **E** spectator
l'avversario	der Gegner	**L** adversarius **F** l'adversaire *m.* **E** adversary
la strategia	die Strategie	**F** la stratégie **E** strategy
il tifoso	der Fan	› Molti italiani sono tifosi della Juventus.
sconfiggere *part. pass.* **sconfitto**	besiegen, schlagen	› Nella gara l'avversario è stato sconfitto.
la tattica	die Taktik	**E** tactics
rispettare	(be)achten, respektieren	**L** respicere **F** respecter **E** respect
l'arbitro	der Schiedsrichter	**L** arbiter **F** l'arbitre **E** arbitrator › L'arbitro deve sempre far rispettare le regole.
attaccare	angreifen; anhängen	**F** attaquer **E** attack
l'eroe *m.***/l'eroina**	der Held/die Heldin	**L** heros **F** le héros, l'heroïne **E** hero/heroine › Catwoman è un'eroina.
dirigere *part. pass.* **diretto**	leiten, lenken; dirigieren	**L** dirigere **E** direct › Riccardo Muti dirige molte tra le orchestre più famose del mondo.
A1 **il costume** *m.*	das Kostüm, die Tracht; die Sitte	**L** consuetudo **F** la coutume **E** custom › I costumi dei giocatori vengono fatti a mano.
pur *con gerundio*	obwohl	› Pur avendo studiato le regole del calcio storico, Fabrizio non le capisce.
incoraggiare	ermutigen	**L** cor **E** encourage
deludere *part. pass.* **deluso**	enttäuschen	**L** deludere › La squadra ha perso il torneo, adesso i giocatori sono delusi.
composto da/di; comporre *part. pass.* **composto**	zusammengesetzt aus; zusammensetzen; bilden; komponieren	**L** compositum; componere **F** composer **E** compose › compongo, componi, compone, componiamo, componete, compongono › Una squadra di calcio in costume è composta da/di 27 giocatori.
la maniera	die Art und Weise	**F** la manière **E** manner

il divertimento	der Spaß, das Vergnügen	› Il calcio in costume piace a molti fiorentini, per loro è un vero divertimento.
complicato, -a	kompliziert	**E** complicated › Le regole del calcio in costume sono abbastanza complicate.
il secolo	das Jahrhundert	**L** saeculum **F** le siècle › Il nostro secolo è il ventunesimo secolo.
numeroso, -a	zahlreich	**L** numerus **F** nombreux, se **E** numerous
visto che	da, weil	› Visto che un giocatore è stato colpito, l'arbitro interrompe il torneo.
tirare	schießen; ziehen	› Il giocatore tira la palla e fa un gol.
durare	dauern	**L** durare **F** durer **E** duration › Una partita di calcio in costume dura quasi un'ora.
E2 **motivare**	motivieren	**L** movere **E** motivate › Siccome i giocatori vogliono vincere sono molto motivati.
E3 **ottenere**	erhalten	**L** obtinere **F** obtenir **E** obtain
consegnare	übergeben	› Alla fine del torneo la coppa viene consegnata ai vincitori.
introdurre	einführen	**L** introducere **F** introduire **E** introduce › introduco, introduci, introduce, introduciamo, introducete, introducono
E4 **pubblicare**	veröffentlichen	**L** publicus **F** publier **E** publish › Un reportage sulla partita è stato pubblicato sul giornale.
E5 **avvertire**	benachrichtigen; warnen	**L** ad + vertere **F** avertir › L'arbitro avverte gli spettatori di non disturbare i giocatori.
rovinare	zerstören, kaputtmachen	**L** ruere **F** ruiner **E** ruin › I giocatori della squadra avversaria hanno rovinato il campo.
altrimenti *avv.*	sonst, andernfalls	**L** alter › "Silenzio!" grida l'arbitro, "altrimenti chiudo la partita!"
l'invito	die Einladung	**L** invitare **F** l'invitation *f.* **E** invite
E7 **il costo; a tutti i costi**	die Kosten; um jeden Preis	**L** constare **E** cost › Tutte e due le squadre vogliono vincere a tutti i costi.
E8 **massimo, -a**	höchste(r)	**L** maximus *ant.* minimo
il possesso; essere in possesso di qc.	der Besitz; im Besitz von etw. sein	**L** possidere **E** possess › La squadra azzurra è in possesso del pallone, forse farà un gol.
stanco, -a	müde	› Alla fine del torneo tutti i giocatori sono stanchi.
girare (un film, video)	(einen Film, ein Video) drehen	
A2 **la meta**	das Ziel	› Non sappiamo ancora dove andare in gita scolastica. Allora vi propongo una meta: Lucca.

meritare	verdienen	**L** merere **F** mériter **E** merit › Laura si è impegnata tanto a scuola, perciò si merita un buon voto.
il fumetto	der Comic	› *Lupo Alberto* è l'eroe di un famoso fumetto italiano.
concedersi	sich zugestehen, gönnen	**L** concedere › Dopo la partita i giocatori si concedono un rinfreso.
E11 **ci vuole/ci vogliono (volerci)**	man braucht	› Con questo tipo ci vuole molta pazienza./ Per fare la pizza ci vogliono tanti ingredienti.
il/la preside *m./f.*	der/die Schulleiter/in	**L** praesidere
trattare; trattarsi di	behandeln; sich handeln um	**L** tractare **F** traiter **E** treat › Il fumetto tratta di un ragazzo povero che diventa ricco.
il valore *m.*	der Wert	**L** valere **F** la (!) valeur **E** value › Leggere il libro su Malala ci fa capire il valore dell'educazione scolastica.
proibire -sc-	verbieten	**L** prohibere **E** prohibit *sin.* vietare › proibisco, proibisci, proibisce, proibiamo, proibite, proibiscono
cortese *agg.*	höflich, freundlich	**F** courtois, e **E** courteous › I ragazzi sono stati molto cortesi in classe con la loro prof.
A3 **piuttosto *avv.***	eher, ziemlich	› Il loro comportamento è piuttosto gentile.
innanzitutto *avv.*	erst einmal, zunächst	**L** antea + totus › Innanzituttto fate i vostri compiti, poi possiamo parlare di una eventuale gita.
reagire -sc-	reagieren	**L** re + agere **F** réagir **E** react › reagisco, reagisci, reagisce, reagiamo, reagite, reagiscono
far sapere	wissen lassen, benachrichtigen	› Il preside fa sapere agli studenti che possono fare un viaggio in classe.
l'autorizzazione *f.*	die Erlaubnis, Einverständniserklärung	**L** auctoritas **E** authorization › I genitori gli devono dare l'autorizzazione per la gita scolastica.
il mezzo di trasporto	das Verkehrsmittel	**E** means of transport › Gli allievi sono liberi di scegliere il mezzo di trasporto.
conviene (*con inf.*); convenire	es ist besser, man soll(te); versammeln, übereinkommen	**L** convenit **F** il convient de **E** convenient › Prima di comprare i biglietti conviene parlare del prezzo.
l'andata e ritorno	die Hin- und Rückfahrt	**F** l'aller et retour › Compriamo un biglietto di andata e ritorno.
E12 **firmare**	unterschreiben	› Tutti firmano la cartolina per Fabrizio che non ha potuto partecipare alla gita.
E15 **incredibile *agg.***	unglaublich	**L** incredibilis **E** incredible

	dimostrare	zeigen	**L** demonstrare ❯ Anche il nostro prof usa un tablet, ma non solo per dimostrare che è moderno.
B1	**il tablet** ***m.***	das Tablet	
	l'attimo	der Augenblick	❯ Non ho ancora finito - aspettate un attimo!
	spedire -sc-	schicken	**E** expedition
	interessarsi di	sich für etwas interessieren	**L** interesse **F** s'intéresser à qc. ❯ Quasi tutta la classe si interessa di fumetti. Li leggono molto volentieri.
	festeggiare	feiern	**F** fêter
	giurare	schwören	**L** iurare **F** jurer
	la sciocchezza	die Dummheit; die Kleinigkeit	❯ Gli studenti giurano di comportarsi bene e di non fare sciocchezze.
	tingere *part. pass.* **tinto**	färben	**L** tingere ❯ Tutta la costa adriatica è tinta di rosa in occasione di una festa che coinvolge la riviera romagnola.
	l'esplosione ***f.***	die Explosion	**E** explosion **F** l'explosion
	il suono	der Laut, Klang	**L** sonus **F** le son **E** sound
	l'installazione ***f.***	die Installation; *hier:* die Anordnung von Kunstgegenständen	**F** l'installation *f.* **E** installation
	travestirsi	sich verkleiden	**L** trans + vestire ❯ mi travesto, ti travesti …
	il carnevale ***m.***	der Karneval, Fasching	**L** carnem vale ❯ A carnevale la gente si traveste.
E2	**combinato, -a; combinare**	verbunden; verbinden	**L** cum + bini **E** combine
E4	**l'indirizzo**	Adresse	❯ Non so dove abiti, mi dai il tuo indirizzo?
	il senso	Sinn	**F** le sens **E** sense ❯ Non ha senso imparare una lingua in due settimane.
E7	**occorre**	man muss, es ist nötig	*sin.* bisogna ❯ Occorre pagare il panino prima di mangiarlo.
	sconosciuto, -a	unbekannt	*inf.* conoscere ❯ Questa è una parola sconosciuta. Occorre usare un dizionario.
	significare	bedeuten	**L** signum **F** signifier **E** sign (!) ❯ Non sai cosa significa questa parola? Allora usa un dizionario.
B2	**il fastidio; dare fastidio a qn.**	der Ärger, Verdruss; jdn. belästigen, stören	❯ Smetti di chiacchierare, mi dà fastidio!
	trascorrere *part. pass.* **trascorso**	verbringen	**L** trans + currere *sin.* passare ❯ Ho trascorso le mie vacanze al mare.
	rilassarsi	sich erholen	**L** relaxare **E** relax ❯ Mi sono rilassato molto durante le vacanze.
	la chance ***inv.***	die Chance; die Erfolgsaussicht	

esagerare	übertreiben	**F** exagérer **E** exaggerate › Laura ha comprato cinque borse - secondo me ha esagerato.
accorgersi di qc.	etw. bemerken	› A casa si è accorta che ha speso troppi soldi.
il contesto	der Kontext, Textzusammenhang	**L** con-texere **F** le contexte **E** context › Tante parole si capiscono dal contesto. Non occorre sempre un dizionario.
l'elemento	das Element	**L** elementum **F** l'élément *m.* **E** element
E7 **avanti; avanti!**	voran; Vorwärts! Herein!	
E8 **il rimorso**	der Gewissensbiss	**L** re-mordere **F** le remords › Avendo speso tutti i suoi soldi, Laura ha rimorsi.
E9 **rinunciare a**	verzichten auf	**L** renuntiare **F** renoncer à › Adesso rinuncia a comprare altre cose.
E10 **elencare**	aufzählen	
E11 **sdraiarsi**	sich hinlegen	› Dopo il lavoro Sandro si è sdraiato per un attimo.
il membro	das (Mit-)Glied	**L** membrum **F** le membre **E** member › Anche Luisa è un membro del nostro gruppo, cioè ne fa parte.
nazionale *agg.*	National-	**L** natio **E** national
la medaglia	die Medaille	**F** la médaille **E** medal › Nei mondiali di nuoto Ruffini ha vinto la medaglia d'oro.
E12 **il salotto**	das Wohnzimmer	› Mio padre ha fatto entrare gli ospiti in salotto ed io ho servito l'aperitivo.
pulire -sc-	sauber machen, reinigen	**L** polire **E** polish › pulisco, pulisci, pulisce, puliamo, pulite, puliscono › Abbiamo pulito il salotto perché aspettiamo ospiti.
perdonare qn.	jdm. verzeihen	**L** per-donare **F** pardonner à qn › Bisogna perdonare anche i nemici.
E13 **scortese** *agg.*	unhöflich	*ant.* cortese
a causa di	wegen	**F** à cause de › A causa di un incidente questa strada è chiusa.
E14 **la lettura**	die Lektüre, das Lesen	**L** legere **F** la lecture › La lettura del libro su Malala mi ha fatto capire tante cose.
medievale *agg.*	mittelalterlich	**L** medium aevum **F** médiéval, e **E** medieval
la contrada	der Stadtbezirk	› Il Palio di Siena è una competizione tra le diverse contrade. È di origine medievale.
fornire -sc-	liefern	**F** fournier › fornisco, fornisci, fornisce, forniamo, fornite, forniscono
l'atmosfera	die Atmosphäre	**F** l'atmosphère *f.* **E** atmosphere

E15 **la stalla**	der Stall	❯ Sandro va spesso nella stalla per vedere i cavalli.
la corsa	der Lauf, das Rennen	**L** currere **F** la course
prevedere *part. pass.* **previsto**	vorsehen	**L** prae-videre **F** prévoir ❯ Le regole del Palio prevedono tre giri della piazza.
la rappresentazione *f.*	die Darstellung, Aufführung	**E** representation ❯ Ieri abbiamo visto una bella rappresentazione di *Amleto*. Lo spettacolo è piaciuto a tutti.

Lezione 6

Ingresso

modificare	verändern	**L** modus *sin.* cambiare
affascinante *agg.*	faszinierend	**F** fascinant **E** fascinating
la gentilezza	die Freundlichkeit	**F** la gentilesse ❯ Elisa è conosciuta per la sua gentilezza, si comporta sempre in modo gentile.
immenso, -a	immens, riesig	**F** immense **E** immense
delicato, -a	erlesen, fein; heikel	**F** délicat, -e **E** delicate ❯ La seta è una stoffa molto delicata.
grato, -a	dankbar	**L** gratus **E** grateful ❯ Mi hai aiutato in una situazione delicata, te ne sono molto grata.
la lacrima	die Träne	**L** lacrima ❯ Hai pianto? Ci sono ancora delle lacrime nei tuoi occhi.
la rabbia	der Zorn	❯ Che rabbia aver perso la partita!
la tristezza	die Traurigkeit	**L** tristis **F** la tristesse
l'attrezzatura	die Ausrüstung, Ausstattung	❯ Per fare una gita in montagna ci vuole l'attrezzatura adeguata.
E1 **il vantaggio**	der Vorteil	**F** l'avantage *m.* **E** advantage
il romanzo	der Roman	**F** le roman
il racconto	die Erzählung	❯ Non ho tempo per leggere un romanzo completo di Italo Calvino, ma magari un racconto.
tratto da (un romanzo); trarre	(entnommen) aus (einem Roman); entnehmen; ziehen	
l'infanzia	die Kindheit	**L** infans **F** l'enfance *f.*
sognare	träumen	**L** somnium ❯ Sandro sogna di avere un cavallo.
letterario, -a	literarisch	**F** littéraire **E** literary
A1 **il sognatore/ la sognatrice**	der/die Träumer/in	
il campanello	die (Schul-)Glocke, der Gong	❯ Quando suona il campanello inizia la lezione.
il brano	der Text(ausschnitt); das (Musik-, Theater-)Stück	❯ Il brano è tratto da *Agostino*, un romanzo di Alberto Moravia.
la morte *f.*	der Tod	**L** mors **F** la mort

	sorridere *part. pass.* **sorriso**	lächeln	**L** ridere **F** sourire
	sporcare	schmutzig machen, beschmutzen	*ant.* pulire ❯ Giocando a calcio i ragazzi si sono sporcati.
	filosofico, -a	philosophisch	**L** philosophia **F** philosophique **E** philosophic
	il pistacchio	die Pistazie	**F** la pistache
	attorno/intorno a ***avv.***	um ... herum	❯ Attorno allo stadio ci sono le macchine degli spettattori.
	distratto, -a	abgelenkt	**L** dis + trahere **F** distrait, e **E** distract *ant.* attento ❯ Elisa è distratta, non può concentrarsi.
	stringere *part. pass.* **stretto**	(zusammen)drücken, einengen	**L** stringere ❯ Per ringraziare il prof Max ha stretto la sua mano.
	non (mi) importa (di una cosa)	(eine Sache) ist (mir) nicht wichtig	❯ Non gli importa niente di quello che dicono gli altri.
E1	**quotidiano, -a** ***agg.;*** **il quotidiano**	täglich, alltäglich; die Tageszeitung	**L** quotidianus **F** le quotidien ❯ *La Repubblica* è un quotidiano.
	iniziare	anfangen, beginnen	**L** initium *sin.* cominciare
E2	**il cambiamento**	die Veränderung	
E3	**la biografia**	die Biographie	**F** la biograghie **E** biography
	la rete ***f.***	das Netz	**L** retis ❯ È sinonimo dire “in internet” e “in rete”.
E4	**annoiare**	langweilen	❯ Questa biografia non mi piace per niente, mi annoio leggendola.
	entrambi, -e	beide	*sin.* tutti e due ❯ I due romanzi che ho letto poco fa invece mi sono piaciuti. Entrambi sono eccitanti.
	eccitante ***agg.***	aufregend	**L** excitare **F** excitant **E** exciting
A2	**pazzesco, -a**	verrückt, unglaublich	❯ La trama del mio romanzo preferito è pazzesca.
	il secchione/ la secchiona	der/die Streber/in	❯ Said a scuola è molto bravo e alcuni lo prendono per un secchione.
	il mezzo	die Mitte; das Mittel	❯ Per tanta gente i *social network* sono mezzi di comunicazione molto importanti.
	splendere	scheinen, strahlen	**L** splendere
	la certezza	die Gewissheit, Sicherheit	**L** certus **F** la certitude **E** certainty
	il contenuto	der Inhalt	**L** continere **F** le contenu **E** contents
	la citazione ***f.***	das Zitat	**F** la citation **E** cite
E5	**concentrarsi**	sich konzentrieren	**F** se concentrer **E** concentrate ❯ Elisa legge il brano con molta attenzione, si concentra sulla lettura.
E9	**il sonno; avere sonno**	der Schlaf; müde sein	**L** somnus **F** avoir sommeil ❯ Una persona che ha sonno vuole dormire.
	bagnarsi	sich baden; nass werden	❯ Ho preso la pioggia e adesso sono bagnata.

	dare un passaggio (in macchina)	jdn. (mit dem Auto) mitnehmen	› Oggi non ho dovuto prendere l'autobus perché mia madre mi ha dato un passaggio.
	carico, -a	(auf)geladen	**F** chargé, e **E** charged
E10	**la recensione *f.***	die Rezension	**L** recensere
E11	**l'oro; la regola d'oro**	das Gold; die goldene Regel	**L** aurum **F** l'or *m.*
	la caricatura	die Karikatur	**F** le caricature **E** caricature
E12	**appassionarsi**	sich begeistern	**E** passionate › I fans si appassionano al loro idolo.
	pubblicitario, -a	Werbe-	**L** publicus **F** publicitaire › Il film continua dopo la pausa pubblicitaria.
B1	**il supplente *m.***	der Aushilfslehrer	
	sparire -sc-	verschwinden	› sparisco, sparisci, sparisce, spariamo, sparite, spariscono
	sottovoce *avv.*	leise, halblaut	*ant.* ad alta voce
	la colpa	die Schuld	**L** culpa **E** culprit › Non mi hai dato quest'informazione, è colpa tua se io adesso non so niente.
	approvare	zustimmen, einverstanden sein	**L** probare **F** approuver **E** approve
	abbandonare	verlassen	**F** abandonner **E** abandon *sin.* lasciare
	la casetta	das Häuschen	**L** casa
	il fico	die Feige; der Feigenbaum	
	addormentarsi	einschlafen	**L** dormire
	scambiare (per)	verwechseln (mit), austauschen, vertauschen	› Pensavo che fosse una citazione di Dante, invece è una frase di D'Avenia. Ho scambiato Dante con D'Avenia.
	il ladro	der Räuber	**L** latro › I ladri rubano.
	picchiare	schlagen	
	ammazzare	umbringen, töten	*sin.* uccidere
	il silenzio	die Ruhe, Stille	**L** silentium **F** le silence **E** silence
	la cattedra	das (Lehrer-)Pult; der Lehrstuhl	
E2	**riordinare**	neu ordnen	**L** ordo
	cronologico, -a	chronologisch	**F** chronologique **E** chronological
	indovinare	(er)raten	**L** divinus › Se non sai la risposta giusta, indovina per lo meno.
E3	**la favola**	die Fabel	**L** fabula
E4	**la casa editrice**	der Verlag, das Verlagshaus	**L** casa + edere › Buchner è la casa editrice del nostro libro d'italiano.
	la somma (di € 20)	die Summe (von 20 €)	**F** la somme
E6	**servirsi (di)**	etwas benutzen, Gebrauch von etwas machen	**F** se servir de qc. › Per preparare le loro presentazioni i ragazzi si servono di internet.
E7	**il principe/la principessa**	der Prinz, die Prinzessin	
	sposare	heiraten	**F** épouser › Se un uomo e una donna si sposano, diventano marito e moglie.
	incuriosito, -a	neugierig geworden	

scappare	fliehen, davonlaufen	**F** échapper **E** escape ›Il ladro scappa per non essere arrestato dai poliziotti.
nascondere, nascondersi *part. pass.* **nascosto**	verstecken, sich verstecken	›Poi si nasconde per non essere visto da nessuno.
il castello	das Schloss	›Nelle fiabe i principi e le principesse abitano nei castelli.
dorato, -a	vergoldet	
B2 **restare di stucco**	verblüfft sein	
puntuale *agg.*	pünktlich	**F** ponctuel, le **E** punctual ›Se nessuno arriva in ritardo possiamo iniziare puntualmente.
campare	leben, sich durchschlagen	**L** campus
l'imperatore/ l'imperatrice	der Kaiser/die Kaiserin	**L** imperator **F** l'impérateur *m.* **E** emperor
augurare	wünschen	**L** augur ›L'autore augura una buona lettura ai suoi lettori.
(dire tra) sé *pron. rifl.*	sich (selbst sagen)	
il lino	das Leinen	**L** linum **F** le lin ›Il lino è meno delicato della seta.
la corda	der Strick	**F** la corde **E** cord
il maestro/la maestra	der Maestro, der/die Meister/in; der/die Grundschullehrer/in	**L** magister **F** le maître
la fiaba	das Märchen	
E9 **successivo, -a**	(darauf)folgend	**L** succedere **F** successif, ve **E** succeed
E11 **la sezione** *f.*	die Sektion	
il traguardo	das Ziel	›È riuscito a raggiungere per primo il traguardo.

Alphabetisches Vokabelverzeichnis

Das Alphabetische Vokabelverzeichnis enthält sowohl den neuen Wortschatz aus ***Scambio 2*** (Fettdruck mit Angabe des Erstvorkommens) sowie das komplette Vokabular aus ***Scambio 1*** (ohne Angabe der Fundstellen).

a (Roma); A Roma!	in, nach (Rom); Auf nach Rom!
a causa di	wegen **5 B2 E13**
a condizione che	unter der Bedingung, dass **3 B1**
a destra	rechts
a pois [po'a]	gepunktet
a proposito di	apropos
a quadri	kariert
a righe	gestreift
a sinistra	links
abbandonare	verlassen **6 B1**
abbastanza *avv.*	ziemlich; genügend **1 B2**
abbinare	zuordnen, kombinieren
abitante *m./f.*	Einwohner/in
abitare	wohnen
abituarsi a	sich gewöhnen an **2 B2**
abitudine *f.*	Gewohnheit **1 A1 E4**
accanto a	neben
accendere	anzünden, anmachen
accesso a qc.	Zugang **1 A2 E16**
accessori *m. pl.*	Zubehör
accettare	akzeptieren
accompagnare	begleiten
accorgersi di qc.	etw. bemerken **5 B2**
accrescitivo	Vergrößerungsform **3 B1 E1**
acqua (minerale)	(Mineral-)Wasser
adatto, -a	passend
addirittura *avv.*	sogar, geradezu; wirklich! **2 B2 E15**
addormentarsi	einschlafen **6 B1**
adesso *avv.*	jetzt, nun
adorare	anbeten, verehren **2 B2**
aereo	Flugzeug **1 B1**
aeroporto	Flughafen
affascinante *agg.*	faszinierend **6 Ingresso**
affascinare	faszinieren **2 A2**
affermazione *f.*	Aussage, Behauptung **1 B2 E7**
affinché *congz. con cong.*	damit **3 B1**
affondare	*intr.*: untergehen, versinken; *tr.*: versenken **4 A2**
aggiungere	hinzufügen
agosto	August
agriturismo	Agriturismus, Urlaub auf dem Bauernhof **1 Ingresso**
aiutare	helfen
aiuto	Hilfe
al centro	in der Mitte
albergo	Hotel **1 Ingresso**
albero	Baum **2 Ingresso**
albicocca	Aprikose
album *m.*	Album
alcuni, -e	einige, manche
alimentazione *f.*	Ernährung
all'aperto	im Freien **3 A2**
allegare	anhängen, einen Anhang hinzufügen **1 A2**
allegro, -a	fröhlich
allenamento	Training
allenarsi; allenare	(sich) trainieren
allenatore/trice	Trainer/in **1 B2**
all'improvviso *avv.*	auf einmal, plötzlich **4 A1**
allontanare	entfernen **3 A2 Info**

allora	also; nun, jetzt
almeno *avv.*	wenigstens, mindestens
alternativa	Alternative
alternativo, -a	alternativ
alto, -a; in alto	hoch; oben
altrettanto *avv.*	gleichfalls
altrimenti *avv.*	sonst, andernfalls **5 A1 E5**
altro ieri *avv.*	vorgestern **1 A2**
altro/a *sost.*; altro, -a *agg.*	der/die Andere; andere/s
alunno	Schüler/in der Grund- oder Mittelschule **2 A2 E9**
alzare (il volume)	heben, erhöhen; *hier:* lauter stellen **3 A1**
alzarsi	aufstehen
amante *m./f.*	Liebhaber/in **4 B1 E7**
amare	lieben
amico/amica	Freund/Freundin
ammazzare	umbringen, töten **6 B1**
ammirare	bewundern
amore *m.*	Liebe; Liebling **4 A1**
anche; anch'io	auch; ich auch
ancora *avv.*	noch
andare	gehen, fahren
andare a spasso	spazierengehen
andare al cinema	ins Kino gehen
andare pazzo per	verrückt sein nach
andata e ritorno	Hin- und Rückfahrt **5 A3**
anguria	Wassermelone
anima	Seele **2 B2**
anno	Jahr
annoiare	langweilen **6 A1 E4**
annoiarsi	sich langweilen
annuncio	Ankündigung; Durchsage
antico, -a	antik; sehr alt (Gebäude)
antipasto	Vorspeise
anzi *avv.*	vielmehr, im Gegenteil
anziano, -a	alt (*auf Menschen bezogen*) **1 B2**
aperitivo	Aperitif **1 A1 E3**
aperto, -a	offen
apparecchiare; apparecchiato, -a	decken; gedeckt
appartamento	Wohnung
appassionarsi	sich begeistern **6 A2 E12**
appena *avv.*	sobald; mit Mühe, kaum; gerade **1 B2 E11**
appendere	aufhängen **4 B1 E5**
appetito; Buon appetito!	Appetit; Guten Appetit!
approvare	zustimmen, einverstanden sein **6 B1**
appunti; prendere appunti	Notizen; sich Notizen machen
aprile *m.*	April
aprire	öffnen
arancione	orange
arbitro	Schiedsrichter **5 Ingresso**
archeologico, -a	archäologisch **4 B2**
archeologo	Archäologe **2 Ingresso**
architetto	Architekt/in
architettura	Architektur **2 Ingresso**
argomento (pro/contro)	Thema; Argument (pro/contra) **5 Ingresso**
aria	Luft; Eindruck **4 A1**
armadio	Schrank

arrabbiare; arrabbiarsi	wütend machen; wütend werden, sich aufregen
arrabbiato, -a	wütend, aufgebracht
arrendersi	aufgeben, resignieren **2 A1**
arrivare	ankommen
Arrivederci!	Auf Wiedersehen!
ArrivederLa	Auf Wiedersehen!
arrivo	Ankunft
articolo	Artikel
artista *m./f.*	Künstler/in
artistico, -a	künstlerisch, Kunst- **2 A2 E9**
asciugamano *m.*	Handtuch
ascoltare	(zu)hören
ascolto	Hören, Hör-
aspettare	warten
aspetto (positivo/negativo)	(positiver/negativer) Aspekt, Gesichtspunkt **3 A1**
aspirapolvere *m.*	Staubsauger **2 A3**
assaggiare	probieren, versuchen **3 B3**
assolutamente *avv.*; assoluto, -a *agg.*	unbedingt, absolut
astuccio	Mäppchen
atmosfera	Atmosphäre **5 B2 E14**
attaccare	angreifen; anhängen **5 Ingresso**
attento, -a	aufmerksam
attenzione *f.*; attenzione!	Aufmerksamkeit; aufgepasst!
attimo	Augenblick **5 B1**
attivare	in Betrieb nehmen, aktivieren **3 B2**
attività	Aktivität, Beschäftigung, Tätigkeit
attivo, -a	aktiv **1 B1**
attore/attrice	Schauspieler/in
attorno/intorno a *avv.*	um ... herum **6 A1**
attraversare	überqueren
attraverso *avv.*	über, mit Hilfe von, durch **3 A1**
attrazione (turistica) *f.*	(Touristen-)Attraktion
attrezzatura	Ausrüstung, Ausstattung **6 Ingresso**
attuale *agg.*	aktuell **2 A1**
augurare	wünschen **6 B2**
augurarsi	sich wünschen **3 A1 E2**
aula	Klassenzimmer
austriaco, -a; l'austriaco/a	österreichisch; Österreicher/in
auto(mobile) *f.*	Auto(mobil)
autobus; bus	Bus
automatico, -a	automatisch **3 B2**
autore/autrice	Autor/in, Schriftsteller/in **2 A1**
autorizzazione *f.*	Erlaubnis, Einverständniserklärung **5 A3**
autunno	Herbst
avanti; avanti!	voran; Vorwärts! Herein! **5 B2 E7**
avere	haben
avere … anni	alt sein
avere bisogno di	brauchen, nötig haben
avere fame/sete	Hunger/ Durst haben, hungrig/ durstig sein
avventura	Abenteuer
avversario	Gegner **5 Ingresso**
avvertire	benachrichtigen; warnen **5 A1 E5**
avvicinarsi	sich nähern, näher kommen
azione *f.*	Handlung, Aktion **1 A1 E4**
azzurro, -a	königsblau, meerblau
baciare; baciarsi	küssen, sich küssen **4 A2 E10**
bacio	Kuss **1 A1 E9**
bagnarsi	sich baden; nass werden **6 A2 E9**
bagno	Bad
ballare	tanzen
ballerina	Ballerinaschuh; Balletttänzerin
bambino/a	Kind; kleiner Junge, kleines Mädchen **2 A3**
banco	Schulbank; Tresen
bar *m.*	(ital.) Bar, Café
barattolo	Dose, Büchse, Glas **3 B2**
barca	Boot **1 Ingresso**
barista *m./f.*	Barkeeper, Barmann, Barfrau
barzelletta	Witz
basket *m.*	Basketball
basso, -a; in basso	niedrig, klein (gewachsen); unten
bastare	reichen, genügen
bastoncino; bastone *m.*	Stäbchen; Stock **3 B2**
battersi	kämpfen, sich ins Zeug legen für
Beato te! Beata te!	Du Glücklicher! Du Glückliche!
(bella) figura	(gute) Figur, (schöne) Gestalt **4 B1**
bellezza	Schönheit **3 A1**
bello, -a	schön
ben poco	herzlich wenig **1 A1**
benché *congz. con cong.*	obwohl **3 B1**
bene *avv.*	gut
bene; *pl.* **beni**	Gut **4 B2**
benissimo *avv.*	sehr gut
benvenuto, -a, -i, -e	willkommen
bere	trinken
bevanda	Getränk
bianco, -a	weiß
bicchiere *m.*	(Trink-)Glas, Becher
bici(cletta) *f.*	Fahrrad
bidello/a	*Art Hausmeister/in an einer Schule*
biglietteria	Kasse, (Fahr-, Eintritts-)Kartenausgabe **4 B1 E7**
biglietto	Fahrkarte, Eintrittskarte; Geldschein; (kleiner) Zettel
biografia	Biographie **6 A1 E3**
biologico, -a	biologisch, Bio-
biondo, -a	blond
biscotto	Keks, Plätzchen **2 B2 E14**
bisogna (parlare)	man muss (sprechen)
blog *m.*	Blog
blu *inv.*	dunkelblau
bocca	Mund **2 A3**
boh *escl.*	Keine Ahnung! **1 A1**
borsa	Tasche
bottiglia	Flasche
braccio; *pl.* **braccia**	Arm **2 A3**
brano	Text(ausschnitt); (Musik-, Theater-)Stück **6 A1**
bravo, -a	gut, tüchtig; toll
breve *agg.*	kurz **4 B1 E1**
brutto, -a	hässlich; schlecht
buco	Loch
buffo, -a	lustig, komisch **3 B1**
buio, -a	dunkel **4 A2**
buono, -a	gut
busta	(Plastik-)Tüte
buttare (via)	(weg)werfen **4 A2**
cabina	Kabine
cacao	Kakao **3 B2**
caccia	Jagd **2 B1**
cadere	fallen, hinfallen **1 B2**
caffè *m., inv.*	Kaffee, Espresso
caffellatte *m.*	Milchkaffee
calciatore/calciatrice	Fußballer/in **2 B1 E5**
calcio	Fußball
calcolare	rechnen
caldo; caldo, -a	Wärme; warm
calma; con calma	Ruhe; in Ruhe
calmare; calmare l'appetito	beruhigen; Appetit stillen **2 B2 E14**
calzini *pl.*	Socken
cambiamento	Veränderung **6 A1 E2**
cambiare	(ver)ändern
camera	Zimmer
cameriere/a	Kellner/in **3 B1**
camicetta	Bluse
camicia	Hemd
camminare	(zu Fuß) gehen, wandern
campagna	Land (*als Gegensatz zur Stadt*); Kampagne **1 Ingresso**

campanello	(Schul-)Glocke, Gong **6 A1**
campare	leben, sich durchschlagen **6 B2**
campeggio	Camping, Campingplatz **1 Ingresso**
campo (semantico)	(Wort-)Feld **2 A3 E11**
canale *m.*	Kanal, Fernsehsender **3 B3 E18**
candidato/a	Kandidat/in **2 B2**
candidatura	Bewerbung **2 B2**
cane *m.*	Hund
canoa	Kanu **1 Ingresso**
cantante *m./f.*	Sänger/in
cantare	singen
canzone *f.*	Lied
caos *m.*	Chaos **1 A1 E13**
caotico, -a	chaotisch **3 A1**
capelli	Haare **2 A3**
capire -sc-	verstehen
capitale *f.*	Hauptstadt (eines Landes)
capitano	Kapitän **5 Ingresso**
capo	Chef (der führende Kopf)
cappello	Hut
cappuccino	Cappuccino
carattere *m.*	Charakter
caratteristica	Merkmal **1 B2 E7**
caratterizzare	charakterisieren, kennzeichnen **4 B2**
caricatura	Karikatur **6 A2 E11**
carico, -a	(auf)geladen **6 A2 E9**
carino, -a	hübsch, nett, freundlich
carne *f.*	Fleisch
carnevale *m.*	Karneval, Fasching **5 B1**
caro, -a	lieb, teuer
carota	Karotte
carta bancomat	Bankkarte, Girokarte **2 Ingresso**
carta; giocare a carte	Papier; Karten spielen
cartolina	(Ansichts-)Karte
casa editrice	Verlag, Verlagshaus **6 B1 E4**
casa; a casa	Haus; zuhause
casetta	Häuschen **6 B1**
caso	Fall **4 B1**
Caspita!	Donnerwetter! **3 B1**
cassa	Kasse; Lautsprecherbox
castello	Schloss **6 B1 E7**
cattedra	(Lehrer-)Pult; Lehrstuhl **6 B1**
cattivo, -a	böse, schlecht **2 A1 E2**
cavallo; andare a cavallo	Pferd; reiten
CD *m.*	CD
celebrare	feiern **3 B2**
celebrità	Berühmtheit **2 B1**
celeste	himmelblau
cellulare *m.*	Handy, Mobiltelefon
cena	Abendessen
centesimo	Cent; hundertster Teil **3 B2 E10**
cento	hundert
centro (storico)	(hist.) Zentrum, (Stadt-)Mitte **1 Ingresso**
cercare	suchen
certamente *avv.*	sicherlich, gewiss
certezza	Gewissheit, Sicherheit **6 A2**
certo, -a *agg.*	gewiss, bestimmt, sicher **1 A1 E4**
certo *avv.*	sicher, gewiss; *hier:* ja klar
cervello	Gehirn **2 B2**
chance *inv.*	Chance; Erfolgsaussicht **5 B2**
chat *f.*	Chat
chattare	chatten
che (bello)!	wie (schön)!
Che figo!	Was für ein toller/heißer Typ!
Che ora è?/Che ore sono?	Wie spät ist es?
Chi?	Wer?
chiacchierare	schwatzen, plaudern
chiacchiere *pl.*	Gerede, Geschwätz **1 A1 E9**
chiacchierone/a	Schwätzer/in, Vielredner/in **3 A1 E3**
chiamarsi; chiamare	heißen; (sich) nennen, (an)rufen
chiamata	(An-)Ruf

chiaro, -a	klar; hell
chiedere (a qn.)	(jdn.) fragen
chiesa	Kirche
chilo	Kilo
chimica	Chemie
chissà?	wer weiß? **2 B2**
chiudere	schließen
ci vediamo	wir sehen uns
ci vuole/ci vogliono (volerci)	man braucht **5 A2 E11**
ciao	hallo; tschüss
cibo	Speise, Nahrung
ciliegia	Kirsche
cima	Gipfel **1 Ingresso**
cinema *m., inv.*	Kino
cintura	Gürtel
ciò *pron. dimostr.*	dies(es), das **4 B2**
cioccolatino	Praline **2 B2 E14**
cioccolato	Schokolade **3 B1**
cioè	das heißt
cipolla	Zwiebel
circa *avv.*	circa, ungefähr
citazione *f.*	Zitat **6 A2**
città *inv.*	Stadt
classe *f.*	Klasse
classico, -a	klassisch; humanistisch **2 A2 E9**
cliccare (su)	(an)klicken
cliente *m./f.*	Kunde/Kundin
coca (cola)	(Coca) Cola
colazione *f.*	Frühstück
collana	Halskette, Halsband
collega; *pl.* **colleghi/colleghe**	Kollege, Kollegin **1 A2**
collegare	verbinden **3 B1 E7**
colonna	Säule; Spalte **3 A1 E2**
colore *m.*	Farbe
colori e disegni	Farben und Muster
colpa	Schuld **6 B1**
colpire -sc-	schlagen, treffen **5 Ingresso**
coltello	Messer
comando	Befehl **2 A3**
combinato, -a; combinare	verbunden; verbinden **5 B1 E2**
come	wie
Come mai?	Wieso denn?
Come stai? (*inf.* stare)	Wie geht es Dir?
Come ti chiami?	Wie heißt du?
cominciare	beginnen
commentare	kommentieren; erläutern
commento	Kommentar
commesso/a	Verkäufer/in
Commissione Europea	Europäische Kommission **1 A2**
comodo, -a	bequem
compagno/a di classe *m./f.*	Mitschüler/in
compito;compito in classe	(Haus-)Aufgabe; Klassenarbeit
compleanno	Geburtstag
completare	vervollständigen
completo, -a	vollständig **1 B1 E2**
complicato, -a	kompliziert **5 A1**
complimento; Complimenti!	Kompliment; Mein Kompliment!
comportamento	Verhalten
comportarsi	sich benehmen, betragen
composto da/di; comporre	zusammengesetzt aus; zusammensetzen; bilden; komponieren **5 A1**
comprare	kaufen
computer *m.*	Computer
comune *agg.***; avere in comune**	allgemein, gemeinsam; etwas gemein haben **3 B3**
comunicare	kommunizieren, sich verständigen **1 A2**
comunicazione *f.*	Kommunikation, Verständigung **1 A2 E18**
comunque *avv./congz.*	jedenfalls, auf alle Fälle; allerdings
con	mit

concedersi	sich zugestehen, gönnen 5 A2
concentrarsi	sich konzentrieren 6 A2 E5
concentrazione *f.*	Konzentration 4 B2
concerto	Konzert
conchiglia	Muschel 4 B1
concorso	Wettbewerb 1 A2
condividere (qc. con qn.)	(etw. mit jdm.) teilen 4 B2 E11
confrontare	vergleichen
confronto; a confronto	Vergleich; im Vergleich
confuso, -a	verwirrt, durcheinander 2 B2 E11
congiunzione *f.*	Konjunktion
conoscere	kennen; kennen lernen
consegnare	übergeben 5 A1 E3
conservare	erhalten, bewahren 4 B2
consiglio	Rat(schlag), Tipp 1 B2 E17
contare	zählen
contatto	Kontakt 4 B2
contemporaneo, -a	zeitgenössisch 4 B2 E14
contento, -a	zufrieden; froh
contenuto	Inhalt 6 A2
contesto	Kontext, Textzusammenhang 5 B2
continuare	fortfahren, weitermachen
contrada	Stadtbezirk 5 B2 E14
contrario	Gegenteil
controllare	überprüfen, kontrollieren 1 A1 E2
controllarsi	sich kontrollieren
conversazione *f.*	Unterhaltung
conviene (*con inf.*); **convenire**	es ist besser, man soll(te); versammeln, übereinkommen 5 A3
convinto, -a; convincere	überzeugt; überzeugen 3 A1 E3
copiare	abschreiben, kopieren
coppa	Becher; Pokal; Cup 3 B3
coppia	Paar
coprire	(be)decken 2 B1
coraggio	Mut 4 A1
corda	Strick 6 B2
cordiale *agg.*	herzlich 2 A1 E3
cornetto	Hörnchen
corpo	Körper
correggere	verbessern, korrigieren 4 A2 E11
correre	laufen
corretto, -a	korrekt, richtig 1 A1 E13
corrispondente *sost./agg.*	Austauschpartner/in; entsprechend 3 A1
corrispondere	entsprechen
corsa	Lauf, Rennen 5 B2 E15
corso	Kurs; Verlauf 1 A1 E3
cortese *agg.*	höflich, freundlich 5 A2 E11
corto, -a	kurz
Cosa/Che ne dici?	Was sagst du dazu? Was hältst du davon?
cosa; che cosa? cosa?	Sache; was?
così; così così *avv.*	so; so so
costante	beständig, konstant
costare	kosten
costo; a tutti i costi	Kosten; um jeden Preis 5 A1 E7
costruire, -sc-	bauen 2 **Ingresso**
costume *m.*	Kostüm, Tracht; Sitte 5 A1
creare; crearsi	(er)schaffen
creativo, -a	kreativ 3 A1 E4
crescere	(auf)wachsen 2 A1
criminalità	Kriminalität, Verbrechertum 2 A1
crisi *f. inv.;* essere in crisi	Krise; in der Krise stecken
croccante *agg.*	knusprig 3 B2
cronologico, -a	chronologisch 6 B1 E2
crudo, -a	roh
cucchiaino	Teelöffel
cucchiaio	(Ess-)Löffel
cucina	Küche
cugino/cugina	Cousin/Cousine
cultura	Kultur; Bildung 4 B1
culturale *agg.*	kulturell 4 B2
cuore *m.*	Herz 3 B3 E17

curare	sich kümmern um, aufpassen auf; behandeln
curiosità	Neugierde; Kuriosum, Besonderheit 3 A2
curioso, -a	neugierig
da *prep.*	zu, um … zu, bei, von, aus, seit
da un lato ... dall'altro	einerseits ... andererseits 4 A1 E5
d'accordo	einverstanden
dal (1929)	seit (1929)
danneggiare	schaden, beschädigen 4 B2
danza	Tanz
dare del Lei a qn.	jdn. siezen 1 A2 E15
dare un passaggio (in macchina)	jdn. (mit dem Auto) mitnehmen 6 A2 E9
dare un'occhiata a	einen Blick werfen auf
dare; Dai!	geben; Ach, komm schon!
davanti a *prep.*	vor (*örtlich*)
davvero *avv.*	wirklich
decidere	entscheiden
dedicare	widmen 2 B2
definitivo, -a	eindeutig, endgültig, definitiv 2 B1
delicato, -a	erlesen, fein; heikel 6 **Ingresso**
delineare	nachzeichnen, skizzieren
delizioso, -a	köstlich 2 B2 E14
deludere	enttäuschen 5 A1
dentista *m./f.*	Zahnarzt/-ärztin
dentro *avv.*	drinnen, hinein, herein
descrivere	beschreiben
descrizione *f.*	Beschreibung 2 **Ingresso**
desiderare	wünschen, sich sehnen nach
desiderio	Wunsch; Sehnsucht
desinenza	Endung
dettaglio	Detail, Einzelheit 3 B1 E9
di fronte a *prep.*	gegenüber
di preciso *avv.*	genau 1 A1
di *prep.*	von, aus
di sicuro *avv.*	sicherlich 1 A2 E18
di solito *avv.*	gewöhnlich
dialogo	Dialog
dicembre *m.*	Dezember
dietro *prep./ avv.*	hinter; zurück
differente *agg.*	unterschiedlich 1 A1 E7
differenza	Unterschied
difficile *agg.*	schwierig 1 B2
difficoltà	Schwierigkeit 3 B1 E7
diffondere	verbreiten 4 B1 E6
dimenticare	vergessen
diminutivo	Verkleinerungsform, Diminutiv 3 B1 E1
dimostrare	zeigen 5 A3 E15
dio/dea; *pl.* **dei**	Gott, Göttin; Götter 4 B1
dipendere; dipende da	abhängen; das kommt darauf an 2 A2
dipingere	malen 2 B2 E13
dire	sagen
(dire tra) sé *pron. rifl.*	sich (selbst sagen) 6 B2
direttamente *avv.*	direkt
direzione *f.*	Richtung
dirigere	leiten, lenken; dirigieren 5 **Ingresso**
diritto/dritto *avv.*	geradeaus
discorso	Rede; Thema
discussione *f.*	Diskussion
discutere	diskutieren 3 A1 E5
disegnare	zeichnen, skizzieren
disegno	Zeichnung; Zeichnen
disordine *m.*	Unordnung 3 A2
disponibile *agg.*	erhältlich, verfügbar; entgegenkommend 2 A3
distratto, -a	abgelenkt 6 A1
disturbare	stören 4 B2 E11
dito; *pl.* **dita**	Finger 2 A3
diventare	werden
diverso, -a	unterschiedlich 2 A2 E7
diverso, -a	verschieden, anders

divertente	unterhaltsam, lustig
divertimento	Spaß, Vergnügen **5 A1**
divertirsi	sich amüsieren, Spaß haben
dividere	(auf-, ein)teilen
diviso (per)	geteilt (durch)
dizionario	Wörterbuch
doccia; fare la doccia	Dusche; duschen
documentario	Dokumentarsendung **3 B3 E18**
dolce *agg.*	süß **4 A1**
dolce *m.*	Nachspeise; Süßspeise, Kuchen
dolore *m.*	Schmerz **2 B2**
domanda	Frage
domandare	fragen
domani *avv.*	morgen
domenica	Sonntag
donna	Frau
dopo *avv.; prep.*	nachher, später; nach
dopo/avanti Cristo	n. Chr./v. Chr.
doppia) negazione	(doppelte) Verneinung
dorato, -a	vergoldet **6 B1 E7**
dormire	schlafen
dottore; dottoressa	Doktor/in, Arzt/Ärztin **2 A1**
dove; di dove?	wo; woher?
dovere	müssen
dubbio	Zweifel **3 Ingresso**
dubitare	zweifeln **3 A1**
dunque	also, nun ja **4 A1 E5**
durante *prep.*	während
durare	dauern **5 A1**
DVD *m.*	DVD
e (voi)? ed (io)?	und (ihr)? und (ich)?
eccitante *agg.*	aufregend **6 A1 E4**
ecco	Schau(t); hier ist/sind
Eccome!	Und wie!
economia	Wirtschaft **4 B2 E9**
economico, -a	wirtschaftlich, Wirtschafts-; billig **2 A2 E9**
edicola	Kiosk, Zeitungsstand
edificio	Gebäude **3 B2 E10**
educato, -a	anständig, höflich; (wohl)erzogen
educazione (fisica) *f.*	Bildung; (Sportunterricht)
egregio,-a	herausragend; sehr geehrte/r **1 A2**
elegante	elegant, vornehm
elemento	Element **5 B2**
elencare	aufzählen **5 B2 E10**
elenco	Liste **1 B2 E7**
e-mail *f.*	E-Mail **1 A1 E1**
emozione *f.*	Gefühl, Emotion **1 A1 E4**
energia	Energie **2 B2**
entrambi, -e	beide **6 A1 E4**
entrare	eintreten, hineingehen
entro *prep.*	innerhalb, binnen **1 B2**
entusiasta *agg.*	begeistert **1 A1**
epoca	Epoche, Zeitalter **4 B1 E3**
eroe *m.*/**eroina**	Held/Heldin **5 Ingresso**
errore *m.*	Fehler **3 B3**
esagerare	übertreiben **5 B2**
esame *m.*	Prüfung **2 A2 E9**
esatto, -a *agg.*; esattamente *avv.*	genau
esempio; per esempio	Beispiel; zum Beispiel
esercizio	Übung
esistere	existieren **2 A2 E9**
esperienza	Erfahrung **1 A1**
esplosione *f.*	Explosion **5 B1**
esporre	ausstellen, aussetzen; darlegen **4 B2 E15**
espressione *f.*	Ausdruck
esprimere	ausdrücken
esserci; c'è, ci sono	vorhanden sein; es gibt, da ist/sind
essere	sein
essere in (tre, quattro …)	zu (dritt/viert ...) sein

estate *f.*	Sommer
età	Alter **2 A1 E1**
ettaro	Hektar
etto	100 Gramm
euro	Euro
evento	Ereignis **3 B1 Info**
faccia	Gesicht **2 A3**
facile	leicht, einfach
fame *f.*	Hunger
famiglia	Familie
famoso, -a	berühmt
fantascienza	Science-Fiction **2 B2 E8**
fantasma *m.*	Geist **3 A1**
fantastico, -a	fantastisch, großartig
far male	weh tun **4 A1**
far parte di	gehören zu **4 B2**
far sapere	wissen lassen, benachrichtigen **5 A3**
fare	machen, tun
fare in tempo	es (zeitlich) schaffen
fare presto	sich beeilen
farfalla	Schmetterling
farmacia	Apotheke
farsi vivo	sich melden, ein Lebenszeichen von sich geben **1 A1 E8**
fastidio; dare fastidio a qn.	Ärger, Verdruss; jdn. belästigen, stören **5 B2**
faticoso, -a	anstrengend **2 A3**
fatto	Tatsache **4 A1**
favola	Fabel **6 B1 E3**
febbraio	Februar
felice	glücklich **3 A1 E2**
felpa	Sweatshirt
fenomeno	Phänomen **3 A2 Info**
ferie *pl.*	Ferien
fermare; fermarsi	an-, aufhalten; sich aufhalten **2 A2**
fermata	Haltestelle
festa	Fest, Party
festeggiare	feiern **5 B1**
festival *m.*	Festival **3 B2**
fetta	Scheibe **2 B2 E9**
fettina	kleine Scheibe; Schnitzel
fiaba	Märchen **6 B2**
FIAT	FIAT (populärste italien. Automarke) **3 B2**
fico	Feige; Feigenbaum **6 B1**
fidanzata	(feste) Freundin; Verlobte
figlio/figlia; figli	Sohn/Tochter, Kind; *(eigene)* Kinder
Figurati!	gern geschehen, nichts zu danken
fila; fare la fila	Reihe, Schlange; sich anstellen **3 B2**
film *m.*	Film
filosofia	Philosophie **4 B1 E7**
filosofico, -a	philosophisch **6 A1**
finale *agg.*; **finali**	letzte(r), Abschluss-; Endspiele **2 A1 E3**
finalmente *avv.*	endlich
fine *f.*	Ende **1 A2**
fine settimana *m.*	Wochenende
finestra	Fenster
finire -sc-; finito, -a	enden, beenden; beendet
fino a *prep.*	bis
finora *avv.*	bis jetzt
fiore *m.*; a fiori	Blume; geblümt
firmare	unterschreiben **5 A3 E12**
fisica	Physik
fissarsi su	sich fixieren auf **4 A2**
fiume *m.*	Fluss **1 Ingresso**
flessibile *agg.*	flexibel **2 A3**
fondare	gründen **3 B2**
fontana	(Spring-)Brunnen
fonte *f.*	Quelle **4 A2**
forchetta	Gabel
forma; stare in forma	Form; in Form bleiben

formaggio	Käse
formare	formen, bilden **1 B2 E9**
formazione *f.*	(Aus-)Bildung
formula (iniziale/di saluto)	(Einleitungs-/Schluss-)Floskel **1 A2 E15**
formulare	formulieren
fornire -sc-	liefern **5 B2 E14**
forse *avv.*	vielleicht
forte *agg.*; *avv.*	stark; laut
fortuna	Glück **1 B2**
fortunatamente	zum Glück **2 A2**
fortunato, -a	glücklich (im Sinne v. "Glück gehabt") **2 A1 E3**
forum *m.*	Forum
forza; forza!	Kraft; auf geht's! Nur Mut! **1 B1**
foto *f. inv.*; fotografia	Foto
fotografare	fotografieren **1 A1 E3**
fra un po'	in Kürze, bald **1 B2**
francese; francese (*m./f.*)	Französisch; Franzose/Französin
francobollo	Briefmarke
frase *f.*	Satz **1 A1 E7**
fratello; *pl.* fratelli	Bruder; *Pl.* Geschwister
frattempo	Zwischenzeit **4 B1 E8**
freddo; freddo, -a	Kälte; kalt
frequentare	(regelmäßig) besuchen
fresco, -a	frisch
fretta	Eile **1 A1**
frutta	Obst
fruttivendolo/a	Obst- und Gemüsehändler, -verkäufer
fumetto	Comic **5 A2**
fungo; i funghi	Pilz
funzionare	funktionieren
fuoco	Feuer
fuori *prep.; avv.*	außerhalb von; hinaus, draußen
futuro	Zukunft; Futur
galleria	Gallerie **4 B1**
gamba	Bein **2 A3**
gara	Wettkampf, -rennen **5 Ingresso**
gassato, a	sprudelnd, mit Kohlensäure
gelateria	Eisdiele
gelato	(Speise-)Eis
gemello/a	Zwilling
generale *agg.*	allgemein, generell **4 B2**
genere *m.*	Geschlecht; Art **3 B1**
generi alimentari *m.*	Lebensmittel
geniale *agg.*	genial **2 B2**
genitori; *sing.* genitore	Eltern
gennaio	Januar
gente *f.*	Leute
gentile *agg.*	freundlich, nett **3 B3 E16**
gentilezza	Freundlichkeit **6 Ingresso**
gesso	Kreide
gesto	Tat; Geste **3 A2 Info**
già	schon
giacca	Jacke
giallo *sost.*	Krimi **3 B3 E18**
giallo, -a	gelb
giardiniere/a	Gärtner/in **2 Ingresso**
giardino	Garten
gigante	riesig
giocare (a calcio)	(Fußball) spielen
giocatore/-trice *m./f.*	Spieler/in
gioco	Spiel
giornale *m.*	Zeitung
giornalista *m./f.*	Journalist/in
giornata	Tag (in seinem Verlauf)
giorni della settimana	Wochentage
giorno; Buongiorno	Tag; Guten Tag!
giovane	jung
giovedì *m.*	Donnerstag
girare	unterwegs sein, umhergehen, -fahren **1 A1**
girare	abbiegen
girare (un film, video)	(einen Film, ein Video) drehen **5 A1 E8**
giro; in giro	Runde, Spaziergang; unterwegs
gita	Ausflug
giù *avv.*	unten; herunter **2 A2 E9**
giugno	Juni
giurare	schwören **5 B1**
giustificare	rechtfertigen, begründen **4 A1 E5**
giusto, -a	gerecht; richtig
goccia	Tropfen **4 A2**
godersi; godere	genießen **1 Ingresso**
goloso, -a; golosone	gefräßig, naschhaft; Schleckermaul **3 B1**
gomma	Radiergummi
grado	Grad; Grad, Rang **1 A1**
graduatoria	Rangliste, -folge **3 B3 E17**
grammaticale *agg.*	grammatikalisch **1 B2 E9**
grande	groß(artig)
gratis *agg.*	umsonst, kostenlos
grato, -a	dankbar **6 Ingresso**
gratuito, -a	kostenlos, frei **3 B2 E13**
grazie (mille)	(tausend) Dank
grigio, -a	grau
grigliata; grigliato, -a	Grillparty; gegrillt
grissini	Grissini **3 Ingresso**
grosso, -a	groß, riesig **3 B3**
grotta	Grotte **1 B2**
guadagnare	verdienen **2 B1**
guardare	(an)schauen
guerra	Krieg **3 A1**
guida (turistica)	(Fremden-)Führer/in
gustare; gustarsi	schmecken, probieren; genießen **3 B1 Info**
gusto	Geschmack
I gusti sono gusti.	Über Geschmack lässt sich nicht streiten. **1 B2**
idea	Idee; Vorstellung
ideale *agg.*	ideal **1 B2 E15**
identico, -a	der/die/dasselbe **1 A1 E7**
identificare	identifizieren **2 B2 E16**
identikit *m.*	Steckbrief
identità	Identität **4 B2**
idiomatico, -a	idiomatisch **2 A3 E16**
ieri *avv.*	gestern
illustrare	veranschaulichen **4 B1 E1**
illustrazione *f.*	Illustration, Veranschaulichung **4 B1**
immaginare	sich vorstellen
immagine *f.*	Bild
immenso, -a	immens, riesig **6 Ingresso**
imparare (a memoria)	(auswendig) lernen
impegnarsi	sich anstrengen, sich engagieren **2 A1 E3**
impegnato, -a	beschäftigt; engagiert
imperativo	Imperativ, Befehlsform
imperatore/imperatrice	Kaiser/in **6 B2**
impiegare	(ge)brauchen, beanspruchen **3 B2**
impiegato/a	Angestellte/r **2 Ingresso**
importante	wichtig
importanza	Wichtigkeit **1 A2 E14**
impressionare	beeindrucken **2 A3**
impressionato, -a	beeindruckt **4 B1**
impressione *f.*	Eindruck **3 A1**
improvvisamente *avv.*	unvorhergesehenermaßen, auf einen Schlag **2 A1**
in (Italia)	in, nach (Italien)
in allegato	als Anhang **3 B3**
in effetti	eigentlich, wirklich **4 A2**
in genere	im Allgemeinen **2 A2**
in tinta unita	einfarbig
(in)dipendente	(un)abhängig
incontrare	treffen, begegnen
incontro	Begegnung, Treffen
incoraggiare	ermutigen **5 A1**

incredibile *agg.*	unglaublich **5 A3 E15**
incrocio	Kreuzung
incuriosito, -a	neugierig geworden **6 B1 E7**
indagine *f.*	Ermittlung, Untersuchung **2 A1**
indicare	angeben, anzeigen **1 A1 E1**
indipendente *agg.*	unabhängig **1 B1**
indirizzo	Adresse **5 B1 E4**
individuale *agg.*	individuell **2 B1**
indossare	anziehen
indovinare	(er)raten **6 B1 E2**
industria	Industrie **2 A2 E9**
industrializzato, -a	industrialisiert **3 Ingresso**
infanzia	Kindheit **6 Ingresso E1**
infatti *avv./congz.*	in der Tat, tatsächlich, nämlich; genau
infinito	Infinitiv
influenzare	beeinflussen **3 A2 Info**
influire, -sc-	beeinflussen **4 B2 E15**
informare	informieren, benachrichtigen **3 B2**
informazione *f.*	Information, Auskunft
Inghilterra	England
inglese; inglese *m./f.*	Englisch; Engländer/in
ingrediente *m.*	Zutat **3 A1 E2**
ingresso	Eingang, Einstieg
iniziare	anfangen, beginnen **6 A1 E1**
inizio	Anfang **1 A2**
innamorarsi (di)	sich verlieben (in) **4 B2**
innamorato, -a	verliebt **1 A1 E3**
innanzitutto *avv.*	erst einmal, zunächst **5 A3**
inoltre *avv.*	außerdem **3 A1**
insalata	Salat
inscenare	inszenieren **2 A1 E1**
insegnante *m./f.*	Lehrer, Lehrerin **1 A2**
insegnare	unterrichten, beibringen **1 A1 E3**
inserire	einfügen
insieme *avv.*	zusammen, gemeinsam
insomma *avv.*	insgesamt, kurz gesagt; na ja, geht so
installazione *f.*	Installation; *hier:* Anordnung von Kunstgegenständen **5 B1**
insufficienza	Note "ungenügend"
intellettuale *agg.*	intellektuell, geistig **4 B2**
intelligente	intelligent
interessante	interessant
interessare a	jdn. interessieren **1 A1**
interessarsi di	sich für etwas interessieren **5 B1**
interessato, -a	interessiert **1 B1**
interesse *m.*	Interesse **1 A2 E18**
interno, -a; all'interno	innere(r), Innen-; innen, drinnen **3 B2**
interrogare	abfragen
interrogazione *f.*	Abfrage (in der Schule)
intervista	Interview
intervistare	interviewen **4 B2 E9**
introdurre	einführen **5 A1 E3**
invece *avv.*; invece di *prep.*	dagegen; statt
inventare	erfinden
inverno	Winter
inviare	senden, schicken **1 A2**
invidioso, -a	neidisch
invitare	einladen
invito	Einladung **5 A1 E5**
io ci sto	ich bin dabei, auf mich kannst du zählen
io; tu	ich; du
(ir)regolare *agg.*	(un)regelmäßig
ispirazione *f.*	Inspiration **2 B2 E8**
istituto	Institut, (schulische) Einrichtung **2 A2 E9**
italiano, -a; italiano/a	italienisch; Italiener/in
jeans	Jeans(-hose)
là *avv.*	dort
labbro; *pl.* **labbra**	Lippe **2 A3**
labirinto	Labyrinth
lacrima	Träne **6 Ingresso**
ladro	Räuber **6 B1**
lago	See **1 Ingresso**
lamentarsi	sich beschweren
lanciare	werfen
largo, -a	breit, weit **2 A3**
lasagne *pl.*	Lasagne, Bandnudeln
lasciare	(ver)lassen **2 B2**
lasciare (indietro)	(zurück)lassen **1 B1**
lato	Seite **3 A1**
latte *m.*	Milch **3 B2 E13**
lavagna	Tafel
lavare	waschen, reinigen, putzen
lavorare	arbeiten
lavoro	Arbeit
leggere	lesen
leggero, -a	leicht, fein
lei/lui	sie/er
letterario, -a	literarisch **6 Ingresso E1**
letto	Bett
lettura	Lektüre, Lesen **5 B2 E14**
lezione *f.*	Unterrichtsstunde; Lektion
lì/là *avv.*	dort **2 A2**
libero, -a	frei
libertà	Freiheit **4 A2**
libro	Buch
liceo (linguistico/scientifico)	(sprachl./naturwiss.) Gymnasium
limite *m.*	Grenze **4 A1**
linea	Linie
lingua	Sprache; Zunge **2 A3**
lino	Leinen **6 B2**
lira	Lira (ital. Währung vor Einführung des Euro) **3 B3 E17**
liscio, -a	glatt **2 B1**
lista della spesa	Einkaufsliste
litigare	streiten **2 B2 E6**
lodare	loben **4 B1**
lontano, -a	weit (entfernt)
loro *inv.*	sie; ihr, ihre
luce *f.*	Licht
luglio	Juli
lunedì *m.*	Montag
lunghezza	Länge
lungo, -a *(Länge);* a lungo *(Dauer)*	lange
luogo; aver luogo	Ort, Stelle; stattfinden **2 B2 E13**
ma *congz.*	aber
macchina	Auto
macchinista	Lokführer/in **3 B2 E10**
macellaio	Metzger
macelleria	Metzgerei
madre *f.*	Mutter
madre)lingua	(Mutter-)Sprache
maestro/maestra	Maestro, Meister/in; Grundschullehrer/in **6 B2**
magari *avv./ inter.*	vielleicht, sogar; schön wär's!
maggio	Mai
maggioranza	Mehrheit; höherer Grad **2 B1 E3**
maggiore	größer, älter
maglietta	T-Shirt
maglione	(Strick-/Woll-)Pullover
magnifico, -a	großartig **2 A3**
magro, -a	mager **2 Ingresso**
maiale *m.*	Schwein
mal di testa *m.*	Kopfweh
malato, -a	krank
male *avv.*	schlecht
maledetto, -a	verflucht
mamma	Mama
mancare	fehlen
mandare	schicken, senden
mangiare	essen
maniera	Art und Weise **5 A1**

manifestazione *f.*	Veranstaltung 3 A2
mano *f.*; *pl.* mani	Hand
mappa concettuale	Mindmapping 1 A1 E1
mappa; mappa delle idee	(Stadt-)Plan; Mindmap
marca	Marke
mare *m.*	Meer **1 Ingresso**
marito	(Ehe-)Mann 1 A1 E13
marmellata	Marmelade
marrone	braun
martedì *m.*	Dienstag
marzo	März
maschera	Maske 3 A2
massimo, -a	höchste(r) 5 A1 E8
matematica	Mathematik
materia	Fach, Materie
materiale	Material 3 A2
matita	Bleistift
mattina *sost./avv.*	Morgen; Vormittag; morgens
matto, -a	verrückt 3 B1
maturità	Reife; Reifezeugnis, Abitur 2 A2 E8
maturo, -a	reif
medaglia	Medaille 5 B2 E11
medicina	Medizin 2 B2
medico	Arzt **2 Ingresso**
medievale *agg.*	mittelalterlich 5 B2 E14
mediterraneo, -a	mediterran, Mittelmeer- 4 B2
mega-/iper-/stra-	super-, mega-
mela	Apfel
melanzana	Aubergine
melodia	Melodie 3 A1
melone *m.*	Honigmelone
membro	(Mit-)Glied 5 B2 E11
memorizzare	sich einprägen
meno	weniger; minus
meno male	zum Glück 4 A1
mentalità	Mentalität 4 B2 E9
mente *f.*	Geist, Sinn
mentre *congz.*	während
meraviglioso, -a	wunderbar 1 B2
mercato	Markt
mercoledì *m.*	Mittwoch
meritare	verdienen 5 A2
mese *m.*	Monat
messaggino	SMS, Kurznachricht
messaggio	Nachricht, Mitteilung; Botschaft
mestiere	Beruf **2 Ingresso**
meta	Ziel 5 A2
metro quadro	Quadratmeter 2 A3
metropolitana	U-Bahn
metterci (molto tempo)	(viel Zeit für etwas) brauchen 2 A1 E3
mettere	setzen, stellen, legen
mettersi	sich anziehen, sich kleiden
mettersi d'accordo su qc.	etwas vereinbaren 1 A1
mezzanotte *f.*	Mitternacht
mezzo	Mitte; Mittel 6 A2
mezzo di trasporto	Verkehrsmittel 5 A3
mezzo pubblico	öffentl. Verkehrsmittel
mezzo, -a *agg./avv.*	halb
mezzogiorno	Mittag
mi dispiace	es tut mir leid
mica *avv.*	nicht (etwa)
migliaia di	Tausende von 4 B2 E15
miglior(e) (amico/a)	beste/r (Freund/in); Bessere/r 1 A1 E10
milione *m.*	Million
mille	tausend
(mini)gonna	(Mini-)Rock
minimo, -a *agg.*	sehr gering; geringste(r) 3 A1
minoranza	Minderheit; geringerer Grad 2 B1 E3
minore	kleiner/e, jünger/e
minuto	Minute
misura	Größe (bei Schuhen), Maß; Maßnahme
misurare	messen 4 A2
mitico, -a	super, fantastisch 1 A1
mito	Mythos 3 A1
mitologia	Mythologie 4 B1
moda	Mode
modello	Modell
moderno, -a	modern
modificare	verändern **6 Ingresso**
modo	Modus; Art, Weise
moglie	(Ehe-)Frau
molto *avv.*	sehr
molto, -a; molti, -e *agg.*	viel; viele
momento	Augenblick, Moment
mondiale *agg.*; **mondiali**	Welt-; Weltmeisterschaften 2 A1
mondo	Welt
montagna	Gebirge; Berge **1 Ingresso**
monumento	Sehenswürdigkeit; Denkmal
morire	sterben 1 B2
morte *f.*	Tod 6 A1
mostra	Ausstellung 1 B1 E3
mostrare	zeigen
motivare	motivieren 5 A1 E2
motivo	Grund; Motiv 1 A2
motorino	Mofa 2 B2 E14
movimento	Bewegung 2 A3
mozzarella	Mozzarella 3 B1
muoversi	sich bewegen
muro	Mauer
muscolo	Muskel 2 A3
museo	Museum
musica	Musik
musicale *agg.*	musisch, musikalisch 2 A2 E9
musicista *m./f.*	Musiker/in 2 B2 E13
nascere; nato, -a	geboren werden, entstehen; geboren
nascita	Geburt 4 B1
nascondere, nascondersi	verstecken, sich verstecken 6 B1 E7
naso	Nase 2 A3
naturale	natürlich; *hier:* still
naturalmente	natürlich, selbstverständlich 1 A2 E16
nave *f.*	Schiff 2 B2 E13
navigare (in internet)	segeln; (im Internet) surfen 1 B1 E4
nazionale *agg.*	National- 5 B2 E11
né … né	weder … noch
neanche	auch nicht; nicht einmal
necessario, -a	notwendig, nötig
negozio	Geschäft
nero, -a	schwarz
nervoso, -a	nervös
nessuno, -a	niemand, keine/r
nick(name) *m.*	Spitzname
niente male	nicht schlecht!
niente; di niente	nichts; nichts zu danken
no	nein
nobile *agg.*	adelig 4 B1
nocciola	(Hasel-)Nuss 3 B2
noia; Che noia!	die Langeweile; Wie langweilig!
noioso, -a	langweilig
nome *m*	Name
nominare; nominato, -a	nennen; genannt
non (mi) importa (di una cosa)	(eine Sache) ist (mir) nicht wichtig 6 A1
Non lo so.	Ich weiß es nicht.
non vedo l'ora	ich kann es nicht mehr erwarten
(non) … affatto *avv.*	überhaupt (nicht)
non; Non ce l'ho.	nicht; Ich habe ihn/sie/es nicht.
nonno/nonna; nonni	Großvater/-mutter; Großeltern
normale	normal, gewöhnlich
nostro, -a	unser, unsere
notare	bemerken 1 A1 E4
notte *f.*	Nacht
notturno, -a	nächtlich, Nacht- **1 Ingresso**

novembre *m.*	November
novità	Neuigkeit
nulla *pron. indef.*	nichts **2 A3**
numero (N°) (cardinale/ ordinale)	Nummer, (Grund-/Ordnungs-)Zahl
numeroso, -a	zahlreich **5 A1**
nuotare	schwimmen
nuovo, -a	neu
nuvola; nuvoletta *dim.*	Wolke; Wölkchen **2 B2 E11**
o	oder
occasione *f.*	Gelegenheit **2 B1 E4**
occhiali (da sole) *pl.*	(Sonnen-)Brille **4 A2 E9**
occhio	Auge, Augenmerk **2 A3**
occorre	man muss, es ist nötig **5 B1 E7**
occuparsi di	sich beschäftigen mit
Oddio!	Oh mein Gott!
odiare	hassen
odore *m.*	Geruch **3 A1**
offendersi	sich beleidigt fühlen, beleidigt sein **3 B1 E6**
offerta; in offerta	Angebot; im Angebot
offrire	ich lade ein (anbieten)
oggetto (diretto/indiretto)	(direktes/indirektes) Objekt
oggi *avv.*	heute
ogni *agg.*	jede/r
ognuno *pron.*	jeder **3 B3**
oliva	Olive
oltre *prep./avv.*	über ... hinaus, jenseits, außer **2 A3**
onda; essere in onda	Welle; gesendet werden, auf Sendung sein **3 B3 E18**
opera	Werk; Oper **4 Ingresso E1**
opinione *f.*	Meinung **3 A1 E2**
oppure	oder **2 Ingresso**
ora	Stunde
ora *avv.*	jetzt **1 B1**
orario	Zeit-, Stunden-, Fahrplan,
ordinare	bestellen
ordine *m.*; mettere in ordine	Ordnung, Reihenfolge; in die richtige Reihenfolge bringen; (Zimmer) aufräumen
orecchio; *pl. f.* **orecchie**	Ohr **2 A3**
organizzare	organisieren
organizzazione *f.*	Organisation
orgoglioso, -a	stolz **2 B2**
orientale *agg.*	östlich; orientalisch **4 B2 E14**
orientarsi	sich orientieren
originale	original, ursprünglich; originell
origine *f.*	Ursprung, Herkunft **2 A1 E1**
oro; regola d'oro	Gold; goldene Regel **6 A2 E11**
orrore *m.*	Horror, Schrecken **2 B1**
ospedale *m.*	Krankenhaus **2 Ingresso**
ospite *m./f.*	Gast; Gastgeber/in **1 A2**
ostello	(Jugend-)Herberge **1 Ingresso**
ottenere	erhalten **5 A1 E3**
ottimo, -a	sehr gut, hervorragend
ottobre *m.*	Oktober
ovvio, -a	offensichtlich, offenbar
pace *f.*	Frieden; Ruhe **3 A1**
padre *m.*	Vater
paese *m.*	Land; Dorf
paesino	Dorf, kleine Ortschaft **4 B2**
pagare	zahlen
pagina	Seite
palazzo	Stadthaus, Mietshaus; Palast **3 B1**
palestra	Fitnessstudio
pallamano *f.*	Handball
pallavolo *f.*	Volleyball
pane *m.*	Brot
panino	Brötchen, Semmel
panorama *m.*	Ausblick; Panorama
pantaloni *pl.*	Hose

Papa	Papst
papà *m.*	Papa
paragonare	vergleichen
parallelo, -a	parallel
parco	Park
parecchio, -a *agg./avv.*	ziemlich viel **1 B2**
parenti *pl.*	Verwandte **1 A1 E10**
parlare	sprechen, reden
(parlare) piano	leise; langsam (sprechen) **2 A3**
parola; parolaccia	Wort; Schimpfwort
parrucchiere/a	Friseur/in **2 B1**
parte *f.*; da parte di	Teil; seitens
partecipare a	teilnehmen an **1 A1 E5**
participio	Partizip
particolare *agg.*	besondere/r/s
particolarità	Besonderheit **2 A1 E1**
partire	abreisen, -fahren
partita	Spiel (Sport)
passante *m./f.*	Passant/in
passare	*intr.*: vorbeigehen, -fahren; *tr.*: verbringen
passato	Vergangenheit **1 A1 E2**
passeggiata	Spaziergang
passione *f.*	Leidenschaft **2 Ingresso**
pasta	Pasta, Nudelgericht; Gebäckstück; Teig
pasticceria	Konditorei **3 B3 E17**
patata	Kartoffel
patrimonio	Erbe, Reichtum **4 B2**
patrono	Patron; *hier:* Stadtheiliger **3 A2**
paura	Angst **2 B2**
pausa	Pause **3 A1 E4**
paziente *m./f.*	Patient/in **2 B2**
pazienza; Abbi pazienza!	Geduld; Hab Geduld!
pazzesco, -a	verrückt, unglaublich **6 A2**
pazzo, -a	verrückt
peggio *avv.*	schlechter; am schlechtesten **2 B1**
peggiore *agg.*	schlechte/r; schlimme/r; schlechteste/r **2 B1**
penna	Stift; Füller
pensare	denken
pensiero	Gedanke
pentirsi di	(etw.) bereuen **4 A2**
pepe *m.*	Pfeffer **3 B3**
peperone *m.*	Paprika
per	mal; durch, hindurch, für, um ... zu
per favore	bitte (*wenn man um einen Gefallen bittet*)
per fortuna	zum Glück
per *prep.*	für, wegen, um zu
(per) se stesso, -a	(für) sich selbst **2 A3**
pera	Birne
perché *congz.*	weil; warum
perciò *congz.*	deshalb
percorso	Route, (Weg-)Strecke
perdere	verlieren; verpassen **1 B1**
perdonare qn.	jdm. verzeihen **5 B2 E12**
perfetto, -a agg.; perfettamente *avv.*	vollkommen, perfekt
pericoloso, -a	gefährlich **4 A2 E9**
periodo	Zeitraum, Periode
permesso	Erlaubnis **3 A1**
permesso?	Darf ich? Gestatten Sie?
permettere	erlauben, ermöglichen **2 A3**
però *congz.*	aber, jedoch
persino/perfino *avv.*	sogar **1 A1**
persona	Person
personaggio	Persönlichkeit **2 A1 E3**
personificazione *f.*	Personifizierung **4 B1**
pesante	schwer
pesare *tr./intr.*	wiegen **2 B1**
pesca	Pfirsich
pesce *m.*	Fisch
pescivendolo/a	Fischhändler, -verkäufer

pezzo	Stück **2 B1 E4**
piacere	Freude, Genuss **1 B1**
piacere	gefallen, schmecken
Piacere.	Angenehm! Erfreut!
pianeta *m.*	Planet **2 B2 E11**
piangere	weinen **4 A1**
piano	Plan; Stock (eines Gebäudes) **4 B2 E14**
pianoforte	Klavier **1 B1 E4**
pianta	Pflanze; (Stadt-)Plan
piattaforma	Plattform **1 A2**
piatto	Teller; Gericht
piazza	Platz, Piazza
picchiare	schlagen **6 B1**
piccolo, -a	klein
piede *m.*; andare a piedi	Fuß; zu Fuß gehen
pieno, -a	voll
pietà	Gnade, Barmherzigkeit **1 A1**
pigro, -a	faul **3 B1 E1**
pioggia	Regen
piovere	regnen **1 A1**
piscina	Schwimmbad
pistacchio	Pistazie **6 A1**
più a lungo	länger
più *avv.*	mehr; plus
piuttosto *avv.*	eher, ziemlich **5 A3**
pizza	Pizza
pizzaiolo/a	Pizzabäcker **2 B2 E15**
pizzeria	Pizzeria
poco, -a	wenig
poesia	Gedicht
poi *avv.*	dann
poliziotto	Polizist **2 A1**
pollo	Hähnchen, Hühnchen; Huhn
pomeriggio	Nachmittag
pomodoro	Tomate
porre	legen, stellen **4 A1 E2**
porta	Tür, Tor
portafoglio	Geldbeutel
portafortuna *m.*	Glücksbringer **3 A2**
portare	tragen, bringen
posizione *f.*	Stellung, Position
possesso; essere in possesso di qc.	Besitz; im Besitz von etw. sein **5 A1 E8**
possibile	möglich
possibilità	Möglichkeit **1 B1**
posto	Platz; Ort
potenziale *agg.*	potentiell **2 B2**
potere	können; dürfen
potrei	ich könnte
poverino/a; povero, -a	Arme/r; arm **3 A1**
pranzo	(Mittag-)Essen **2 B2 E13**
preciso, -a	genau **2 B2 E15**
preferire -sc-	vorziehen, lieber tun
preferito, -a	Lieblings-, bevorzugt
pregare	bitten; beten
prego	bitte (*als Antwort auf* grazie)
premio	Preis, Gewinn **2 B2**
prendere	nehmen, holen
prendere in giro qn.	sich über jdn. lustig machen, jdn. auf den Arm nehmen **4 A1**
prenotare	reservieren, buchen **3 B2**
prenotazione *f.*	Reservierung, Buchung **4 B1 E7**
preoccuparsi	sich Sorgen machen
preparare	vor-, zubereiten
preposizione *f.*	Präposition
presentare	vorstellen
presentazione *f.*	Präsentation, Vorführung, Darstellung
preside *m./f.*	Schulleiter/in **5 A2 E11**
presto *avv.*; a presto	bald; bis bald
prevedere	vorsehen **5 B2 E15**
prezioso, -a	wertvoll **2 A2**

prima *avv.*	zuerst, vorher
prima che	bevor dass **3 B1 E3**
primavera	Frühling
(primo/secondo) piatto	(erster/zweiter) Gang
principe/principessa	Prinz, Prinzessin **6 B1 E7**
probabile *agg.*	wahrscheinlich **2 B1 E4**
problema *m.*	Problem
prodotto	Produkt
produrre	herstellen, produzieren **3 B2**
produzione *f.*	Produktion, Herstellung **3 Ingresso**
prof; professore/professoressa	Lehrer/in; Professor/in
professione *f.*	Beruf **2 Ingresso**
progettare	planen **2 Ingresso**
progetto	Projekt; Plan, Vorhaben **1 A1 E9**
programma *m.*	Programm
programmare	programmieren, planen **2 A3**
proibire -sc-	verbieten **5 A2 E11**
promettere (di scrivere)	versprechen (zu schreiben) **1 A1 E9**
pronto, -a	Hallo (Antwort am Telefon); fertig
proporre	vorschlagen **1 A1 E2**
proposta	Vorschlag
proprietario/a	Eigentümer/in **3 B3 E17**
proprio *agg.*	eigen **4 B2**
proprio *avv.*	wirklich, genau
prosciutto	Schinken
(prossima) volta	(nächstes) Mal
prossimo, -a; il/la prossimo/a	nächste/r; Nächste/r
provare	(an)probieren
proverbio	Sprichwort **4 A2**
provocare	provozieren; *tr.:* hervorrufen, verursachen
pubblicare	veröffentlichen **5 A1 E4**
pubblicazione *f.*	Veröffentlichung **2 A1**
pubblicità	Werbung **2 A3 E11**
pubblicitario, -a	Werbe- **6 A2 E12**
pubblico; pubblico, -a	Öffentlichkeit; Publikum; öffentlich **4 A1**
pulire -sc-	sauber machen, reinigen **5 B2 E12**
pulito, -a	sauber, gereinigt
punto	Punkt **2 A3 E17**
puntuale *agg.*	pünktlich **6 B2**
pur *con gerundio*	obwohl **5 A1**
pure *avv.*	auch (noch)
purtroppo *avv.*	leider
qua *avv.*	hier **4 A2 E10**
quaderno	Heft
quadro	Bild **4 Ingresso E1**
qualche *agg. con singolare!*	mancher; manche **2 A2**
qualcosa	etwas
qualcuno *pron.*	jemand
quale *pron. rel.*	der/die/das, welcher/welche/welches **4 B2**
quale? quali?	Welche/s/r? Welche?
quando *congz./avv.*	wenn, als; wann?
Quanti anni hai?	Wie alt bist Du?
quanti? quante?	wie viele?
quantità (definita/indefinita)	(bestimmte/ unbestimmte) Menge
quanto *avv.*	wie (sehr)
quanto, -a *agg.*	wie viel
quartiere *m.*	(Stadt-)Viertel **2 B2 E15**
quarto, -a; un quarto	vierte/r; viertel; Viertel
quasi *avv.*	fast
quello, -a	jener/jene; der/die(jenige)
questo, -a	dies, dieser, diese
qui *avv.*	hier
quindi *congz.*	also, folglich
quotidiano, -a; *agg.;* **quotidiano**	täglich; Tageszeitung **6 A1 E1**
rabbia	Zorn **6 Ingresso**
raccogliere	sammeln; aufheben; ernten

raccoglitore *m.*	Ordner 4 **Ingresso E1**
raccomandazione *f.*	Empfehlung 4 **A2**
raccontare	erzählen
racconto	Erzählung 6 **Ingresso E1**
radio *f.*	Radio
ragazzi; ragazzo/a	Jungen, Jugendliche; Junge, Mädchen; feste/r Freund/in
raggruppare	anordnen, gruppieren 1 **A1 E10**
ragione *f.*; avere ragione	Recht haben
rapporto	Verhältnis, Beziehung 2 **A2 E10**
rappresentare	darstellen 3 **A2**
rappresentazione *f.*	Darstellung, Aufführung 5 **B2 E15**
re/regina	König/in
reagire -sc-	reagieren 5 **A3**
reale *agg.*	wirklich, real 1 **A2 E18**
realizzare	verwirklichen 1 **A1 E9**
realtà	Wirklichkeit 1 **A1**
recensione *f.*	Rezension 6 **A2 E10**
regalare	schenken
regalo	Geschenk
regione *f.*	Region, Gebiet 2 **A1 E1**
regista *m./f.*	Regisseur/in 1 **B1 E3**
regola	Regel
relazione *f.*	Referat; Beziehung 4 **B2 E15**
rendere (felice)	(glücklich) machen; zurückbringen 1 **B1**
restare	bleiben 1 **A1 E3**
restare di stucco	verblüfft sein 6 **B2**
resto	Wechsel-, Rückgeld; Rest
rete *f.*	Netz 6 **A1 E3**
(ri)tornare	zurückkehren, umdrehen
riassumere	zusammenfassen 1 **B2 E7**
ribelle *agg.*	rebellisch, aufmüpfig 3 **A1**
ricco, -a	reich 2 **B1**
ricerca	Suche, Untersuchung; Forschung
ricetta	Rezept 1 **B2 E17**
ricevere	erhalten, bekommen 2 **B2 E10**
riconoscere	(wieder)erkennen 2 **B1 E4**
ricordarsi; ricordare	sich erinnern; erinnern 1 **A1 E3**
ricordo	Erinnerung 4 **A2**
ridere	lachen 3 **Ingresso**
ridicolo, -a	lächerlich 2 **B1**
riferirsi a	sich beziehen auf 2 **B2 E12**
riflettere	nachdenken
riga	Zeile 1 **A1 E1**
righello	Lineal
rilassarsi	sich erholen 5 **B2**
rileggere	nochmals lesen 1 **A1 E7**
rimanere	bleiben 1 **B1 E3**
rimorso	Gewissensbiss 5 **B2 E8**
rinascere	wiedergeboren werden 4 **B1**
rinascimentale *agg.*	Renaissance-, aus der Renaissance 4 **B1**
Rinascimento	Renaissance 4 **B1**
ringraziare	danken
rinunciare a	verzichten auf 5 **B2 E9**
riordinare	neu ordnen 6 **B1 E2**
ripetere	wiederholen
ripetizione *f.*	Wiederholung 1 **A1 E4**
ripieno; ripieno, -a	Füllung; gefüllt 3 **B1**
riposarsi	sich ausruhen
riprodurre; riproduco	nachbilden; ich bilde nach 2 **A3**
rischiare	riskieren 4 **B1 E6**
riscrivere	nochmals (ab)schreiben 4 **B1 E5**
risolvere	lösen 4 **A1**
risparmiare	sparen, schonen
rispettare	(be)achten, respektieren 5 **Ingresso**
rispondere	antworten, beantworten
risposta	Antwort
ristorante *m.*	Restaurant
risultato	Ergebnis
ritardo; essere in ritardo	Verspätung; verspätet sein
ritratto	Portrait

riuscire a	es schaffen, etw. zu tun; können
rivolere	wieder (haben) wollen 4 **A1**
rivoluzione *f.*	Revolution 2 **A3**
roba	Sache, Zeug
romano, -a	römisch; Römer/in
romanzo	Roman 6 **Ingresso E1**
rosa *inv.*	rosa
rosso, -a	rot
rovinare	zerstören, kaputtmachen 5 **A1 E5**
rubare	stehlen, wegnehmen 4 **A1**
rumore *m.*	Lärm
sabato	Samstag
sagra	(Volks-)Fest 3 **B1**
salire	ein-, hinaufsteigen
salotto	Wohnzimmer 5 **B2 E12**
salsiccia	Wurst
salto; fare un salto	Sprung; kurz vorbeischauen
salumeria	Wurstwarengeschäft
salutare	(be)grüßen, verabschieden
salutarsi	sich (be)grüßen; sich verabschieden
saluto	Gruß 1 **A2**
sangue *m.*	Blut 3 **A2**
sano, -a	gesund
sapere	wissen; können
sappi *imp.*	wisse!
sbagliato, -a	falsch 1 **A1 E9**
sbrigarsi	sich beeilen
scaffale *m.*	Regal
scambiare	austauschen 1 **Ingresso**
scambiare (per)	verwechseln (mit), austauschen, vertauschen 6 **B1**
scambio	Austausch 1 **A1 E7**
scappare	fliehen, davonlaufen 6 **B1 E7**
scaricare	herunterladen
scarpa; un paio di scarpe	Schuh; Paar Schuhe
scavare	(aus)graben 2 **A2**
scavi *pl.*	Ausgrabungen 1 **Ingresso**
scegliere	(aus)wählen
scelta (enorme)	(enorme) Auswahl, Wahl 3 **B3**
scendere	aus-, hinabsteigen
scheda; schedina	(Kartei-)Karte 4 **B2 E9**
schermo	Bildschirm 3 **B3 E18**
scherzare	Spaß machen, scherzen 4 **B1 E2**
scherzo	Scherz, Witz 4 **A1**
schiena	Rücken
sciare	Ski fahren
sciarpa	Schal
sciocchezza	Dummheit; Kleinigkeit 5 **B1**
sciogliere; sciogliersi	auftauen; schmelzen, *hier:* verflüssigen 3 **A2**
scolastico, -a	schulisch, Schul- 1 **A1**
sconfiggere	besiegen, schlagen 5 **Ingresso**
sconosciuto, -a	unbekannt 5 **B1 E7**
scontrino	Kassenzettel
scooter *m.*	(Motor-)Roller 4 **A2**
scoprire	entdecken
scorso, -a	vergangen
scorta	Begleit-, Personenschutz 2 **A1**
scortese *agg.*	unhöflich 5 **B2 E13**
scrittore/scrittrice	Schriftsteller/in
scrittura	Schrift 4 **A2**
scrivania	Schreibtisch
scrivere	schreiben
scuola primaria/elementare	Grundschule 2 **A2 E9**
scuola; a scuola	Schule; in der Schule
scuro, -a	dunkel
scusa	Entschuldigung; Ausrede 1 **B2**
scusare; Scusa!	entschuldigen; Entschuldige (bitte)!
scusarsi	sich entschuldigen
Scusi (*Höflichkeitsform*)	Entschuldigen Sie (bitte)!
sdraiarsi	sich hinlegen 5 **B2 E11**

se *congz.*	wenn, falls; ob
seccatura	Plage, Ärger **3 B3**
secchione/secchiona	Streber/in **6 A2**
secco, -a; la frutta secca	trocken, getrocknet; Trockenobst
secolo	Jahrhundert **5 A1**
secondo me	meiner Meinung nach
sedersi; seduto, -a	sich setzen; sitzend
sedia	Stuhl
segnare	kennzeichnen; (Punkte) erzielen **4 B2 E14**
segreto, -a	geheim, heimlich **1 A1**
seguente *agg.*	folgend
seguire	folgen
semaforo	Ampel
sembrare	scheinen
semplice *agg.*	einfach **4 B1 E7**
sempre *avv.*	immer
senso	Sinn **5 B1 E4**
sentimentale	sentimental; Gefühls-
sentimento	Gefühl **3 Ingresso**
sentire	hören; fühlen
sentirsi; ci sentiamo!	voneinander hören, sich fühlen; wir hören voneinander!
senza	ohne
senz'altro	ohne weiteres; ganz sicher **1 B1**
seppellire, -sc-	begraben, bestatten **4 B1**
sera; Buonasera!	Abend; Guten Abend!
serale *agg.*	Abend-
serata	Abend (in seinem Verlauf)
serie (televisiva)	(TV-)Serie **3 B3 E18**
serio, -a; prendere sul serio	ernst; ernst nehmen **3 A1 E4**
servire	(be)dienen; nötig sein **2 Ingresso**
servirsi (di)	etwas benutzen, Gebrauch von etwas machen **6 B1 E6**
sete *f.*	Durst
settembre *m.*	September
settimana	Woche
settimanale *agg.*	wöchentlich, Wochen- **2 A2 E9**
severo, -a	streng
sezione *f.*	Sektion **6 B2 E11**
sfortuna	Unglück **3 A2**
shopping *m.*; fare shopping	Einkaufen (z. B. von Kleidung); Shoppen gehen
sì	ja
sia ... sia	sowohl ... als auch **2 A3**
siccome *congz.*	da, weil **4 A2 E10**
sicuramente	sicherlich **2 A2**
sicuro, -a	sicher
significare	bedeuten **5 B1 E7**
significato	Bedeutung
signora	Dame, Frau (vor Eigennamen)
signore/a; *pl.* signori *m.*	Herr/Dame; *Pl.* Herrschaften
signorina	Fräulein
silenzio	Ruhe, Stille **6 B1**
simbolo	Symbol **3 A2**
simile *agg.*	ähnlich **2 A2 E7**
simpatico, -a	sympathisch, angenehm
sito	Website; Stätte, Ort
situazione *f.*	Situation **2 A1 E5**
smettere (di parlare)	aufhören (zu reden) **2 A2 E8**
smorfia	Grimasse, Fratze; *hier:* Buch zur Traumdeutung **3 A2 E7**
sociale; sociale	Sozialleben; sozial **2 B1 E3**
società	Gesellschaft **4 B2 E15**
soddisfacente *agg.*	befriedigend **2 A2 E9**
soffrire	leiden
soggiorno	Wohnzimmer; Aufenthalt
sognare	träumen **6 Ingresso E1**
sognatore/trice	Träumer/in **6 A1**
sogno (nel cassetto)	Traum (in der Schublade)
soldi *pl.*	Geld

sole *m.*	Sonne
(solita) storia	(immer gleiche) Geschichte
solo *avv.*	nur
soltanto *avv.*	nur
soluzione *f.*	Lösung
somma (di € 20)	Summe (von 20 €) **6 B1 E4**
sonno; avere sonno	Schlaf; müde sein **6 A2 E9**
sopra *prep./avv.*	oberhalb, über; oben **4 B1**
soprannome *m.*	Spitzname **3 B2**
soprattutto *avv.*	vor allem
sorella (gemella)	(Zwillings-)Schwester
sorellina	kleine Schwester **1 A1**
sorpresa	Überraschung
sorpreso, -a	überrascht **1 A1 E5**
sorridere	lächeln **6 A1**
sorriso	Lächeln **1 A1 E3**
sostantivo	Substantiv
sostituire -sc-	ersetzen
sotto *prep.*	unter
sottolineare	unterstreichen, betonen **1 B1 E2**
sottovoce *avv.*	leise, halblaut **6 B1**
spaghetti (alle vongole)	Spaghetti (mit Venusmuscheln)
spalla	Schulter **2 A3**
sparire -sc-	verschwinden **6 B1**
spazio	Raum **2 A3**
specchio	Spiegel **2 B1**
speciale *agg.*	besondere/r/s
specialità	Spezialität
spedire -sc-	schicken **5 B1**
spegnere	ausschalten, auslöschen
spendere	ausgeben
speranza	Hoffnung **3 A1 E2**
sperare	hoffen **3 A1 E2**
sperimentare	experimentieren **4 B2 E15**
spesa; fare la spesa	Einkauf; Einkaufen gehen
spese *pl.*	Ausgaben
spesso *avv.*	oft
spettacolare	überwältigend, großartig
spettacolo	Schauspiel, Aufführung
spettatore/spettatrice	Zuschauer/in **5 Ingresso**
spezie *f. pl.*	Gewürze
spiaggia	Strand **1 Ingresso**
spiegare	erklären
spiegazione *f.*	Erklärung **1 A1 E4**
spinaci *pl.*	Spinat
splendere	scheinen, strahlen **6 A2**
spogliatoio	Umkleideraum/-kabine
sporcare	schmutzig machen, beschmutzen **6 A1**
sporco, -a	schmutzig, dreckig
sport *m.*	Sport
sportivo, -a	sportlich
sposare	heiraten **6 B1 E7**
spugna	Schwamm
squadra; sport di squadra	Mannschaft; Mannschaftssport
stadio (olimpico)	(Olympia-)Stadion
stagioni *pl.*	Jahreszeiten
stalla	Stall **5 B2 E15**
stancarsi	müde werden **1 B2**
stanco, -a	müde **5 A1 E8**
stanza	Zimmer **1 B1 E4**
stare	sich befinden, sein
stasera	heute Abend
Stati Uniti	Vereinigte Staaten **1 A2 E18**
stato; stato più piccolo	Staat; kleinster Staat
stazione (centrale) *f.*	(Haupt-/ Zentral-)Bahnhof
stella	Stern **2 B2 E11**
stereo	Stereoanlage
stesso/a	gleich; der-/dieselbe
stile *m.*	Stil **2 B1**
stivali	Stiefel
Sto bene.	Es geht mir gut.

stoffa	Stoff; *fig.* Zeug **2 B1**
storia dell'arte	Kunstgeschichte
strada; per strada	Straße, Weg; unterwegs
strafigo, -a	supercool, ganz toll
straniero, -a *agg.*	ausländisch; fremd **1 B2**
strano, -a	seltsam, komisch
straordinario, -a	außergewöhnlich **2 A1 E1**
strappare	reißen, zerreißen **4 A2**
strappo	Riss, Fetzen; Reißen; *hier:* herausgerissene Seite **4 A2**
strategia	Strategie **5 Ingresso**
stretto,-a	eng
stringere	(zusammen)drücken, einengen **6 A1**
studente/studentessa	Schüler/in, Student/in
studiare	studieren, lernen
studio	(Arzt-)Praxis, Studio; Arbeitszimmer **2 Ingresso**
stupendo, -a	herrlich, fantastisch
stupido, -a; stupido/a	dumm; Dumme/r
su *prep./escl.*	auf; auf, los!
subire, -sc-	durchmachen; erleben **4 A1**
subito *avv.*	sofort
succedere	vorfallen, passieren **1 B2 E9**
successivo, -a	(darauf)folgend **6 B2 E9**
sufficiente *agg.*	ausreichend **2 A2 E9**
suonare (il piano)	(Klavier) spielen
suono	Laut, Klang **5 B1**
superare	überwinden **1 A2**
supermercato	Supermarkt
superstizione	Aberglaube **3 A2 Info**
supplente *m.*	Aushilfslehrer **6 B1**
svegliarsi; svegliare qn.	aufwachen; jdn. aufwecken
sviluppare	entwickeln
svizzero, -a; svizzero/a	schweizerisch; Schweizer/in
tabella	Tabelle
tablet *m.*	Tablet **5 B1**
taglia	Größe (bei Kleidungsstücken)
talento	Talent, Begabung **2 B1 E4**
talvolta *avv.*	manchmal
tantissimo *avv.*	sehr
tanto *congz.*	sowieso **4 A1 E5**
tanto, -a	(so) viel
tardi *avv.*	spät
tartufo	Trüffel **3 B1 Info**
tattica	Taktik **5 Ingresso**
tavola; a tavola	(Ess-)Tisch; zu Tisch
tavolo	Tisch **3 B1**
tè *m.*	Tee
teatro	Theater
tecnologia	Technologie **2 A3**
tecnologico, -a	technologisch **2 A2 E9**
tedesco, -a; tedesco/a	deutsch; Deutsche/r
telefilm	Fernsehfilm **3 B3 E18**
telefonare a qn.	jdn. anrufen **1 A1 E9**
telefonata	Anruf, Telefongespräch **1 A2 E18**
telefonino	Handy, Mobiltelefon
telefono	Telefon
telegiornale (tg)	Fernsehnachrichten **3 B3 E18**
televisore *m.*	Fernseher, Fernsehgerät
tema *m.*	Thema **1 A1**
tematica	Themenbereich **1 A2**
temere	fürchten **3 A1 E2**
tempo	Zeit
tenda	Zelt **1 Ingresso**
tenere	(be)halten **2 B2**
tennis *m.*	Tennis
teoria	Theorie, Vermutung **2 A1 E2**
terribile	schrecklich
terzo, -a	dritte/r
tesoro	Schatz
testa	Kopf **2 A3**

testo	Text
tetto	Dach **3 B2**
ti	dich, dir
tifoso	Fan **5 Ingresso**
tingere	färben **5 B1**
tipico, -a	typisch **3 B1 Info**
tipo	Typ, Art; zum Beispiel
tirare	schießen; ziehen **5 A1**
toccare a; a chi tocca?	dran sein; wer ist dran?
togliere	heraus-, wegnehmen, entfernen **4 A1**
tomba	Grab **4 B1**
tormento	Qual **4 A2**
torneo	Turnier **5 Ingresso**
torta (al cioccolato)	(Schoko-)Torte
tortura	Qual, Folter **4 A1**
tovagliolo	Serviette
tra	zwischen, unter; in
tradizionale *agg.*	traditionell, herkömmlich **1 B2 E7**
tradizione *f.*	Tradition **3 A2**
tradurre	übersetzen **1 A1 E2**
traduzione *f.*	Übersetzung **3 A1**
traffico	Verkehr
traguardo	Ziel **6 B2 E11**
trama	Handlung; Handlungsverlauf
tramite *prep.*	über, mittels
tranne *prep.*	außer **3 A1**
tranquillo, -a	ruhig, leise
trappola	Falle **1 A1 E10**
trascorrere	verbringen **5 B2**
trasformare	umwandeln, -formen **1 B2 E13**
trasmissione *f.*	Sendung **2 A3 E17**
trattare; trattarsi di	behandeln; sich handeln um **5 A2 E11**
trattenersi	sich zurückhalten
tratto da (un romanzo); trarre	(entnommen) aus (einem Roman); entnehmen, ziehen **6 Ingresso E1**
traversa	Querstraße
travestirsi	sich verkleiden **5 B1**
tremendo, -a *agg.*	irre; irrsinnig, wahnsinnig **1 B1**
treno	Zug
triste	traurig
tristezza	Traurigkeit **6 Ingresso**
troppo, -a *agg.*; troppo *avv.*	zu viel; (zu) sehr
trovare	finden
trovarsi	sich befinden
t-shirt *f.*	T-Shirt
turismo	Tourismus **4 B2 E9**
turista *m./f.*	Tourist/in
tuttavia *congz.*	dennoch, trotzdem **3 B1 E7**
tutto sommato	alles in allem, kurz gesagt **2 A1**
tutto, -a; tutti, -e	all, ganz; alle
TV (televisione) *f.*	Fernsehen
uccidere	töten, umbringen **4 A2**
ufficiale *agg.*	offiziell, formell **1 A2 E15**
ufficio	Büro, Amt **2 A2**
uguaglianza	Gleichheit **2 B1 E3**
uguale	gleich
ultimo, -a *sost.*; ultimo, -a *agg.*	Letzte/r; letzte/r
umano, -a	menschlich **2 A3**
un po' di (pane)	ein wenig (Brot), ein bisschen (Brot)
un sacco *sost./avv.*	eine große Menge; sehr **3 A1**
unico, -a	Einzel-, einzig; einzigartig
università *f.*	Universität
uno *art. indeter.*	einer, jemand **1 A1**
uomo	Mann
usare	(be)nutzen, gebrauchen
uscire	(hin)ausgehen
uso	Gebrauch, Nutzung **1 A1 E12**
utile	nützlich
utilizzare	nutzen, verwenden **2 A3**
uva	Traube

va bene	in Ordnung, einverstanden
vacanza, vacanze	Urlaub, Ferien **1 Ingresso**
vale la pena	es ist es wert, es lohnt sich **4 A1**
valigia	Koffer
valore *m.*	Wert **5 A2 E11**
vantaggio	Vorteil **6 Ingresso E1**
vario, -a	verschieden, vielfältig **2 A3**
vecchio, -a	alt
vedere	sehen
veduta	Ansicht; Aussicht **3 Ingresso**
vegetariano, a	vegetarisch
velina	TV-Assistentin **2 Ingresso**
velocemente *avv.*; **veloce** *agg.*	schnell **2 A1**
vendere	verkaufen
venerdì *m.*	Freitag
venire	kommen
venire/andare a trovare qn.	jemanden besuchen (kommen/gehen)
ventilatore *m.*	Ventilator **2 A3**
veramente *avv.*	wirklich
verbo (finito/all'infinito)	(finites/infinites) Verb
verde	grün
verdura	Gemüse
verità	Wahrheit
vero, -a	wahr, richtig
verso *prep.*	gegen, um … herum
verso *sost.*	Vers
vestirsi; vestire	sich anziehen, sich kleiden; anziehen
vestiti *pl.*	Kleidung
vestito	Kleid
vetrina	Schaufenster
via; via *avv.*	Weg; Straße (v.a. bei Adressangaben); weg
viaggiare	reisen **3 B2 E12**
viaggio	Reise
vicino, -a; vicino/a	nahe; Nachbar/in
videogioco	Videospiel
vietare	verbieten **4 B1**
villa	Villa **2 A3**
vincere	(be)siegen, überwinden **4 B1 E6**
viola *inv.*	lila, violett
virgola	Komma
visita	Besuch, Besichtigung
visita guidata	Führung, Besichtigungstour **1 Ingresso**
visitare	(einen Ort) besuchen, besichtigen
visitatore/visitatrice	Besucher/in **4 B1 E7**
viso	Gesicht **3 A2**
visto che	da, weil **5 A1**
vita	Leben; Taille **2 B1**
vita	Leben
vitello	Kalb
vivere	leben
vocabolo	Vokabel
voglia, avere voglia di + *inf.*	Lust haben, etw. zu tun
volentieri *avv.*	gerne
voler bene a qn.	jdn. gerne mögen **4 A2 E9**
volere	wollen
volontà	Wille, Absicht **1 A2 E16**
volta	Mal **1 B2**
vostro, -a	euer, eure
voto	Note
vuoto, -a	leer
weekend *m.*	Wochenende
zaino	Rucksack
zero	null **2 A2 E9**
zio/zia	Onkel/Tante
zitto, -a	still, ruhig
zona	Gebiet, Zone **1 B2**
zucchero	Zucker **3 B2**
zucchina	Zucchini